清·段長基 著
劉百靈 姚英 點校

歷代一統表之二

歷代沿革表

下

全國高校古籍整理研究委員會資助項目
河南古都文化研究中心學術文庫成果
白河書齋河洛文獻系列叢書之三

文物出版社

歷代沿革表中卷(下)

偃師段長基編輯

侄 洛書 丙書 參注

孫 鼎鑰 鼎鈞 校梓

目録

湖南

陝西

甘肅

湖南省

○注：在京師西南四千五百五十里。東西距一千四百二十里，南北距一千一百五十里。東至江西南昌府寧州界二百八十五里，西至貴州銅仁府銅仁縣界一千一百三十五里，南至廣東連州界七百六十五里，北至湖北荆州府監利縣界三百八十五里。東南至廣東韶州府仁化縣界七百九十里，西南至廣西平樂府恭城縣界九百五十五里，東北至湖北武昌府通城縣界六百四十里，西北至四川重慶府酉陽土司界九百里。

東控安成，南連嶺嶠①，西通黔蜀，北限大江。

《禹貢》荆州之域。周爲荆州南境。春秋戰國屬楚。秦置長沙郡，漢高帝置桂陽、武陵二郡，建長沙國。○注：《漢書·吴芮傳》：『吴芮徙爲長沙王，都臨湘。』武帝時，俱屬荆州，又增置零陵郡。後漢因之。○注：廢長沙國爲郡。建安中，零陵、武陵、屬劉先主，長沙、桂陽屬孫權。後俱屬吴，增置天門、衡陽、湘東、邵陵、營陽五郡。晉平吴，廢營陽郡，增置南平郡，俱屬荆州。惠帝以桂陽郡屬江州。懷帝又分置湘州。○注：治臨湘領長沙、衡陽、湘東、零陵、邵陵等郡。永嘉元年置。咸和三年省，義熙八年復置，十二年又省。穆帝初，復置營陽郡，南北朝宋亦爲湘州。○注：武帝永初三年，復立湘州，領郡十。長沙、衡陽、桂陽、零陵、營陽、湘東、邵陵，在今省境廣興，今屬廣東。臨慶始建。屬廣西。又增置巴陵郡，初屬湘州，後屬郢州，武陵郡亦屬郢州，惟南平天門二郡仍屬荆州。齊并因之。梁又置羅、巴二州，○注：羅州治岳陽，巴州治巴陵。陳置沅州，○注：治沅陵。隋大業初廢諸州，改爲沅陵、武陵、澧陽、巴陵、長沙、衡山、桂陽、零陵等郡，俱屬荆州。唐武德初，復改諸郡爲州。四年置潭州總管府。七年改都督府。開元二十一年，又分屬江南西及山南東、黔中道。○注：江南西道領鄂、岳、潭、衡②、永、道、迫、郴、邵八州，山南東道領澧、朗二州，黔中道領辰、錦、敘、業、溪

①嶺嶠（lǐng qiáo），是五岭的别称，指越城、都庞、萌渚、骑田、大庾等五岭。　②原文误，应为『衡』。

五州。廣德二年，置湖南觀察使。○注：《唐書方鎮表》[1]至德二載置衡州防禦使，領衡、涪、岳、潭、郴、邵、永、道八州，治衡州。上元二年廢。廣德二年置湖南觀察使，領衡、潭、邵、永、道五州，治衡州。大歷四年，徙治潭州。中和三年，升欽化軍節度。光啟元年，改武安軍節度。五代時爲馬殷所據。○注：殷所據潭、衡、澧、朗、岳、道、永、邵、辰、郴、溪、錦、獎十三州，爲今省境，餘屬廣東、廣西。周廣順初，地入南唐，既而劉言取之，尋又爲周行逢所據。○注：在今省境者，惟澧州屬南漢，溪、錦、獎三州仍爲蠻地。宋平湖南，分置湖南北路。元豐中改荆湖南北路。○注：鼎澧岳辰沅靖屬湖北路，潭衡道永郴邵桂陽監屬湖南路，後湖南路又增置武岡茶陵二軍。元爲湖廣行省地。○注：岳州常德澧州辰州沅州靖州六路屬江南湖北道天臨衡州道州永州郴州寶慶武岡桂陽八路茶陵耒陽常寧三州屬嶺北湖南道。明屬湖廣布政使司。○注：萬曆二十七年始置偏沅巡撫治偏橋鎮。本朝康熙三年分置湖南布政使司，爲湖南省。○注：是年移偏沅巡撫駐長沙府。雍正二年改爲湖南巡撫。領府九直隸州四。

天文翼軫分野。

①应为《新唐书》。

臨湘	常豐
長沙府 今領州一縣十一。	長沙縣
《禹貢》荆州之域。《通典》有萬里沙祠，故名，或曰軫。旁有小星名長沙，應其地而名。《史記·越世家》：「復目犨[1]、龐、長沙，楚之粟也。」長沙，其古名與。	
春秋戰國屬楚，爲黔中地。	
爲長沙郡。	置湘縣，爲長沙郡治。
爲長沙國。東漢復爲長沙郡。漢末屬蜀，後屬吳，仍爲長沙郡。	改曰臨湘。
因之。永嘉初，置湘州于此。咸和八年，罷義熙，復置。又省。	
宋永初三年，復置湘州，治長沙國。南齊，改國爲郡。梁陳仍舊。	
廢長沙郡，置潭州。大業初，復爲長沙郡。	改曰長沙。
改爲潭州。天寶，復爲長沙郡。中和初，置欽化軍節度。	
五代時，馬氏有其地稱楚。唐莊宗時，內附改潭州爲長沙府。周廣順初，入于南唐。既而周行逢復據其地。	漢析置龍喜縣。
置防禦使，復置武安軍，隸荆湖南路。	置羅龍喜，置常豐縣。開寶中，廢常豐，入焉。
至元中，改爲潭州路。天歷初，改天臨路。	仍舊。
初改爲潭州府。洪武五年，復改爲長沙府。	因之。

①犨（chōu），古地名。

	湘西 善化縣	湘南 湘潭縣	羅州 湘陰縣
初置		以昭潭爲名也。	
春秋戰國			春秋羅子國地。
秦		湘南地。	置羅縣，屬長沙郡。
漢	臨湘縣地。	縣屬長沙郡。	屬長沙國。三國吴爲吴昌縣地。
晋		屬衡陽郡。	
南北朝		宋齊因之。梁改湘南曰湘潭。	劉宋析置湘陰縣，屬湘東郡。梁以縣置岳陽郡及羅州。陳罷州存郡。
隋	本長沙、湘潭二縣地。	屬衡州。省建寧、陰山、攸水、茶陵四縣入焉。	初廢郡，并湘陰入岳陽縣。尋改岳陽曰湘陰，屬巴陵郡。
唐	長沙、湘潭二縣地。	屬潭州。	以羅縣省入，屬岳州。
五代			
宋	元符初，分長沙五鄉、湘潭二鄉地，置善化縣。	因之。	屬潭州。
金			
元	因之。	升爲州。	升爲州。
明	洪武九年，省入長沙。十三年，復置。	初復爲縣。	改爲縣。

新康	淮川	莊埠	益水
寧鄉縣	瀏陽縣	醴陵縣	益陽縣
	以瀏陽水爲名。		以在益水之陽，故名。
			舊縣屬長沙郡。
長沙郡益陽縣地。三國吳，析置新陽縣。	臨湘縣地。三國吳，析置瀏陽縣，屬長沙郡。	臨湘縣地。東漢，析置醴陵縣，屬長沙郡。	屬長沙國。三國吳，屬衡陽郡。
太康初，改曰新康，屬衡陽郡。	以後因之。	因之。	以後因之。
宋齊以後，因之。		宋因之。	
省入益陽縣。	省入長沙縣。	省入長沙縣。	屬潭州。
初，蕭銑復置新康縣。武德七年省。	景龍二年復置，屬潭州。	武德四年，復置縣，屬潭州。	仍舊。
乾德七年，改置寧鄉，屬潭州，治故新康之玉潭鎮。	仍屬潭州。	因之。	初升鼎州，尋還屬潭州。
仍舊。	初，升爲州。	元貞，升爲州。	元貞升爲州。
因之。	洪武十年，復爲縣。	初復爲縣。	初，復爲縣。

	連道	陰山	梅山
	湘鄉縣	攸縣	安化縣
初置		以攸水而名。	
春秋戰國			
秦	湘南縣地。		益陽縣地。
漢	東漢，置湘鄉縣，屬零陵郡。三國吳，改屬衡陽郡。	舊縣屬長沙國。東漢。屬長沙郡。	以後皆爲梅山蠻地。
晋	以後因之。	因之。	
南北朝		宋因之。齊屬湘東郡。陳改爲攸水縣。	
隋	省入衡山縣。	省入湘潭縣。	
唐	初，蕭銑復置。武德四年，平銑，縣仍屬潭州。	初復置，屬南雲州。貞觀，州廢，以縣屬衡州。	
五代		梁時，馬氏復屬潭州。漢乾祐①時仍屬衡州。	
宋	因之。	還屬潭州。	初立五寨。熙寧六年，始置安化縣，屬潭州。
金			
元	升爲州。	升爲州。	因之。
明	復爲縣。	洪武，復改爲縣。	因之。

①乾祐，为后汉高祖刘知远开始使用的年号。乾祐元年二月，后汉隐帝刘承祐即位沿用，直到后汉灭亡。

南陵	岳陽
茶陵州	岳州府 今領縣四。
以在茶山之陽。	《禹貢》荆州地，古爲三苗之國。今長沙、衡陽皆古三苗地。
春秋時楚地。	春秋戰國屬楚，亦爲麇、羅二國地。
	爲長沙郡地。
屬長沙國，置茶陵縣。王莽改曰聲鄉。東漢復舊，屬長沙郡。三國吳，屬湘東郡。	屬長沙國。東漢，屬長沙郡。三國吳，爲重鎮。
晉宋以後，因之。	屬長沙郡。東晉時，巴陵亦爲重鎮。
	宋元嘉十六年，分長沙置巴陵郡，屬湘州。齊因之。梁兼置巴州。
屬衡州，以縣省入湘潭。	平陳，郡廢改州，曰岳州，治巴陵縣。煬帝初，改爲羅州，旋復爲巴陵郡。
初屬南雲州。貞觀元年，還屬衡州。	武德四年，平蕭銑，仍爲巴州。六年，改爲岳州。天寶初，又爲巴陵郡。乾元初，復曰岳州。
晉時，馬希範改屬潭州。	時馬殷有其地，後屬于周行逢。
復屬衡州。紹興七年，升爲茶陵軍，後復爲縣。	仍曰岳州，亦曰巴陵郡，又賜號岳陽軍節度。
至元，升爲州。	置岳州路。
初改爲縣，尋升爲州。	洪武初，改爲岳州府。

	巴邱	陸城
	巴陵縣	臨湘縣
初置	古麋子國。	古如國。
春秋戰國		
秦		
漢	本長沙郡下雋①縣地。孫吳初，爲巴邱邸閣，尋置巴陵縣。沈約曰，晉太康所置縣，仍屬長沙。	下雋縣地。
晋		以後爲巴陵縣地。
南北朝	宋屬巴陵郡。自是以後，州郡皆治此。	
隋		本巴陵縣地。
唐		
五代		唐清泰中，河南置王朝場于此。
宋遼		淳化三年，升爲縣，屬岳州。至道初，改臨湘縣。
金		
元		仍舊。
明	洪武九年，省入岳州。十四年，復置。	仍舊。

安南	昌江	澧陽
華容縣	平江縣	澧州 今領縣五。
	春秋時楚地。	春秋時楚地。
	爲羅縣。	屬黔中郡。
本武陵郡孱①陵縣地。	因之，屬長沙國。東漢屬長沙郡。建安十五年，孫吳置漢昌縣。尋改，曰吳昌縣。	屬武陵郡。三國吳，分置天門郡。
初分置南安縣，屬南平郡。	屬長沙郡。	又析置南平郡。
宋齊因之。梁置南安湘郡于此，郡尋廢。	宋齊因之。梁屬岳陽郡。	宋齊因之。梁陳又分置義陽郡。
初縣屬岳州。開皇十八年，改曰華容。	屬岳州。	郡俱廢，改置松州，尋又改爲澧州。大業初，改州爲澧陽郡。
初因之。垂拱二年，改曰容城縣。神龍初，復曰華容，仍屬岳州。	神龍三年，復分置昌江縣。	武德，復爲澧州。
	唐諱昌，馬氏因改，曰平江。	
因之。	因之。	因之。
仍舊。	爲澧州路。	爲澧州路。
因之。	洪武二年，復爲縣。	初曰澧州府，又降爲州，以州治澧陽縣省入。

①孱(chán)，陵县，古地名，县域为今公安、石首、监利等地。

	石門縣（天門）	安鄉縣（作唐）	慈利縣（零陽）
初置			
春秋戰國			
秦			
漢	置零陽縣，屬武陵郡。東漢因之。三國吳，分置天門郡，治此。	孱陵縣地，屬武陵郡。東漢，分置作唐縣。	零陽、充二縣地。
晉	以後因之，爲石門郡治。		
南北朝		梁陳間，又析置安鄉，置義陽郡治焉。	
隋	廢郡，改縣，曰石門，屬澧州。	義陽郡廢，縣爲并澧州。	開皇九年，置零陵縣，屬崇州。十八年，改曰慈利。大業初，州廢，縣屬澧陽郡。
唐	仍舊。	因之。	屬澧州。
五代			
宋遼	仍舊。	因之。	因之。
金			
元	仍舊。	因之。	升陞州。
明	因之。	因之。	初，復爲縣。

澧[1]水	大庸
安福縣	永定縣
本慈利縣地，在慈利縣西二百九十里。	本慈利縣地，在慈利縣西南百八十里。
三國吳，置澧中縣，以澧水而名也。	
因之。屬天門郡。	
齊梁因之。	
廢。	
爲安福寨。	
爲守禦安福千户所。洪武四年，設于西水北，隸大庸衛，又移西水之西。	初置戍。洪武三年，立羊山衛。後又改置大庸衛。建文初，更名曰永定，隸[2]湖廣都司。

①澧(lǐ)，古水名，源于湖北省境內。

②隸：附屬，屬于。

	昭陵	昭陽
	寶慶府 今領一州四縣。軫分野。	邵陽縣
初置	《禹貢》：荊州之域。	
春秋戰國	春秋戰國，皆屬楚。	
秦	屬長沙郡。	
漢	屬長沙國。東漢，屬零陵郡。三國吴，置邵①陵郡，屬荊州。	本長沙國昭陵縣地。東漢，析置昭陽縣。三國吴，于此置邵陵郡，改昭陽曰邵陽。
晉	仍爲邵陵國。	以後因之。
南北朝	宋齊梁皆因之。陳復爲郡。	
隋	初罷郡，以其地屬潭州。開皇，置建州，治邵陽，尋廢。	郡廢，以縣屬潭州。後于縣，置建州，尋罷。
唐	置南梁州。貞觀中，改爲邵州。天寶初，又改邵陽郡。乾元初，復爲邵州。	置邵陵縣。後并入邵陽。
五代	晉改爲敏州。	晉改邵陽，曰敏州。南漢復舊名。
宋遼	仍爲邵州。陞升寶慶府。	爲寶慶府治。
金		
元	爲寶慶路。	仍舊。
明	仍改爲府。	因之。

①原文误，应为『昭』。后文与此同处，皆如此，不复注。

高平	巫水
新化縣	城步縣
長沙國益陽縣地。	都梁縣地。
以後皆爲蠻地。	以後爲武岡縣地。
太平興國中，平之，以其地爲置五寨。熙寧五年，始置新化縣，屬邵州。	武岡軍及綏寧縣地。熙寧六年，置城步砦[1]於此。
仍舊。	
因之。	初有城步巡司。宏治[2]十七年，始析置縣。

①砦：同「寨」。　②应为「弘治」，明孝宗年号（1488—1505）。因避清高宗爱新觉罗·弘历名讳，文中「弘治」改为「宏治」。后文中与此同处，皆如此，不复注。

	都梁	扶夷	湘東
	武岡州	新寧縣	衡州府 今領縣七。
初置			《禹貢》：荊州之南境。
春秋戰國	春秋戰國時，皆爲楚巫黔中地。		春秋楚地。
秦	屬長沙郡。		屬長沙郡。
漢	爲都梁、扶夷二縣地，屬零陵郡。三國吳，屬邵陵郡。	零陵郡扶夷縣地。武帝時，爲扶夷[1]侯國。	初屬長沙國，又分屬桂陽郡。東漢，長沙、桂陽二郡屬荊州。三國吳分長沙爲湘東、衡陽二郡
晉	分都梁，立武岡縣。		初隸湘州，後隸荊州。
南北朝			劉宋爲湘東國。南齊改國爲郡，尋復爲國。梁分湘廣二州，置衡州。陳增置東衡州，以衡州爲南衡州。
隋	初省武岡縣，入邵陽縣。後復置武攸縣。	省入邵陽縣。	初省衡陽、湘東二郡，置衡州。大業初，改衡山郡。
唐	改武攸曰武岡，屬邵州，以建興縣省入。		復爲衡州，隸江南西道。天寶初，改衡陽郡。至德初，復爲衡州。後置湖南觀察使，治此。
五代			
宋遼	于縣置武岡軍。	紹興中，即其故地置新寧縣，治水頭，江北屬武岡軍。	隸荊湖南路。
金			
元	陞軍爲武岡路。	仍舊。	置衡州路。
明	洪武初，改爲府。九年，降爲州，以武岡縣省入。	因之。	改爲衡州府。

①应为『夫夷』《新宁县乡土志》云：境内金城山上有芙蓉岭，因『芙蓉』与『夫彝』古时音近，水以山名，故有夫彝水。国以水名，故有夫彝国之称。

臨丞	清泉
衡陽縣	清泉縣 國朝改。
承陽、酃[1]二縣地，屬長沙國。東漢改承陽曰烝陽，屬零陵郡，酃屬長沙郡。三国，又析二县地，置臨烝县。	承陽縣地。東漢改曰烝陽。三國吳，析烝陽、酃二縣地，置臨烝縣。
因之。	
宋齊梁皆因之。陳析置新城縣。	梁大通，置新城縣。
以臨丞、新城、重安三縣省入衡山縣。	復爲衡山郡。
初復置三縣，尋省重安、新城入臨丞。開元中，改臨丞曰衡陽。	武德四年，復置臨烝縣。開元二十年，改名衡陽。
仍舊。	
仍舊。	復分衡陽之東鄉，置新城縣。
因之。	省新城，入衡陽。

①酃：读líng。〔~县〕地名，在中国湖南省。

	白茅	肥水	新平
	衡山縣	耒陽縣	常寧縣
初置	本周麋子國。	以在耒水之陽也。	
春秋戰國			
秦	屬長沙郡。	置耒縣。	
漢	屬長沙國，湘南縣地。三國吴，置衡陽縣。	初改曰耒陽縣，屬桂陽郡。	耒陽縣地。三國吴，析置新平、新寧二縣，屬湘東郡。
晋	改曰衡山。		東晉，以新平省入新寧。
南北朝		梁割隸湘東郡。陳移縣置縣治，鰲山口。	劉宋，更名曰常寧。陳復曰新寧。
隋	以湘西、湘鄉二縣省入，屬潭州，徙治白馬峯下。	改曰耒陰，屬衡州。	屬衡州。
唐	復徙治于此。	還舊治，復改耒陽。	改曰常寧。
五代			
宋遼	屬潭州。	因之。	因之。
金			
元	屬衡州。	陞爲耒陽州。	陞爲常寧州。
明	屬衡州府。	仍改爲縣。	復改爲縣。

宜溪	沐泉	漢寧
安仁縣	酃縣	桂陽州 今領縣三。
		春秋戰國時楚地。
		屬長沙郡。
湘南縣地。	本長沙國茶陵縣地。	分置桂陽郡，治郴縣。
以後爲衡山縣地。	屬湘東郡。	析郴縣，置平陽縣。
		陳，復省入郴。
	廢茶陵，入湘潭縣。	因之。
本衡山縣之安仁鎮，屬潭州。	復置，屬衡州。	復置平陽縣，屬郴州。又置桂陽監。
唐陞爲安仁場，隸衡州。		
陞爲安仁縣，治永安鎮。	取古酃縣爲名。	陞監爲桂陽軍，屬荊湖南路。
仍舊。	仍舊。	陞爲桂陽路。
因之。	因之。	洪武元年，改爲桂陽府。九年，降府爲州，省平陽縣入焉。

	隆武	南平	倉禾
	臨武縣	藍山縣	嘉禾縣
初置			
春秋戰國			
秦			
漢	本舊縣，屬桂陽郡。	本南平縣，屬桂陽郡。	臨武縣。
晉			
南北朝			
隋	屬郴州。	省入臨武縣。	
唐	改曰隆武。尋復舊名。	復置，屬郴州。天寶初，改曰藍山縣。	
五代	晉時，省入平陽縣。		
宋遼	復置，屬桂陽軍。	屬桂陽郡。	
金			
元	屬桂陽路。	屬桂陽路。	
明	因之。	初屬郴。後改今屬。	初爲桂陽州及臨武縣。崇禎十二年，析置嘉禾。

	漢壽	沅南
常德府 今領縣四。	武陵縣	桃源縣
《禹貢》：荆州之域。商周時，爲蠻蜑所居。		
春秋戰國時屬楚。		
置黔中郡。		
初改武陵郡，治索縣，亦名義陵。東漢亦曰義陵，治臨沅。三國時，初屬蜀，後屬吳。	本武陵郡臨沅縣。東漢爲武陵郡治。	本東漢沅南縣地，屬武陵郡。
	因之	
梁置武州，後改曰沅州。	梁置武州，陳屬武陵郡。	
改曰朗州，治武陵，縣尋改武陵郡。	改武陵縣，屬朗州。後屬武陵郡。	省入武陵縣，屬朗州。
復爲朗州，亦曰武陵軍。光化初，置武正①軍。	屬朗州。	仍舊。乾德中，始置桃源縣。
梁曰武順軍，後唐曰武平軍。		
初爲朗州，後改鼎州，陞永安軍。政和中，陞常德軍。乾道初，陞常德府。	初屬鼎州，後屬常德府。	
改爲常德路。	屬常德路。	元貞初，陞爲州。
復爲常德府。	因之。	洪武三年，改爲縣。

①原文误，应为武贞军。见《中国古今地名大辞典》五〇五页。

	黔安 辰州府（今領縣四。）	藥山 沅江縣	漢索 龍陽縣
初置	本古蠻夷之地。		
春秋戰國	春秋屬楚。		
秦	屬黔中郡。		
漢	爲長沙、武陵二郡地，屬荊州。東漢仍舊。三國時，或屬吳，或屬蜀漢。	本益陽縣地，屬長沙國。	本武陵郡索縣地。東漢，爲漢壽縣地。孫吳，始分置龍陽縣。
晉	爲武陵郡地。	置衡陽縣。	
南北朝	宋齊俱爲武陵郡地。陳分置沅陵郡治。	梁，置藥山縣。	
隋	開皇置辰州。大業初，復爲沅陵郡。	開皇，改爲沅江縣。	屬朗州。
唐	初復爲辰州。天寶，改爲盧溪郡。乾元，復爲辰州，屬江南道。	因之。	屬朗州。
五代			
宋遼	屬荊湖北路。	因之。	
金			
元	升爲辰州路。	屬常德路。	升爲州。
明	改爲辰州府。	洪武十一年，省入龍陽縣。十三年，復置。	洪武九年，復爲縣。

三峿	南溪
沅陵縣	瀘溪縣①
本黔中郡地。	
長沙國因之。下嶲縣地。後置沅陵縣，屬武陵郡。	本沅陵縣地。
陳爲沅陵郡治。	梁置盧州。
爲辰州治。	隋末，爲蕭銑所據。
仍舊。	武德中，置盧溪縣，屬辰州。
仍舊。	仍舊。
仍舊。	仍舊。
因之。	因之。

①瀘lú溪县，唐武德二年始建，时为盧溪县。清顺治六年（1649），改盧溪县为瀘溪县，沿用至今。

	辰溪縣（辰陽）	漵浦縣[1]（義陵）	沅州府（潭陽）今領縣三。
初置			
春秋戰國			春秋戰國，楚地。
秦			屬黔中郡地。
漢	本武陵郡辰陽縣。	本武陵郡義陵縣地。	屬武陵郡地。
晋			因之。
南北朝	梁，析置建昌縣。陳，省入辰陽。		宋、齊、梁，皆因之。陳，爲沅陵郡地。
隋	改辰陽曰辰溪，屬辰州。	爲辰溪縣地，屬沅陵郡。	屬辰州。
唐	仍舊。	初，析辰溪，置漵浦縣，屬辰州。	置巫州，尋改沅州。又改爲潭陽郡。後改爲漵州，治龍標縣。
五代			
宋遼	仍舊。	仍舊。	初没於蠻蠻，號爲懿州。熙寧七年收復，仍置沅州，治盧陽縣。
金			
元	仍舊。	仍舊。	初置沅州路。又降爲州，隸辰州路。
明	因之。	因之。	初改爲沅州府，尋改爲州，省盧陽縣入焉。

①漵：古同『溆』。

巫州	龍標	招諭
芷江縣 國朝新置。	黔陽縣	麻陽縣
本盧陽縣地。		
置舞陽縣，隸武陵郡。後漢，省。	本鐔縣地，屬武陵郡。	沅陵、辰陽二縣地，屬武陵郡。後漢以後因之。
太康間，復置舞陽縣。義熙中，徙治故鐔①城縣，爲今黔陽縣境。		、
宋齊因之。梁爲龍剽②縣地，屬南陽郡。陳屬沅陵郡。	梁置龍標。	陳天嘉三年，置麻陽戍。
	屬辰州	本沅陵、辰溪二縣地。
貞觀，爲龍剽夜郎縣地，屬巫州。又析置鐔陽縣，屬敘州。	析置朗溪縣，後廢。	初，置麻陽縣，屬辰州。又析置龍門縣，尋省。
時沒于蠻。		
熙寧中，章惇經制荊湖，討平田氏蠻之懿州地，遂置沅州，治盧陽縣。	爲黔江城。後元豐中，升爲縣。	析置招諭縣。熙寧間，以招諭省入咸陽，隸沅州。
仍爲盧陽縣。		
省盧陽入州。	仍舊。	仍舊。
	因之。	因之。

①鐔(tán)城县，《前汉·地理志》：武陵郡鐔成县。晋为鐔城。

②原文誤，應爲龍㯹(biāo)縣，《中國古今地名大辭典》：『南朝梁置。唐改爲龍標。五代時爲蠻地。縣廢。即今湖南黔陽縣治。』

	衆陵 永州府 今領州一縣七。	泉陵 零陵縣	永昌 祁陽縣
初置	《禹貢》：荆州之域。		
春秋戰國	春秋戰國，爲楚南境。		
秦	爲長沙郡地。		
漢	置零陵郡，屬荆州。三國屬吴。	本泉陵縣，屬零陵郡。東漢，郡治于此。	本泉陵縣地。三國吴，析置祁陽縣。
晋	屬湘州，又分零陵，置營陽郡。	以後因之。	以後不改。
南北朝	劉宋，改零陵爲國。南齊，改爲郡。梁，改營陽爲永陽郡。		
隋	罷二郡，置永州，治零陵國縣。大業初，改爲零陵郡。	改泉陵爲零陵，以應陽、永昌、祁陽三縣省入，屬永州。	初，省入零陵縣。
唐	初復置永州，屬江南道。天寶初，改零陵郡。	仍舊。	復置。
五代			
宋遼	復爲永州，屬荆湖南路。	仍舊。	仍舊。
金			
元	爲永州路。	仍舊。	仍舊。
明	爲永州府。	因之。	因之。

應陽	昌浦	冷道
東安縣	道州	寧遠縣
本零陵縣地。		
	春秋戰國，皆爲楚南境。	
	屬長沙郡。	
自漢以來，置驛于此。	屬零陵郡，吴分爲營陽郡。	本零陵郡冷道縣地。
	梁，改爲永陽郡，兼置營州。	
	廢郡，并營州入永州。	省入營道縣，屬永州。蕭銑析置梁興縣。
	初置南營州，治營道。貞觀間，始改道州，屬江南西道。天寶初，改江華郡。	改曰唐興，移治冷道故城，屬道州。後又改曰延唐。
馬氏置東安場。		梁，改爲延昌。後唐，復曰延唐。石晉，改爲延熹。
雍熙初，置東安縣，屬永州。	仍爲道州。	始改曰寧遠。
仍舊。	改爲道州路。	仍舊。
因之。	洪武，改爲府。九年，改爲州，屬永州。	因之。

	謝①沐 永明縣	馮乘 江華縣	春②陵 新田縣 國朝復置改今治
初置			
春秋戰國			
秦			
漢	本零陵郡營浦縣地。	本馮乘縣地，屬蒼梧郡。	本冷道縣春陵鄉，封長沙定王子買爲春陵侯于此。三國吴，立縣。
晋		屬臨賀郡。	以後有春陵縣。
南北朝	齊置營陽縣。梁改曰永陽，并置永陽郡。		宋齊屬營陽郡。
隋	廢郡，以營浦縣省入，屬永州。	屬永州。	省入營道縣。
唐	省入營道縣，尋復置，屬道州。後改曰永明。	武德中，析置江華縣，屬營州。後改雲溪縣。神龍初，復爲江華，屬道州。	大歷二年，析延唐，置大歷縣，屬道州。
五代			
宋遼	廢縣爲鎮，尋復置。	仍舊。	乾道三年，省入寧遠。
金			
元	仍舊。	仍舊。	
明	因之。	因之。	崇禎十三年，復析置新田縣，屬永州府。

①谢沐，汉元鼎六年（前一一一），在湖南江永县西南置谢沐县，因境内有谢水、沐水，故名。

②舂（chōng）：音同『冲』。舂陵，县名，在今湖南省宁远县境内。

鐔成	朗溪
靖州今領縣三。	會同縣
《禹貢》：荊州之域。	
爲黔中郡。	
初屬武陵郡。武帝時，屬牂牁郡。	鐔成縣地。
宋舞陽縣地。	宋舞陽縣地。
龍標縣地。	
爲溪洞誠州。	朗溪洞地。
馬希範有其地。後周時楊正巖[①]，以十洞稱徽、誠二州。	時爲蠻地。
太平興國中，其酋長楊通蘊內附。熙寧中，收復。元豐中，仍爲誠州，移治渠陽縣。元祐中，改渠陽軍。崇寧初，改爲靖州，隸荊湖北路。	渠陽縣狼江寨地。崇寧初，置三江縣。五年，改曰會同。
升爲靖州路，後降爲州，屬辰州路。	仍舊。
洪武初，升靖州府。九年，復改爲州，以附郭永平縣，省入直隸湖廣布政司。	因之。

①巖：同『岩』。

	羅蒙　通道縣	蒔①竹　綏寧縣	敦州　郴州　今領縣五
初置			《禹貢》：荊州之域。
春秋戰國			春秋戰國屬楚。
秦			屬長沙郡，項羽徙義帝都郴，即此。
漢	鐔成縣地。	零陵郡都梁及武陵郡鐔成縣地。	初于郴置桂陽郡，屬荊州。三國時，吳蜀分荊州，以湘水爲界，桂陽以東屬吳。
晉			仍爲桂陽郡，初屬江州，後屬湘州。
南北朝	宋舞陽縣地。	宋以後，爲都梁、舞陽二縣地。	
隋			廢郡置郴州。大業初，復爲桂陽郡。
唐	恭水縣。貞觀中，改曰羅蒙。後省入遵義縣，屬播州。	本唐溪洞、徽州之地。	置郴州。天寶初，改桂陽郡。乾元初，復爲郴州，隸江南西道。
五代	時爲蠻地。	時蠻置徽州。	晉改爲敦州。漢復爲郴州。
宋遼	爲羅蒙寨，尋改爲縣。崇寧初，改爲通道縣，屬靖州。	置蒔竹縣，屬邵州。崇寧，改曰綏寧。紹興中，屬武岡軍。	隸荊湖南道。
金			
元	仍舊。	屬武岡路。	置郴州路。
明	因之。	洪武三年，改屬靖州。	改爲郴州，以附郭郴陽縣省入，直隸湖廣布政司。

①蒔(shì)竹县，古县名。北宋元四年(1801)置，在今湖南省绥宁县西南。

永興縣	宜章縣	興寧縣
高亭	義章	漢寧
永興縣	宜章縣	興寧縣
本便縣地，屬桂陽郡。	本郴縣地。	本郴縣地。永和初，析置漢寧縣。吳改曰陽安。
		又改曰晉寧，隸桂陽郡。陳廢，入郴縣。
劉宋，省入郴縣。陳復置。		
又廢，入郴縣。	隋末，析置義章縣。	改晉興縣。
析郴縣，置安陵縣，後改曰高亭。	武德七年，省入郴縣，尋復置。長壽初，分置高平縣，尋省。	貞觀中，省。咸亨中，改置資興縣。
		廢爲寨。
熙寧中，又改爲永興縣。	改曰宜章縣。	復置資興縣。紹興中，改興寧縣，治管子濠。
仍舊。	仍舊。	仍舊。
因之。	因之。	因之。

	桂陽縣（汝城）	桂東縣（嚴溪）	永順府（溪州）國朝改置領縣四	
初置			《禹貢》：荆州之域，古蠻夷地。	
春秋戰國				
秦			屬黔中郡。	
漢	本郴縣地。	本郴縣地。	以後爲武陵郡。	
晉	東晉，析置汝城縣。			
南北朝	陳改盧陽縣，并置盧陽郡。			
隋	初廢郡以縣，屬桂陽郡。		爲辰州地。	
唐	改爲義昌。	爲義昌縣地。	天授初，析置溪州，或爲靈溪郡。	
五代	唐改曰郴。		屬楚馬。	
宋遼	改爲桂陽縣。	初爲桂陽縣。嘉定中，析置桂東縣，治上猶①寨。	初爲永順州及上、中、下溪三州。嘉祐中，溪州刺史彭仕義叛，臨以大兵，仕義降。熙寧中，築下溪州城，賜名會溪，隸辰州。	
金				
元	仍舊。	仍舊。	彭萬潛自改爲永順等處軍民安撫司。後彭天寶又改宣撫司。	
明	因之。	因之。	洪武二年，內附。六年升爲永順等處軍民宣撫司，隸湖廣都司。	

①猶：见『犹』。

天鄉	鼈①水
永順縣 國朝改今縣	**龍山縣** 國朝新置
本沅陵、零陽二縣地。	沅陵、零陽縣地。
	分置黔陽縣，屬武陵郡。
梁分置大鄉縣。	宋齊因之。後周，省入大鄉縣。
屬辰州。	
初因之。天授二年，置溪州，治此。	
馬氏改置溪州于辰州境上，既而蠻復還舊治此，即下溪州矣。	
熙寧中，蠻酋歸附。詔修築下溪州城，即此也。	爲上溪州蠻地。
	爲白崖洞長官司，屬新添葛蠻安撫司，爲江西寨。
初，仍置宣慰使司于此。	改屬永順宣慰使司。

①鼈：读bì。水，古河名，即今湘江。

縣名	舊名	初置	春秋戰國	秦	漢	晉	南北朝	隋	唐	五代	宋遼	金	元	明
保靖縣 國朝新置	遷陵①	《禹貢》：荆州之域。			以後爲武陵郡地。		南齊，省。梁以後，爲大鄉縣地。	爲辰州地。	爲溪州地，置三亭縣。		爲羈縻保靖州。		因之。屬新添葛蠻安撫司。	洪武六年，升軍民宣慰使司，隸湖廣都司，領五寨長官司、篁②子坪長官司。
桑植縣 國朝新置	九溪	在九溪衛西北四百里。			元縣地。	臨澧縣地。		以後爲崇義縣地。	爲慈利縣地。	以後爲蠻所據。	慈利縣地，置安福砦。		置桑植安撫司，以羈十八洞蠻。	洪武二十三年，歸附。永樂四年，復置安撫司，屬九溪衛。

①遷(qiān)陵，古城名，今湖南省龙山县里耶镇。 ②原文误，应为『筸』(gān)子坪。

苗化	六里
鳳凰廳 屬辰州府	永綏廳 屬辰州府
康熙十三年，改沅州總兵官爲鎮筸總兵官，移駐于此。四十三年，苗人向化，移辰沅靖道僉事駐此，轄紅苗一百五寨。	雍正八年，巡撫趙宏恩招徠生苗四千七百餘户，相率歸化，撫以恩，設文武官，管轄紅苗二百二十八寨。
五溪蠻地。	五溪蠻地。
錦州地，後爲紅苗五寨司地。	錦州地，後爲六里生苗地。
	以後不通聲教。

陝西省

○注：西安府爲省會，在京師西南二千六百五十里。東西距九百三十五里，南北距二千四百二十六里。東至河南陝州閿鄉縣①界三百五里，西至甘肅秦州清水縣界六百三十里，南至四川達州太平縣界一千三十里，北至榆林邊牆一千三百九十六里。東南至河南南陽府淅川縣界六百二十里，西南至四川保寧府廣元縣界一千三百八十五里，東北至山西保德州河曲縣界一千八百六十里，西北至甘肅慶陽府正寧縣界三百二十里。領府六、直隸州六、州五、縣七十三。

東瀕黄河，南據漢水，西連秦隴，北屆朔漠。

《禹貢》：黑水西河惟雍州。○注：西據黑水。東距西河，即龍門之河，在冀州西，故曰西河。雍州以其四山之地，故以雍名。亦謂西北之位，陽所不及，陰氣雍閼也。按今陝西之地惟漢中府、興安府、商州爲古梁州域，餘皆屬雍。周爲王畿，東遷後屬秦，其東境分屬晉。戰國時，秦都咸陽其東北境屬魏，南境屬楚。秦始皇并天下，以京師爲内史，兼置上郡、漢中等郡。漢元年，項羽以漢中爲漢國，分秦地爲雍、塞、翟。三國，漢高帝都長安，改置渭南河上、中地郡。九年，復爲内史。景帝分置左右内史。太初元年，改爲京兆尹、左馮翊、右扶風。是爲三輔，置司隸校尉以統之。又以上郡朔方。○注：元朔二年置。西河。○注：元朔四年置。等郡屬并州，漢中郡屬益州。後漢遷都雒陽，以三輔屬司隸。○注：光武都洛陽，關中復置雍州。後罷屬司隸。諸郡分屬并、益州如故。建安十八年，罷司隸，置雍州。○注：時省司隸校尉及涼州，以其郡國并爲雍州。建安二十年，分漢中之安陽、西城爲西城郡。三國屬魏，仍曰雍州。改京兆尹爲太守，馮翊、扶風各除左右。○注：魏黄初二年，改西城爲魏興郡。其漢中郡屬漢，後亦屬魏，分置梁州。晉仍曰雍、梁二州。○注：晉初於長安置雍州，統京兆、馮翊、扶風、安

①閿(wén)鄉縣，古地名，今河南省靈寶市境内。

定，北地、始平、新平七郡。梁州治漢中，所領郡皆在今四川界，魏興郡後屬荊州。建興元年，復都長安，尋皆陷没。○注：建興二年，李雄陷漢中。四年，劉曜陷長安。大興二年，曜自平陽徙都長安，改號趙，復置司隸校尉，以幽州刺史鎮北地。咸和四年，石勒克長安，復置雍州。永和六年，石氏敗，苻健據關中，都長安，是爲前秦。復置司隸校尉，以荊州刺史鎮豐陽。苻堅時，分司隸，爲雍州，分京兆爲咸陽郡，移洛州，鎮陜城。滅燕之後，移洛州，居豐陽。太元九年，苻堅敗，梁州復屬晉。十一年，姚萇據長安，是爲後秦。分司隸領北五郡，置雍州刺史。義熙三年，赫連勃勃據朔方，是爲夏都。統萬①十三年，劉裕滅姚秦，復置雍州。十四年，勃勃陷長安，以雍州牧鎮之。又以朔州牧鎮三城，秦州刺史鎮杏城，北秦州刺史鎮武功，豫州牧鎮李閏。後魏神䴥②三年，平關中，仍爲雍州。後分置洛○注：太延五年仍，苻秦置荊州。太和十七年改。岐、華、夏。○注：三州皆太和十一年置。北華○注：太和十五年，置東秦州，後改。等州。正始初，克梁州。○注：劉宋于梁州，兼置南秦州。齊梁因之。正始初，改梁州。後又屬梁，改南梁州。梁末，又屬西魏。後又分置東益、東夏○注：延昌二年置。南岐、東梁○注：皆孝昌三年置。及東秦、北雍、東雍諸州。西魏，徙都長安，改易州名。○注：廢帝元年，改南梁爲東梁州。三年，改爲金州，又改東雍爲華州，北雍爲宜州，華州爲同州，北華爲鄜州，東秦爲隴州，東夏爲延州，南岐爲鳳州。廢帝二年，改東益州爲興州，又改東梁州爲直州。增置綏、丹、洋三州。後周明帝二年，改雍州刺史爲雍州牧。保定三年，增置銀州。隋開皇二年，建新都。三年，廢郡存州。大業初，改雍州爲京兆尹，又改諸州爲馮翊○注：本同州。扶風○注：本岐州。上郡○注：本鄜州。隋初改爲鄜城郡。雕陰○注：本綏州，隋初改上州。延安○注：本延州。朔方○注：本夏州。榆林本勝州。開皇二十年置。漢川○注：本梁州。西城○注：本金州。河池、○注：本鳳州。順政○注：本興州。上洛○注：本洛州。

①统万城，是匈奴赫连勃勃建立的大夏国都城，遗址位于今陕西靖边北白城子。②神䴥（jiā），同『麚』牧鹿也。北朝北魏明元帝拓跋嗣年号。

後周改商州。等郡。唐仍隋都，復改諸郡爲州。貞觀二年，分置關内及山南道。○注：關内道治京兆府，領鳳翔府、華、同、商、邠、隴、鄜、坊、丹、延、鹽、夏、綏、銀、宥、麟、勝等州。唐末李茂貞又增置乾、耀、鼎、瞿等州及山南道。開元二十一年，又分東西兩道，治興元府，領金、商、洋、鳳、興等州。金州分屬東道。後又分置鳳翔、邠、寧夏州，山南西道諸節度使。唐末廢都。五代因之○注：乾、耀、邠、岐、隴、鄜、坊、丹、延九州，初屬岐鳳州，屬岐，亦屬蜀。金州初屬蜀，後皆屬唐。梁、洋二州屬前後蜀。宋初曰陝西路。熙寧五年，分爲永興軍路，兼分秦鳳、利州、京西、河東四路。○注：慶歷元年，分陝西沿邊爲秦鳳、涇原、環慶、鄜延四路。熙寧五年，以熙河、洮岷、州、通遠軍爲一路，又以熙、河等五州軍爲一路，通舊鄜延等五路，共三十四州軍。後分永興、保安軍，等爲永興軍路，秦、階、隴、鳳等爲秦鳳路，并置轉運使，仍以永興、鄜延、環慶、秦鳳、涇原、熙河分六路，各置經略安撫司。永興軍路領京兆、延安府，同、華、耀、邠、鄜、商、坊、丹等州，其後又增銀州、醴州及綏德、清平等軍，其鳳翔府、隴鳳二州，屬秦鳳路。興元府、洋興二州屬利州路，金州屬京西路，麟、府、豐三州屬河東路。南渡後，陝西地入於金，分爲京兆、鳳翔、鄜延等路。○注：京兆府路本宋永興軍路。皇統二年，改名治京兆府，領商、乾、同、耀、華等州；鳳翔路本宋秦鳳路，大定二十七年改名，自秦州移治鳳翔府，領隴州、鄜延路。治延安府，領綏德鄜坊等州。又以邠州分屬慶原路，其興元府、金、洋、鳳、沔等州，則仍屬宋利州路。元中統三年，立陝西、四川行省，治京兆。至元二十三年，改爲陝西等處行中書省。○注：領奉元、延安、興元等路，及鳳翔府、邠、隴等州。明初仍立陝西行省。洪武九年，改置陝西等處承宣布政使司○注：有左右二使，并治西安府，共領八府一州，又置陝西都指揮使司，統諸衛所。

本朝初因明舊。康熙二年，移右布政使，治甘肅。左布政使，仍治西安，領西安、延安、鳳翔、漢中四府，興安一州。六年，改左布政司曰西安布政使司，後改曰陝西布政使司。雍正三年，升西安

府之商、同、華、耀、乾、邠六州，延安府之鄜、綏德、葭三州俱爲直隸州。九年，又改榆林衛爲府。十三年，改同州爲府，仍降華、耀、葭三州爲屬州。乾隆四十八年，升興安州爲府。天文、東井、輿鬼則秦分野，亦兼趙、魏之疆○注：今榆林以北爲趙，同、華二州，以西皆屬魏。

關中

西安府 今領州一縣十五

初置	《禹貢》：雍州地。周爲王畿，東遷後屬秦。
春秋戰國	
秦	始皇置内史郡。
漢	初爲渭南郡，尋復爲内史郡。景帝二年，分置左右内史，此爲右内史。武帝太初，改京兆尹與左馮翊[1]、右扶風爲三輔。後漢因之。曹魏改尹爲守。後爲秦國，又爲京兆國。
晋	爲京兆郡，兼置雍州，治此。愍帝[2]時，都焉。後爲劉曜及苻健、姚萇相繼都之。
南北朝	後魏亦曰京兆郡，仍置雍州治焉。西魏，亦都于此。後周，復爲京兆尹。
隋	初，置雍州。大業二年改爲京兆郡。
唐	初，復曰雍州。天授初，亦曰京兆郡。是年復故。開元三年，改曰京兆府。天祐初，廢爲祐國軍。
五代	梁，改爲大安府，又改軍爲永平軍。後唐，復爲京兆府。晉曰晉昌軍。漢曰永興軍。
宋遼	復爲京兆府，亦曰永興軍。
金	亦曰京兆府。
元	曰安西路。
明	初改爲西安府。

①翊(yì)，左冯翊，古地名，在今陕西省大荔县。

②憨(hān)帝，西晋第四位皇帝司马邺。

鎬京	西陵	石安
長安縣	咸寧縣	咸陽縣
附郭在府治西。	附郭在府治東。	
本杜縣之長安鄉。	本杜縣地。	舊縣，孝公都此。其地山南水北皆陽，故名。
高帝五年，置長安縣，定都于此。惠帝，始築城在今縣西北。王莽改曰常安。東漢復舊。魏因之。	置萬年縣，在廢櫟①陽縣東北。	初曰新城縣。元鼎初，改渭城縣。東漢，省。
因之。		石勒于此置石安縣。後苻秦置咸陽郡。
	後周，始置萬年縣于城中，取漢舊縣以爲名。	後魏因之。
遷都，始徙縣于今治。	遷都後，改曰大興。	郡縣俱廢。
仍曰長安縣、唐志縣，治長壽坊。乾封初，分置乾封縣，治懷直坊。長安三年，復并入焉。	復曰萬年縣。天寶中，始改爲咸寧縣。後仍曰萬年。	復爲咸陽縣，屬京兆郡。
梁，改曰大安縣。後唐，復曰長安縣。	梁，改曰大年縣。	
仍舊。	改爲樊川縣。	仍舊。
	復爲咸寧縣。	仍舊。
仍舊。	仍舊。	省入興平，尋復置。
因之。	因之。	因之。

①櫟（yuè），櫟陽，古县名，战国时秦国都城，在今陕西省临潼境内。

	茂陵 興平縣	新豐 臨潼縣
初置	本周犬邱[①]地，懿王所都，後以其地久廢，于戎改曰廢邱。	周爲驪[②]戎國
春秋戰國		
秦	名廢邱。	爲驪邑。
漢	置槐里縣。後析置茂陵、平陵二縣。曹魏，改爲始平縣。	置新豐縣，屬京兆郡。後漢，移陰盤縣寓此。
晋	置始平郡，領槐里、始平等縣。	仍曰新豐縣，兼置陰盤縣，屬京兆郡。
南北朝	後魏，省始平郡，以縣屬扶風郡。	後魏因之。
隋		初，开陰盤入新豐，屬雍州。
唐	改始平曰金城縣，尋置興平軍，復改爲縣。	仍屬雍州。垂拱初，改爲慶山縣。神龍，復故。天寶三載，分新豐、萬年，置會昌縣。七載，省新豐，改會昌，曰昭應。
五代		
宋遼	仍舊。	大中祥符間，以縣臨潼水，改曰臨潼，屬京兆府。
金	仍舊。	仍舊。
元	仍舊。	省櫟陽縣，入臨潼。
明	因之。	因之。

①原文误，应为『犬丘』，秦更名『废止』。参阅《辞源》1992页。 ②驪(lí)，古国名。

鹿苑	杜亭
高陵縣	鄠①縣
	夏爲扈國地。殷爲崇國地。周爲豐邑地。
舊縣，左輔都治所。	爲扈甘亭，扈鄠一也。
隸左馮翊。後漢，左馮翊自長安出，治高陵。三國魏，改爲高陵縣，屬京兆郡。	置鄠縣，屬右扶風。
因之。	屬始平郡。
	後魏屬京兆郡。
	因之。
初，析置鹿苑縣，尋省。	仍舊。
仍舊。	仍舊。
仍舊。	仍舊。
仍舊。	仍舊。
因之。	仍舊。

①鄠：读hù。中国秦代邑名，在今陕西省户县北。

	玉山	鼎州
	藍田縣	涇陽縣
初置	《周禮》：玉之次美者曰藍，此縣山出玉，故名。	
春秋戰國		
秦	舊縣。	本縣奉故城在太原府界，以居涇水之上，故名。
漢	屬京兆郡。	初，屬安定郡。惠帝改池陽縣，屬左馮翊。
晉	因之。	
南北朝	後魏初，省，後復置。後周，析置玉山、白鹿二縣，以三縣置藍田郡。後省郡，以玉山、白鹿入藍田縣，屬京兆郡。	後魏，徙咸陽郡治此。後周，省縣。
隋		罷郡，置涇陽縣，屬雍州。
唐	初，又析置白鹿、玉山縣，尋省。	復屬鼎州，尋復，屬雍州。
五代		
宋遼	仍舊。	仍舊。
金	仍舊。	仍舊。
元	仍舊。	省入高陵縣，尋復置。
明	因之。	因之。

鹿原	恒州
三原縣	盩厔②縣
	山曲曰盩，水曲曰厔，故以名縣。
池陽縣地。	舊縣屬右扶風。東漢，省。
苻秦置三原護軍，以其地在清鄠①原、孟侯原、白鹿原間，故名。	復置。
後魏廢西魏改，三原縣屬北地郡。後周屬馮翊，郡。	後周，徙縣于鄠縣西北，而于此置恆州。後置周南郡，尋州郡俱廢，移縣治此。
初屬雍州。	
初，改爲池陽縣。又改爲華池縣，復分置三原縣，屬北泉州。貞觀初，廢三原縣，改華池爲三原，屬雍州。	天寶元年，改宜壽縣。至德初，復爲盩厔縣。天復③初，屬鳳翔府。
唐屬耀州。	
仍舊。	因之。
仍舊。	置恒州。
仍舊。	省州以縣，屬安西路。
改屬西安府。	因之。

①盩厔：读zhōu zhì。山水盘曲貌。

②鄠(fēng)，古地名，在今陕西户县东。

③原文误，应为『』天复，唐昭宗年号。

	南鄭	頻陽	温秀
	渭南縣	富平縣	醴泉縣
初置			
春秋戰國			
秦			
漢	新豐縣地。	舊縣本治寧夏之廢迴樂縣界。東漢，徙治今慶陽府之廢彭原縣界。	左馮翊谷口縣地。東漢，爲池陽縣地。
晉	苻秦析置渭南縣，屬京兆郡。	徙懷德城，屬北地郡。	
南北朝	後魏孝昌三年，改置南新豐縣及渭南郡。西魏復爲渭南縣。後周，屬雍州。	後魏，移于懷德城東北。後周，置中華郡于此。旋廢，以縣屬馮翊郡。	後魏，改寧夷縣，屬咸陽郡。西魏，置寧夷郡。後周，改爲秦郡，尋廢。
隋	因之。	改屬京兆郡。	開皇，改爲醴泉縣。大業中，屬京兆郡，因後周醴泉宮爲名。
唐	初屬華州，尋復屬雍州。天授，改屬鴻州。大足初，州廢，還隸雍州。	屬雍州，徙治義寧城。天祐，屬耀州。	析置温秀縣。後省入醴泉縣。
五代	周，復屬華州。	以後因之。	
宋遼	因之。熙寧中，省入南鄭縣，爲渭南鎮。元豐初，復故。	因之。	仍屬京兆府。
金	因之。	因之。	屬乾州。
元	因之。	因之。	因之。
明	嘉[①]十八年，始改今屬。	因之。	改今屬〇縣，有土内城，元末築。成化四年，增築東西南三面外城。

①原文漏二字，应为『嘉靖三十八年』。

祋祤①	華原
同官縣	耀州
	爲內史郡地。
祋祤縣地。祋音得、又音帶，祤音翊。	祋祤縣地，東漢置。曹魏屬北地郡。
爲頻陽縣地。苻秦置銅官護軍，以川爲名。	屬北地郡。
後魏改爲縣，屬北地郡。後周，改曰同官縣，屬宜州。	後魏，置北雍州。西魏，改宜州，又置北地郡，尋改爲通川郡。
屬京兆郡。	開皇初，郡廢。大業初，州廢，以其地屬京兆郡。
初，亦屬宜州。貞觀十七年廢，改屬京兆府。	武德初復置宜，州。貞觀，省入雍州。天祐初，李茂貞僭置耀州及義勝軍。
梁，屬同州。後唐屬耀州。	梁貞明初，改曰崇州靜勝軍。後唐，復曰耀州，而改軍曰順義。
仍舊。	初因之。開寶，改曰感義軍，又改感德軍。
仍舊。	仍爲耀州。
仍舊。	因之，以州治華原縣。省入〇華原，即祋祤縣。隋開皇，改爲華原，在州東北一里。
因之。	亦曰耀州。

①祋祤(duì yǔ)，古县名，在今陕西省耀县东。

	上洛	安業	上雒②
	商州 今領縣四	鎮安縣	雒南縣
初置	《禹貢》：梁州地。契始封地。古商國也。		
春秋戰國	春秋屬晉。戰國屬秦。		
秦	始皇并天下，屬內史郡。		
漢	置宏①農郡，兼置上洛縣。	商州地。	上洛縣地。
晉	置上洛郡，以其在洛水之上源。		析置拒陽縣，屬上洛郡，尋省。
南北朝	後魏置洛州。後周改爲商州，取古商於地爲名。	後魏，豐陽縣地。	後魏復置。
隋	復爲上洛郡。	因之。	初屬商州，尋改曰雒南縣，以其在雒水之南也。
唐	初，復爲商州。天寶初，爲上洛郡。乾元復爲商州。	析置安業縣，屬雍州。乾元初，改爲乾元縣，屬京兆府。	仍舊。
五代		漢，改乾祐縣。	
宋遼	屬永興軍路。	因之。	仍舊。
金			仍舊。
元	屬安西路。	廢。	仍舊屬商州，後廢爲鎮。
明	初改州爲縣，尋復升爲州。	于廢縣北二十里，始置鎮安縣。	成化復置。

①應爲『弘安郡』，因避清高宗弘歷名諱，改寫『宏農』。後文相同處不復注。

②雒（luò），古都邑名，即今河南洛陽。亦爲水名，雒水，即今洛河。

豐陽	南商	上河
山陽縣	商南縣	同州府 今領州一縣八
		周爲大荔國。
		春秋，晉之疆。戰國，爲秦、魏二國地。
		秦爲内史郡。
商縣地。	本商縣地。	置河上郡，後爲左内史。武帝時，改左馮翊。三國魏，爲馮翊郡。
		因之。
		後魏置西華州。西魏改爲同州，取《禹貢》灃水攸同之義。
		罷州，復置馮翊郡。
以後爲豐陽地。		初復爲同州，治馮翊縣。天寶初，復爲馮翊郡。乾元初，復爲同州。後改匡國軍。
		梁，改爲忠武軍。後唐，復爲匡國軍。
		改定國軍，屬永興路。
仍爲商縣地。		仍爲同州，以馮翊縣省入。
初因之。成化十二年，平商山盜王彪之亂，督臣原傑奏置山陽縣。	初仍爲商縣地。成化十二年，改縣爲州，祈[1]。置今縣。	因之。

①原文『祈』字應爲『析』。

	新設	臨晉	古莘
	大荔縣	朝邑縣	郃②陽縣
初置		本大荔戎國。	古莘國地，在洽③水之陽。後洽水流絶，故去水加邑。
春秋戰國	春秋芮國地。	春秋，爲蒲關。	
秦		取其地築壘①，以臨晉國。	
漢	爲臨晉縣地。	置臨晉縣地。	置郃陽縣，屬左馮翊。
晉		爲馮翊郡治。	因之。
南北朝	後魏始于此，置華陰縣。西魏改爲武鄉縣，兼置武鄉郡。	後魏，分置南五泉縣。西魏，改朝邑縣，以據朝坂。	後魏，仍爲郃陽縣。後周，屬澄城郡。
隋	開皇初，郡廢。大業初，改縣爲馮翊，自是常爲郡治。		屬馮翊郡。
唐		改河西縣，屬河中府。大歷初，復曰朝邑，屬同州。	初屬西韓州。貞觀，州廢，縣屬同州。
五代		仍舊。	梁，屬河中府。後唐，復舊。
宋遼		仍舊。	因之。
金		仍舊。	貞祐三年，改屬禎州，尋復舊。
元	以州治，馮翊縣省入。	仍舊。	亦常屬禎州。後屬同州。
明	因之。	因之。	因之。

①壘：见『垒』。 ②郃hé，郃阳，古县名，即今陕西省合阳县。 ③洽(hé)，古水名，源出陕西合阳县北，今名金水河。

長寧 澄城縣	夏陽 韓城縣
	古韓、梁二國地。
春秋，晉北徵地。後屬秦。	春秋晉，爲少梁邑。
	更名夏陽縣。
始置徵縣，後誤徵爲澄。東漢，省。	爲夏陽縣地，屬馮翊郡。
	屬馮翊郡。
後魏置澄城郡，治澄城縣。	後魏，屬華山郡。東魏，嘗置華山郡，治此。
罷郡以縣，屬同州。	爲韓城縣，屬同州。
初，析置長寧縣，後省。長慶中，割入奉先縣。	改屬西韓州，尋移西韓州治于此。貞觀，州罷，以縣，屬同州。
梁，屬河中府。後唐，復屬同州。	梁，屬河中府。後唐，復舊。
因之。	因之。
因之。	改禎州。
因之。	初州罷，復爲韓城縣，尋復置禎州。後罷，以縣，屬同州。
因之。	因之。

	古栗邑	古鄭
	白水縣	華州
初置		周畿内地，鄭桓公始封于此，其地亦名咸林。
春秋戰國	春秋時，名彭衙。	春秋，屬晉。戰國，爲秦、魏二國之境。
秦	以地南臨白水，置白水縣。	爲内史郡地。
漢	又爲栗邑縣，又爲衙縣地。	屬京兆、宏農二郡地。
晋	省衙縣，入栗邑。	因之。
南北朝	後魏，省栗邑，入澄城。又分置白水縣及白水郡。	後魏，置華山郡，又改東雍州。西魏，改爲華州。
隋	初罷郡，以縣屬同州。	省。後置華山郡。
唐	割入奉先縣。	復爲華州。垂拱初，改泰州。天寶初，改華陰郡，後復爲華州。乾寧中，升興德府，又爲鎮國軍。
五代		梁改威化軍。唐復爲鎮國軍。
宋遼	復置，屬同州。	改鎮潼軍。
金	仍舊。	改金安軍。
元	仍舊。	復爲華州，後以州治，鄭縣省入。
明	因之。	因之。

華陰縣	蒲城縣
寧秦	重泉
春秋，晉陰晉地。	
改曰寧秦。	
置華陰縣，以在華山之北，屬京兆郡。後漢，改宏農郡。	重泉縣地，屬馮翊郡。
因之。	
後魏，亦曰華陰縣，屬華山郡。	後魏，置南白水縣，屬白水郡。西魏，改爲蒲城，白水郡治焉。
屬華州。大業初，屬京兆郡。	初郡廢，縣屬同州。
分置潼津縣，尋省入華陰縣。垂拱初，改曰仙掌縣。神龍初，復曰華陰。寶歷，又改曰泰陰。尋復爲華陰。	改爲奉先縣，屬京兆府。天祐間，復屬同州。
	時屬京兆府。
仍舊。	初屬同州。開寶四年，復爲蒲城縣，改屬華州。
仍舊。	
仍舊。	仍舊。
仍舊。	因之。

	好疇①	美陽	古豳③
	乾州 今領縣二	武功縣	永壽縣
初置		古邰②國，后稷所封地。	古豳國地。
春秋戰國			
秦	爲内史地。	孝公始置武功縣，以武功山水爲名，舊在郿縣境。	
漢	爲左馮翊之池陽縣地。	東漢，徙古斄城。	爲右扶風之漆縣。
晉	屬扶風郡。	屬始平郡。	
南北朝	後魏，爲咸陽郡寧夷縣地。	後魏，改美陽縣，又置武功郡。後周，俱省，尋復置武功縣。	後魏，置廣壽縣。後周，改永壽縣。
隋	改寧夷爲醴泉，屬京兆郡。	大業初，屬京兆郡。義寧初，置稷州，旋廢。	省入新平縣。
唐	析醴泉五縣地，置奉天縣，又置乾州。	復置稷州，尋廢，以縣屬京兆府。	復于永壽原析置，屬邠州。
五代	梁爲威勝軍。唐復爲乾州，屬鳳翔府。	唐屬鳳翔府。	
宋遼	初罷。政和中，復置，改爲醴州。	割屬醴州。	改屬乾州。
金		改爲武亭縣，仍屬乾州。	屬邠州。
元	仍爲乾州。	仍爲武功縣。	復屬乾州。
明	因之。	因之。	因之。

①疇：见『畤』。周代诸侯国名。原书有误，『好疇』应为『好畤』，古县名，故城在今陕西乾县东。②邰(tái)，古国名，今陕西武功县西南。③豳(bīn)，古地名，在今中国陕西省旬邑县西南。

新平	石門	雲陽
邠州 今領縣三	三水縣	淳化縣
古西戎地，後爲豳國。		
屬内史郡。		
爲右扶風、安定、北地三郡。漢因之。後漢建安中，置新平郡，治漆縣。	舊縣屬安定郡。	馮翊郡之雲陽縣地。
	廢。	
後魏，置南豳州，後廢北豳州，遂去南字。	後魏，移置于此，屬新平郡。西魏，又置恒州，州尋廢。	
省豳州。義寧初，復置新平郡。	仍曰三水縣，屬豳州。大業初，州廢，縣屬北地郡。	
初，復爲豳州，尋改邠州。天寶初，復爲新平郡。乾元初，復邠州，升静難軍。	仍屬邠州。	
屬永興路。	因之。	淳化四年，始析縣之黎陽鎮，屬耀州。
屬熙河路。		改屬邠州。
屬鞏昌路。後屬陝西行省。	并入淳化。	以三水縣省入。
改屬西安府，以新平、宜禄二縣省入。	成化十四年，復置。	初因之。

岐陽		
	鳳翔府 今領一州七縣	長武縣
初置	《禹貢》：雍州之域。周，爲岐周。	
春秋戰國	春秋戰國，爲秦地。	
秦	始皇并天下，屬内史郡。	
漢	初更内史名中地郡，後復故。景帝，分屬右内史。武帝，更曰右扶風，與京兆、馮翊爲三輔。〇漢，扶風治在今西安府興平縣界。	北郡地，鶉觚[1]縣地。後漢，屬安定郡。
晋	爲秦國。惠帝封子東爲秦王，置國于此。〇晋扶風在今西安府三原縣界。	因之。
南北朝	後魏，置秦平郡，又于郡東置雍城鎮，後改鎮爲岐州。西魏，爲岐陽郡。	後魏熙平二年，分置東陰盤縣。廢帝初，改爲宜禄，以南臨宜禄川也。後周廢，入鶉觚。
隋	初爲岐州。大業初，改爲扶風郡。	
唐	初復爲岐州。天寳，改扶風郡。至德初，改鳳翔郡，尋改鳳翔府。號西京，爲五都之一。寳應間，罷京名，屬關内道。	貞觀二年，析豳之新平、涇之保定、靈臺，復置宜禄縣，屬邠州。
五代	屬關西道。	
宋遼	仍爲府，屬秦鳳路。	因之。
金	置天興軍，屬陜西西路。	因之。
元	爲鳳翔路。	廢。
明	爲鳳翔府。	萬曆十一年，于舊宜禄城置縣，曰長武縣。

①鶉觚(chún gū)，古縣名，在今陝西長武縣和甘肅靈台縣一帶。

扶風	三龍	川苑
鳳翔縣	岐山縣	寶雞縣
本召穆公采邑。	古岐周地。	
春秋時，爲故雍。		
置雍縣。		陳倉縣地。
屬右扶風。	爲雍縣地。	屬右扶風，曹魏爲重鎮。
屬扶風郡。		晉末，縣廢，苻秦于縣界置苑川縣。
後魏，爲秦平郡治。	後周，割涇州鶉觚縣地，置三龍縣，屬岐州。	後魏移苑川治陳倉，復爲陳倉縣。後周，于此置顯州，後州縣俱廢。
爲扶風郡治。	移三龍治岐山南，改爲岐山縣。	復置陳倉縣，屬岐州。
至德，改雍曰鳳翔縣。仍析置天興縣。後省鳳翔入天興。	時移治不一，後治豬[1]驛南。	至德初，因秦文公獲石雞之異，改寶雞縣。
因之。		仍舊。
復改爲鳳翔縣。		仍舊。
因之。	屬鳳翔府。	仍舊。
因之。	因之。	因之。

①豬（zhū），同「猪」。

	湋[1]川	郇[3]州
	扶風縣	郿縣
初置	周爲岐陽鎮。	
春秋戰國		
秦		舊縣。
漢	爲美陽縣地。	屬右扶風。
晉	因之。	屬扶風郡。
南北朝	後周，于此置燕州，以美陽縣省入。	後魏，置平陽縣。西魏，改郿城縣。後周廢，入周城縣。
隋	隋末，州廢。	改周城爲渭濱縣。大業，改郿縣。義寧，置郿城郡。
唐	武德，分岐山縣，置圍川縣，取緯川[2]爲名。貞觀中，改爲扶風縣。	改郡爲郿州，尋廢州爲郿縣，屬魏州。後改屬鳳翔府。
五代	仍舊。	
宋遼	仍舊。	因之。
金	仍舊。	初屬恒州，後屬京兆府路。
元	仍舊。	初升爲郿州。至元初，復爲縣，屬安西路。
明	因之。	改今屬。

①湋(wéi)，古水名，源出陝西鳳翔縣西北雍山。在今陝西省眉县一带。 ②圍川縣，唐置，取南川水爲名，後訛作『圍』。句中的『緯川』應爲『湋川』。 ③郇(huán)州，古地名，

林陵	隃麋[1]	康泰
麟遊縣	汧陽縣	隴州
		周爲岐隴之地。
		春秋，屬秦。
		始皇并天下，屬内史。
杜陽縣地。	隃麋縣地，屬右扶風。	爲汧縣，屬右扶風。
	省隃麋。	廢。
	後周，置汧陽郡及縣，以在汧水之陽，故名。	後魏，于汧源縣界置隴東郡，後改東秦州。西魏，改隴州。後周省入岐州，復置。
義寧初，于仁壽宮置鳳棲郡及麟遊縣，及麟遊郡，因獲白麟也。		省入扶風郡，復置隴東郡。
初廢郡爲麟州。貞觀，州廢，以縣屬麟州。後屬鳳翔府。	仍舊。	改汧陽郡，後復爲隴州，治汧源縣。
仍舊。		
仍舊。	仍舊。	屬秦鳳路。
仍舊。	仍舊。	屬鳳翔路。
仍舊。	仍舊。	屬鞏昌總帥府。
因之。	因之。	以汧源縣省入，改今屬。

①隃麋（yú mí），古县名，今陕西千阳县西北。

漢川

漢中府

初置	《禹貢》：梁雍二州之域。
春秋戰國	春秋戰國初，屬秦，後屬于楚。楚衰，仍屬于秦。
秦	秦置漢中郡。
漢	因之。高祖爲漢王，都南鄭，即此。武帝分爲益州部。東漢末，張魯據其地，改漢中、漢寧。曹魏征漢中，走張魯，又爲漢中郡。蜀漢、分置梁州治焉。魏末，平蜀，亦曰漢中郡，仍置梁州。
晉	因之。後沒于李蜀。桓温平蜀，復置梁州。末幾又陷于苻秦。其後復得之。
南北朝	宋齊至梁及後魏，皆以梁州治漢中郡。後周改漢川郡。
隋	初，郡廢州存。大業初州廢，爲漢中郡。
唐	初復爲梁州。開元，改曰褒州，尋復舊名。天寶初，又改爲漢中。乾元，復爲梁州。德宗以朱泚[1]之亂，狩于梁、洋，升爲興元府。唐末，蜀王氏、孟氏繼有其地。
五代	
宋遼	平蜀，仍爲興元府。
金	
元	爲興元路。
明	洪武三年，改爲漢中府。

①泚：读cǐ。

光義	褒谷	樂城
南鄭縣	褒城縣	城固縣
本周褒國之附庸。周衰，鄭桓公没于犬戎，其民南奔居此，因曰南鄭。	古褒國。	
厲公城其地。		
沛公封漢中，初都此，後爲南鄭縣。東漢置漢中郡，始治此。	置褒中縣，以地在褒谷中也，屬漢中郡。	漢舊縣，屬漢中郡，有南北二城，舊縣治北城。三國蜀漢，改樂城縣。
	義熙末，改褒中縣。	復爲城固。
西魏改光義縣。	後魏，置褒中郡。	宋齊梁屬梁州。及西魏皆因之。
復爲南鄭。	初褒内縣，尋改曰褒城。後復爲褒中。	
	貞觀中，復爲褒城縣。	初改爲唐固，後復爲城固。
	仍舊。	
仍舊。	徙治于山河堰東南五里。	仍舊。
因之。	因之。	因之。

	定淳	豐寧
	洋縣	西鄉縣
初置		
春秋戰國		
秦		
漢	城固縣地。	城固縣地。蜀漢，置南鄉縣。
晋	改西鄉縣，屬漢中郡。	改西鄉縣，屬漢中郡。
南北朝	後魏，分置興势縣，尋縣①儻城郡。	後魏，改豐寧縣，尋又置洋州及洋州郡。
隋	初郡廢，以縣屬洋州。大業初，州廢，縣屬漢川郡。	開皇初，郡廢。大業初，州廢，縣復曰西鄉，屬漢川郡。
唐	初屬洋州。貞觀，改爲興道縣。其後移洋州治此。光啟，升爲武定軍節度。	初復置洋州。天寶初，亦曰洋州郡。乾元初，復故。尋移治興道縣，而以西鄉爲屬邑。
五代	孟蜀，改曰源州。	
宋遼	亦曰洋州。景祐四年，改軍名曰武康，仍曰洋州。	因之。端平中，縣廢。
金		
元	仍爲洋州，以附郭興道縣及直苻縣并入。	復置，仍屬興元路。
明	改爲洋縣。	因之。

①原文误，应为『尋置』。 ②儻(tǎng)城郡，古城名，在今陕西省洋縣境内。

隴西	武都
鳳縣	寧羌州
	戰國時，白馬氏之地。
武都郡之故道縣。	爲武都郡沮縣地。
東晉時，爲仇池氏所據。後魏，置梁泉縣并固道郡。後又置南岐州。	亦爲武都郡地，復爲楊茂搜所據。
後魏，置梁泉縣并固道郡。後又置南岐州。西魏，改郡曰歸真。後周，廢郡改州曰凤州。	劉宋討平之，即寄理州下，未有寶土。後魏，置華陽郡，尋廢。後周爲長舉縣地。
廢州改河池郡。	大業初，屬順政郡。
初，復爲鳳州。天寶初，改河池郡。乾元初，復爲鳳州。	亦爲興州、長舉縣地。
蜀置武興軍。	
仍爲鳳州。	
	因之。
以附郭梁泉縣并入。	
	初爲沔①陽縣地，置寧羌衛于此。成化二十一年，改置寧羌州。

①沔(miǎn)，水名，在中国陕西省，是汉水的上游。

	沔陽	順政
	沔縣	略阳縣
初置		
春秋戰國	戰國時，白馬氐郡之東境。	
秦	屬蜀郡。	
漢	爲沔陽縣，屬漢中郡。曹魏，嘗爲梁州治。	武都沮縣地。蜀漢，置武興督。
晉	仍爲沔陽縣，屬漢中郡。後没於楊茂搜。	仍爲沮縣地。惠帝時，爲楊茂搜所據。
南北朝	劉宋取其地，復爲沔陽。齊因之。後魏，屬華陽郡。西魏屬興州。	後魏，僑立略陽郡及略陽縣。廢帝，省郡。西魏，置興州，改略陽爲順政縣隸焉。
隋	廢，入西縣，屬梁州。	大業，又改興州爲順政郡。
唐		復置興州。
五代		
宋遼	因之。	因吳曦叛，改沔州。
金		
元	分西縣，置鐸水縣，而移沔州治鐸水，并西縣入略陽縣。後又并鐸水入州，屬慶元路。	移州治於鐸水，仍以略陽屬縣。
明	改州爲縣，屬漢中府。後置寧羌州，改屬焉。	初屬漢中府，後改屬寧羌州。

安康	長利
興安州	平利縣
昔舜嘗居此，謂之姚墟，亦曰沩①汭，周庸國地。	
并屬楚。	
屬漢中郡。	
東漢末，又分置西城郡。曹魏改魏興郡。	長利縣地，屬漢中郡。
因之。	分立上廉縣，屬上庸郡。
宋齊亦因之。梁天監僑置梁州於此，亦謂之北梁州。尋復没於後魏，曰東梁州。西魏以其地出金，改金州。	劉宋置吉陽縣，屬新興郡。齊梁因之。西魏，改爲吉安縣，兼置吉安郡。
改西城郡。	郡縣俱廢，入西城。
復爲金州。天寶初，曰安康郡。至德初，曰漢南郡。乾元初，復曰金州。大順二年，置服信軍。	置平利縣，屬金州。
王建據蜀，改爲雄武軍。孟蜀，亦嘗置威勝軍。	
仍曰金州。	初廢爲鎮，尋復置縣。
因之，屬興元路，以州治西城，縣省入。	省。
仍爲金州，屬漢中府。萬曆十一年，改興安州。	初復置。

①沩汭(wéi ruì)，舜的居地，借指有名望的圣贤。

	洵州	天池	洵陽
	洵陽縣	白河縣	紫陽縣
初置			
春秋戰國			
秦			
漢	置旬陽縣,屬漢中郡。後漢,省。	本洵陽縣地,置錫縣。	本漢陰縣地。
晋	太康,復置,屬魏興郡。		
南北朝	宋齊因之。西魏,始置洵陽郡,改旬爲洵。	西魏,改屬西城爲豐利郡。郡,又置豐利縣。	劉宋置廣城縣,屬魏興郡。齊因之。後魏爲寧都縣。
隋	初郡廢,屬金州。		爲安康縣地。
唐	武德初,置洵州。七年,州廢,仍屬金州。又以驢川、洵城二縣省入。天寶初,分置清陽縣。		初,復爲寧都縣。後爲漢陰縣。
五代			
宋遼	以洧①陽省入洵陽。		
金			
元	并入金州。		
明	復置洵陽縣。		正德七年,置紫陽堡,明年升爲縣。

①洧(wěi)。阳,古地名。

上庸	安陽
石泉縣	漢陰縣
西城縣地。	本漢安陽縣地，屬漢中郡。三國魏，移置安陽縣，屬魏興郡。
永和中，置晉昌郡，領長樂等縣。	改安康縣，屬魏興郡。
宋末，郡省。蕭齊置安樂縣，又置晉昌郡于此。梁，改曰永樂。西魏，改郡曰魏昌，又改縣曰石泉。後周，省。	南齊，屬安康郡。
復置，屬西城郡。	屬西城郡。
改武安縣。神龍初，復爲石泉。大歷中，省入漢陰縣。貞元初，置。	置西安州。貞觀初，州廢，屬金州。至德初，改爲漢陰縣。
仍舊。	因之。紹興初，徙治新店。
省入金州。	省入金州。
復置。	復置。

	梁綏	金明	新樂
	延安府	膚②施縣	安塞縣
初置	《禹貢》：雍州域。		
春秋戰國	春秋，白翟所居。		
秦	屬上郡。	舊縣，屬上郡。	
漢	初屬翟國，屬上郡。後漢，亦爲上郡地。	爲上郡治，曹魏時廢。	上郡高奴縣地。三國魏時，陷于戎。
晉	爲雍州塞外地。		
南北朝	後魏，以爲統萬鎮，未幾置金明郡，又改東夏州。後改爲延州，取延水爲名。	後魏，復置，屬襄樂郡。西魏時廢。	後魏，爲廣洛縣地。
隋	初，仍爲延州。大業初，改延安郡，治屬施縣。	大業三年，復置縣爲延安郡治。	改金明縣。
唐	初，復爲延州。天寶中，改延安郡。乾元初，復爲延州。	爲延州治。	屬延州，又以縣置北武州，尋廢。
五代	五代梁，置忠義軍節度，後唐，改彰武軍。		
宋遼	初，仍爲延州，屬鄜①延路。元祐中，陞爲延安府。	宋州郡皆治此，省金明、豐林二縣入焉。	省縣爲塞，又析置安塞堡。
金	仍舊。		
元	改延安路。	仍舊。	升爲縣，以敷政縣省入。
明	復改延安府。	因之。○宋志舊有東西二城。唐天寶中，有五城。	因之。

①鄜（fū），古地名，在今陝西富縣。

②膚（fū），膚施，古縣名，在今陝西延安市境內。

大陸	永康	汾州	丹陽
甘泉縣	保安縣	安定縣	宜川縣
	本延州古栲栳①城。		
		置陽周縣，屬上郡。	本寨。
上郡雕陰縣地。	高奴縣地。	因之。後漢省入膚施、高奴二縣。	上郡地。
	後魏，廣樂縣地。		後魏，置義川縣。後周，改爲丹陽縣。
爲洛交縣地。	爲膚施縣地。	爲延川縣地。	復爲義川縣。後置丹陽縣。
析置伏陸縣。天寶初，改爲甘泉，屬鄜州。	咸亨間，嘗駐禁軍于此。貞元中，改爲永康鎮。	鄜州洛交縣地。	改爲丹州，縣屬焉。
屬延安府。	升爲保安軍。	慶歷中，始築安定堡，屬延川縣。	改爲宜川縣。
	改軍爲縣，尋升爲州。	仍舊。	屬丹州。
	降爲縣。	升爲安定縣，省丹頭縣入焉。	廢丹州，以縣屬延安路。
仍舊。	因之。	因之。	因之。

①栲栳（kǎo lǎo），城，古地名。

	延長縣（廣安）	延川縣（文安）	定邊縣（新設）國朝雍正九年置縣
初置		取界内吐延川爲名。	
春秋戰國			
秦	本秦。	臨河縣地。	
漢	膚施縣地。	屬朔方郡。東漢，省。	北地郡馬領縣地。
晉			
南北朝	後魏置廣安縣。	後魏，置文安縣。	
隋	改延安縣。	改爲延川縣。	
唐	初，以縣置北連州，貞觀中州廢。廣德初，改延長縣，屬延州。	屬延州，又析置安民縣，又改安民曰延水。	爲鹽州地。
五代			
宋遼	屬延安府。	省延水縣入焉，屬延安府。	
金			
元	仍舊。	仍舊。	
明	因之。	因之。	正統二年，置定邊營，屬延綏鎮。

新設	雕陰	敷城
靖邊縣 國朝雍正九年置縣	鄜州	洛川縣
		取洛川水爲名。
	春秋，白翟地。	
	屬上郡，置雕陰縣。	鄜畤地。
北地郡地。	爲上郡及左馮翊地。曹魏，虛其地。	左馮翊縣地，置鄜縣。
	置杏城鎮。	姚秦，始置洛川縣。
後魏，置闡熙郡及山鹿、新國二縣。西魏，置長州。	後魏，于鎮置東秦州，又改爲北華州。後改爲鄜州。	後魏，于此置敷政郡。
郡廢，以山鹿、新國改置長澤縣。大業，廢長州縣，屬夏州。	罷州置鄜州郡。	罷郡以縣，屬鄜州。
復置長州，又廢縣，改屬宥①州。	復爲鄜州。天寶，改洛交郡，後置保大軍節度使。乾元初，仍爲鄜州。	屬鄜州。
	因之。	仍舊。
爲西夏地。	于州置康定軍。	仍舊。
	仍舊。	仍舊。
	復爲鄜州，屬安路。	仍舊。
成化，置靖邊營。	因之。	仍舊。

①宥（yóu）州，在今陝西靖边县东。

	芳州	宜州	上郡	米川
	中部縣	宜君縣	綏德州	米脂縣
初置				
春秋戰國			春秋，白翟國。戰國魏，置上郡。	
秦			上郡地，置膚施縣。	
漢	左馮翊翟道縣地，渠搜中部都尉治此。	馮翊祋翊縣地。	初爲翟國，尋復置上郡。	本漢上郡膚施、龜茲[1]二縣地。
晉	姚秦，置中部郡。	苻秦置宜君護軍。	爲赫連勃勃之所居。	
南北朝	後魏改中部縣。大統中，改曰内部。	後魏改爲宜君縣及宜君郡。	後魏，于此置上郡，又分置綏州。	西魏，置撫寧縣。後周分置。
隋	屬上郡。	廢郡爲宜州。	改爲上州。大業初，廢州置雕陰郡。	廢州，屬雕陰郡。
唐	復改中部縣，置坊州。	貞觀中，州郡俱廢。後復置縣，屬坊州。	初，爲綏州。天寶中，改上郡。乾元初，復爲綏州。	爲米脂川。
五代			爲番族所據。	
宋遼	仍舊。		爲綏德城。元符初，置綏德軍。	寶元中，置米脂寨。元豐中，改爲城，屬綏德軍。
金		仍舊。	改爲州。	仍爲米脂砦，尋陞縣。
元	廢坊州以縣，屬鄜州。	廢坊州以縣，屬鄜州。	屬延安路。	省嗣武、克戎二縣入焉。
明	因之。	因之。	因之。	因之。

①龜茲(qiū cí)，古县名，在今陕西榆林县北。

白上	定湖	夏州
清澗縣	吳堡縣	榆林府 國朝雍正八年改爲府
	興山西接界。	
		春秋翟地。
		爲上郡地。
上郡膚施縣地。	上郡膚施縣地。	爲上郡龜茲、奢延等縣地,兼置屬國都尉。後漢末,廢。
		義熙中,赫連勃勃據地,稱大夏,名其城曰統萬。
西魏,置綏德、城平二縣。		後魏始光四年,平爲統萬鎮。又改置夏州。西魏,改郡曰强化。後周,置總管府。
屬雕陰郡。		開皇,郡廢。大業,府廢。
屬綏州。	爲石州定湖縣地。	初爲梁師都所據。貞觀,復爲夏州。貞元,置夏州節度使。中和,賜號定難軍。
廢。		因之。
本寬①舊壘②。定初置爲青澗城,屬③安府。	置吳堡寨。	爲西夏地。
置青澗縣,屬綏德州。	置吳堡縣。	
省綏平、懷寧二縣入焉。	初省,尋復置。	爲綏德州地。
因之。	因之。	成化七年,置榆林衛,爲綏鎮治。

①此处漏字,应为『宽州』。②此处漏字,应为『康定』。③此处漏字,应为『延安府』。

	新興 榆林縣	雲州 神木縣	永安 府谷縣
初置			
春秋戰國			
秦			
漢	置龜茲縣，屬上郡，爲屬國都尉治。後漢因之。	屬五原、西河二郡。惠帝置圖陰縣。後漢因之。	爲太原郡地。
晉	省。	荒廢。	
南北朝	後魏，爲夏州地。北周，置彌[①]渾戍。	後周爲銀、勝二州地，屬雕陰郡。	後魏，屬嵐州。
隋	開皇初，改德静鎮。大業初，改德静縣。	仍舊。	屬樓煩郡。
唐	貞觀初，于縣置北開州，尋改曰化州。十三年，州廢，屬夏州。	開元初，置麟州。後改新秦郡，尋廢。乾元初，復爲麟州。	爲府谷鎮。
五代	因之。	周時屬北漢。	唐陞府谷縣，後建爲府州。後漢，升爲永安軍。周因之。
宋遼	没于西夏。	初移治吴兒堡，尋陞建寧軍。端拱初，改鎮西軍，于銀城縣界置神木塞[②]。	崇寧，改爲靖康軍，又置麟府路。
金		爲神木寨地，屬西夏。州縣皆廢。	
元	爲米脂縣地。	于此置雲州，改爲神木砦。	初復置府州，後爲府谷縣，屬葭州。
明	置榆林衛，爲延綏鎮治。	因之。	因之。

①彌(mí)渾戍，在今陝西榆林市境内。

②原文誤，應爲『神木寨』。見《中國古今地名大辭典》七四二頁。

鄉正	新設
葭州	懷遠縣 國朝雍正九年，置懷遠縣，屬榆林府。
屬上郡。	
爲西河郡圁①陰縣地。	置奢延縣，屬上郡。後因之。
荒廢。	省。
後魏，屬開光郡。後周，置中鄉縣。	後魏，置巖綠縣，爲夏州及化政郡治。
改爲貞鄉縣，屬銀川郡。	爲朔方治。
屬銀州。	貞觀二年，改曰朔方，爲夏州治。
即葭蘆②川，築爲寨，屬石州。後升晉寧軍。	没於西夏。
初屬汾州，後升晉寧州，尋改葭州。	
屬延安路。	爲米脂縣地。
因之。	置懷遠堡，屬榆林衛。

①圁（yín）陰縣，古地名，今陝西神木縣南。②蘆：見『蘆』。

	武始	媼圍	武街
	蘭州府 領州二 縣四	皋①蘭縣	狄道
初置	古西羌地。	今府北黃河之濱，有石如伏城垣下，謂之石龜城，相傳爲決河故道。	
春秋戰國		春秋，屬秦。戰國，秦昭王置隴西郡。	
秦	隴西郡地。		
漢	屬金城郡。後漢因之。	金城縣，屬金城郡。後漢魏因之。	置縣，爲隴西郡治此。
晉	仍舊。前涼張寶增置廣武郡。	仍舊。後廢。	屬隴西郡。惠武帝改置狄道郡，又嘗改縣爲降狄道，尋復舊。
南北朝	後魏，仍屬金城郡。後周因之。	西魏置子城縣，金城郡治焉。	後魏屬武始郡。
隋	初，置蘭州。天寶初，亦曰金城郡。乾元初，復故。後没於吐番。	開皇初，郡廢。大業初，復曰金城縣，仍爲郡治。義寧二年，改曰五泉。	屬蘭州。
唐	又爲蘭州。天寶初，亦曰金城郡。乾元初，復故。後没於吐番。	咸亨二年，復曰金城。天寶初，又爲五泉縣。	因之。天寶三載，置狄道郡治此。寶應以後，廢于吐番。
五代			
宋遼	元豐四年，復置蘭州。	元豐三年，收復。崇寧三年，置蘭泉縣，爲蘭州治。	熙寧五年，收復。六年，仍置狄道縣，爲熙州治。九年，省。元豐二年，復置。
金	亦爲蘭州，以州治蘭泉縣入焉。	廢。	爲臨洮府治。
元	因之。		仍舊。
明	初改州爲縣。國朝改爲府。		因之。

①皋（gāo）蘭縣，位於甘肅中部，隸屬蘭州市。

	首陽	榆中	祖厲
	渭源縣	金縣	靖遠縣
			在靖遠衛西南一百三十裡。
		秦榆中地。	
	爲首陽縣。	置榆中縣，屬金城郡。後漢因之。	祖厲縣，屬安定郡。後漢，屬武威郡。
		移金城郡來治。	廢。前涼張寔復置，仍屬武威郡。
	西魏，改渭源縣，仍屬隴西郡。	後魏因之。後移郡治金城，省縣入之。	後魏移縣治于平涼縣境，屬隴東郡。領涇陽、祖厲、撫夷三縣。西魏廢。祖厲音置賴③。
	屬渭州。		開皇十六年，復置會寧縣，屬平涼郡。
	陷于吐番。至德，縣廢。	爲五泉縣地。	置西會州，又改會寧郡。廣德後，陷於吐番。
	熙寧中，置渭源堡，屬熙州。	蘭州龕谷①寨及定遠城地。	初亦曰會州。崇寧，置敷川縣。
	因之。	大定間，升爲龕谷、定遠二縣，屬會州。正大間，置金州，治龕谷。而以定遠爲屬邑。	改縣曰保川，尋陷於河西，僑治會川城，曰新會州。
	升爲縣，而慶平、通谷隸焉。	省二縣入金州，屬鞏昌路。	初，徙廢。
	因之。	改州爲縣。	改置靖虜②衛。

①龕(kān)谷，古县名，在今甘肃榆中县境内。

②虜：见『虏』。

③《漢書·地理志》：『應劭曰：「祖音置。」師古曰：「萬音賴」』。

	抱罕	隴東
	河州	平涼府 領州三縣七
初置	古西羌地。	《禹貢》：雍州地。
春秋戰國		春秋，爲朝那故地。
秦	屬隴西郡。	屬北地郡。
漢	置抱罕縣，屬金城、隴西①二郡。後漢，屬隴西郡。	析置安定郡，治高平。
晉	惠帝永寧中，張軌分置晉興郡。張駿又分晉興、金城、武始、南安、永晉、大夏、武成、湟中等郡爲河州。後爲西晉乞伏乾德所據。	徙治臨涇。
南北朝	後魏太平真君七年，置抱罕鎮，尋改爲河州。後周，兼置抱罕郡。	後魏于潘原縣，遺武州，屬太平郡。後周，屬原州。
隋	郡廢，仍曰河州。煬帝又改爲抱罕郡。	安定郡，治安定縣，又析置平涼郡。
唐	復曰河州，尋沒于吐番。	初屬原州。元和中，以原州平涼縣置行渭州。後陷於吐番。中和間，復置。
五代		
宋遼	熙寧六年，收復，仍置河州。	爲涇原路經略安撫使治所。政和中，置平涼軍。
金	因之，亦曰平西軍。	
元	曰河州路。	俱爲平涼府。
明	洪武初，置河州衛。五年，設河州府。七年，又改爲衛。景泰二年，復分置河州，屬臨洮府。	因之。

朝那	化平
平涼縣	華亭縣
	隴西郡地。
本漢朝那、涇陽二縣地，屬安定郡。東漢，省涇陽入朝那。	
因之。	
後魏，廢爲長城縣地。後周，復置朝那縣。	後魏始築城，置鎮。
改平涼縣，屬平涼郡。	置華亭縣，屬安定郡。
屬原州。	省入隴州汧源縣，又爲神策軍。
	唐時，以廢州縣，置義州。後周，復置華亭縣。
没于金。	改義州爲儀州。熙寧中，廢州以縣，屬渭州。
于縣置平涼府。	屬平涼府。
以潘原縣省入。	以化平縣省入
因之。	因之。

	臨涇 鎮原縣	蕭關 固原州
初置		
春秋戰國		本朝那地。
秦	北地郡地。	屬北地郡。
漢	爲安定郡之高平縣。東漢永初間，廢。	爲高平縣地，屬安定郡。
晉		没于氐羌。
南北朝	後魏，置高平鎮。後爲太平郡，兼置原州。	後魏，仍曰高平縣，屬高平郡。後周，改郡縣，俱曰平高。
隋	初，廢郡，州如故。大業間，廢州爲高平鎮。	屬平涼郡。
唐	初，爲原州，後改平涼郡。乾元初，復曰原州。廣德初，爲吐番所陷。大中三年，來歸，復置州于此。	初屬原州，後廢。
五代	因之。	
宋遼	置鎮戎軍。	置開元堡，屬鎮戎軍。
金	改爲州，屬平涼府。	屬鎮戎州。
元	改爲鎮原州，屬鞏昌路，以臨涇、彭陽、東山、三川四縣省入。	立開成路，領開成縣。至治中，降路爲州。
明	改州爲縣。	初廢州爲開成縣。復改爲固原州。

爰得	烏支	鶉觚
涇州	崇信縣 國朝乾隆四十二年，改屬涇州。	靈臺
		古密須之國。
屬北地郡。		
屬安定郡。	涇陽縣地。	爲北地郡鶉觚縣地。後漢，改屬安定郡。
因之。		爲鶉觚、陰密二縣地，屬安定郡。
後魏，始置涇州，取涇水爲名。		
大業初，改安定郡，治安定縣。		析置靈臺縣，取文王代密作靈臺義。後省入鶉觚。
復爲涇州，改縣爲保定縣。天寶初，改州爲安定郡。	貞元間，李元諒始築城屯軍，名崇信。	復置。唐李茂貞于縣置靈臺軍。
		周，軍廢。
改彰化軍。	初，始置崇信縣，屬鳳翔府。淳化初，改屬儀州。後州廢以縣，屬渭州。	
復爲涇州，改縣曰涇川縣，屬平涼府。	屬平涼府。	仍舊。
仍舊。	仍舊。	初，省入涇川。後復置，以良原縣省入。
因之，以涇川縣省入。	因之。	因之。

	阿陽	水洛	邪
	静寧州	莊浪縣	隆德縣 國朝乾隆四十三年，并莊浪縣入焉。
初置			
春秋戰國		屬北漢地郡。	
秦	天水郡阿陽縣。後漢，屬漢陽郡。		安定郡地。
漢	省。	俱屬安定郡。	
晋	後魏，復置略陽縣。		
南北朝	省。		
隋	屬原州。	俱屬平涼府。	
唐	爲渭州之隴干城。慶歷中，置德順軍，屬秦鳳路。元祐，又置隴干縣爲附郭。		
五代			
宋遼			天禧，置羊牧隆城寨。慶歷中，改曰隆德寨。
金	改爲軍，爲德順州。		升爲縣，屬德順。
元	初因之。後省隴干改爲静寧州，屬鞏昌路。	初置莊浪路。大德中，改爲州。	屬静寧州。
明	改屬平涼府。	洪武八年，改爲縣。	因之。

襄武	䝠道
鞏昌府 領州一 縣八	隴西縣
《禹貢》：雍州地。	
春秋，爲戎羌所居。	
屬隴西郡。	
東漢靈帝時，分置南安郡。三國，隴西郡治襄武，南安郡治䝠道。	䝠道縣地。後漢中平五年，析置中陶縣，屬南安郡。
仍舊。	因之。
後魏，爲隴西、南安、安陽三郡，兼置渭州。後周，爲南安郡。	後魏，屬南安陽郡。
廢。後復置隴西郡。	開皇初，郡廢，改縣曰內陶，尋又改武陽。十年，又改爲隴西縣。
置渭州。天寶初，改隴西郡。寶應後，陷于吐番。大中五年，收復。景福初，屬于李茂貞。	爲隴西縣，寶應以後沒于吐番。
爲羈縻州。	
初因之。皇祐中，置古渭寨。熙寧五年，升爲通遠軍。崇寧三年，改爲鞏州。	立古渭寨。元祐中，復置隴西縣，爲鞏州治。
因之。皇統三年，亦置通遠節度。	因之。
初，始置鞏昌府，尋爲鞏昌路。	爲鞏昌府治。
洪武三年，改爲府。	因之。

	安定縣（西定）	會寧縣（吴屈）
初置		
春秋戰國		
秦		
漢	天水郡勇士縣。後漢以後，爲貆道縣地。	祖厲縣地。後漢，爲武威郡地。
晉		後廢。
南北朝		後魏，置會寧縣。西魏，置會州，尋廢。後周，并廢縣。
隋		復置會寧縣，屬平涼府。
唐	渭州西市，貿馬之所。	于縣置西會州。後改會寧郡，又改會州。
五代	淪于先零。	
宋遼	元豐中，始築定西城，屬通遠軍。	
金	大定中，改爲定西縣，屬鞏州。貞祐中，升爲定西州，領安西、通西二縣。	于此置西寧縣，兼置西寧州。旋廢，以縣屬會州。
元	省西安①、通西二縣入州。後因地震，改安定州。	徙會州治于此。尋省縣州入州。
明	改爲縣。	初改爲會寧縣。

①原文『西安』有误，应为『安西』。

平襄	武陽	新興	當亭
通渭縣	漳縣	寧遠縣	伏羌縣
			本冀戎地。
			武公伐冀戎，置冀縣。
置平襄縣，兼置天水郡治焉。	隴西襄武縣地。後漢，分置漳縣。	隴西郡襄武縣地。後漢，析置新興，屬南安軍。	屬天水郡。東漢，于此置漢陽郡治。
屬略陽郡。	廢。東晉時，西秦置廣寧郡。	因之。	亦屬天水郡。
後魏，省。	後魏，復置漳縣，爲廣寧郡治。	後魏，改屬廣寧郡。後周，廢。	後魏，改當亭縣。後周，改冀城縣。
	屬隴西郡。	爲隴西縣地。	大業初，復置，亦屬天水郡。
本唐隴西縣地。至德初，陷于吐蕃。	陷於吐蕃。	隴西縣地。	改爲伏羌縣，兼置伏州，尋廢州，以縣屬秦州。廣德後，没于吐蕃。
置通渭縣。熙寧中，廢爲寨。	立鹽川寨，後改爲鎮。	延祐中，置寧遠寨。崇寧三年，升爲縣。	初，置伏羌寨。熙寧二年，升爲城。
復升爲縣，屬鞏州。	屬鞏州。	仍廢爲寨。	因之。
以甘谷、雞川二縣省入。	初，并入隴西縣。至元中，置漳縣，復漢舊名。	至元中，復置寧遠縣。	至元十三年，升爲縣。
因之。	因之。	因之。	因之。

	赤水	水南
	岷州	西和縣
初置	《禹貢》：雍州域，本古西羌也。	
春秋戰國		
秦	爲臨洮縣地，屬隴西郡。	臨洮縣地，屬隴西郡。
漢		爲上禄縣地。
晋	俱因之。	
南北朝	西魏，始置岷州及同和郡。	西魏，分置長道縣，屬天水郡。後周，郡廢，改縣曰漢陽，屬成州。
隋	郡州俱廢，以其地入臨洮郡。後復置岷州。	
唐	郡州俱因之。天寶初，改和政郡。乾元初，復爲岷州，治溢樂縣。後陷于吐蕃。	廢。咸通中，復置，屬秦州。
五代		
宋遼	收復祐川縣，置岷州。紹興初，析置長道縣之白石鎮，改曰西和州，屬和州路。	改屬岷州。建炎中，岷州徙治縣之白石鎮，改曰西和州，以長道縣爲附郭。
金		
元	于祐川縣境，復置岷州，屬吐蕃等處宣慰司都元帥府。	以長道縣省入州。
明	洪武十一年，置岷州衛，隸陝西都司。宏治中，改屬固原鎮。嘉靖二十四年，增設岷州。四十年，復故。	改州爲縣。

臨潭	武都
洮州	階州①
《禹貢》：雍州之域。	
	戰國，古白馬氐國，西戎別種也。
俱爲諸戎之地。	武帝始置武都郡，治武都縣。後漢，因治下辨道。三國，屬于蜀漢。
後爲吐谷渾所據。	亦爲武都郡。後沒于楊茂搜。
後周，始置洮陽郡，尋立洮州。	後魏，置武都鎮。西魏，改武階郡，兼置武州。後周，爲武都郡，又改永都郡。
初，郡廢。大業初，州廢，置臨洮郡。	復置武都郡。
復爲洮州，治美相。貞觀中，徙治臨潭。開元中，改臨州。後舊，又改臨洮郡。唐末，陷于吐蕃。號臨洮城。	復爲武州。天寶初，改武都郡。乾元初，復爲武州。景福初，改曰階州。
收復，仍置洮州。	初隸秦鳳路，後隸利州路。
仍舊。	
隸吐蕃等處宣慰司都元帥府。	隸柳樹城，以福津、將利二縣省入。
洪武四年，置洮州衛，隸陝西都司。	因之。

①階：同「阶」。階州，在今甘肅隴南市武都区。

	陰平	倉泉
	文縣	成縣
初置	古氐羌地。	古西戎地。
春秋戰國		戰國，白馬羌居之。
秦		屬隴西郡。
漢	開西南夷，置陰平道，屬廣漢郡。後漢，改爲廣漢屬國。	屬武都郡下辨道地。東漢，爲郡治。
晉	置陰平郡。永嘉末，爲氐羌所據，始置文州。	因之。
南北朝	西魏，改置盧北郡及曲水縣。復周置文州。	後魏置仇池郡。梁，改郡爲南秦州。西魏，改爲成州。
隋	廢爲縣，屬武都郡。	改爲漢陽郡。
唐	復置文州。天寶初，改陰平郡。乾元初，復爲文州，屬右道。	復改爲成州。天寶初，改同谷郡。乾元，復爲成州。後没于吐蕃。咸通中，仍置成州，徙治同谷縣。
五代		梁，改汶州。唐，復爲成州。
宋遼	建炎以來，屬利州路。	因之。寶慶中，升同慶府。
金		
元	屬鞏昌路。	爲成州，以附郭同谷縣及天水縣省入。
明	洪武，改爲文縣，屬階州，又省入階州。後復改，置文縣守禦[①]軍民千户所，隸陝西都司。成化中，復置文縣，屬階州。	改州爲縣。

①禦：见『御』。

望垣	街泉
秦州	秦安縣
本西戎地，周孝王封非子于此。	
屬隴西郡。	
屬天水郡，治平襄。東漢，改漢陽郡，治冀。曹魏，置秦州。	隴西縣地，屬天水郡。
收漢陽爲天水郡，治上邽。①尋廢，復置秦州。	爲新陽縣地。
宋齊，復爲天水郡。	後魏，爲略陽縣地。
廢郡爲秦州。大業初，復爲天水郡。	爲隴城縣地。
復爲秦州。天寶初，爲天水郡。乾元初，復爲秦州。後移治成紀。	因之。、
開禧初，爲天水軍，治天水縣。	爲納甲城。
爲鎮遠軍，治成紀。	正隆間，始置秦安縣，屬秦州。
復爲秦州，以成紀縣省入。	以雞川、隴城二縣省入。
因之。	因之。

①上邽(guī)，古地名，春秋时秦邑，在今甘肃天水市西南。

	治坊①	蘭倉
	清水縣	禮縣
初置		
春秋戰國		
秦		
漢	舊縣屬天水郡。	武都郡嘉陵道地。後漢，爲上禄縣地。
晉	屬略陽郡。	
南北朝	後魏，分略陽，置清水郡，尋廢。	後魏，分置蘭倉縣，于縣置漢陽。西魏，改爲長道郡。後周，又改爲天水郡。
隋	屬天水郡。	郡廢，又改縣，曰長道。
唐	初，置邽州于清水城，尋廢州以縣，屬秦州。後陷于吐蕃。天中②中，收復。	寶應，陷廢。咸通，復置長道縣，屬秦州。
五代	唐移置于上邽鎮。	因之。
宋遼	仍舊。	屬岷南。宋，屬西和州。
金	仍舊。	
元	以治坊縣③省入。	縣廢，置禮店軍民府。
明	因之。	改爲千户所。成化九年，改置今縣。

①治坊，原文有误，应为『冶坊』。古县名，在今甘肃清水县境内。②原文误，应为『大中』，唐宣宗年号。③同注①

河池	廣香	環慶
徽州	兩當縣	慶陽府
		《禹貢》：雍州域。周之先不窋①所居，號北豳②
春秋，氐羌所居。		春秋，爲義渠國。
爲隴西地。		滅義渠，戎以其地屬北地郡。
爲河池縣，屬武都郡。	故道縣地，屬武都郡。	因之。
陷於氐羌。	元嘉以後，陷於氐。	復陷於戎，爲雍州繳③外地。
後魏，置廣化郡及縣。	後魏，置兩當郡及縣，因界內兩當水爲名。	西魏，置朔州。後周廢。
初郡廢，以縣屬鳳州。仁壽初，俱名河池縣。	廢郡以縣，屬鳳州。	開皇六年，置慶州。後改爲宏化郡。
	因之。	復爲慶州。天寶初，曰安化郡。至德初，曰順化軍。乾元初，復爲慶州。
		梁，改武靜軍。
因之。	徙治廣鄉鎮。	仍曰慶州。政和中，升慶陽軍節度。宣和初，又升慶陽府。
		初，改安國軍，後改定安軍。
于此置南鳳州。至元初，改爲徽州，以河池及永寧縣省入，屬鞏昌。	仍舊，屬徽州。	初，復爲慶陽府。
因之。	因之。	因之。

①不窋(zhú)，周朝先祖后稷的儿子

②北豳(bīn)，古国名，在今陕西彬县、旬邑一带。

③原文误，应为『徼』字，意为边界。后文同，不复注。

	郁郅	樂蟠
	安化縣	合水縣
初置		
春秋戰國		
秦		
漢	郁郅縣地，屬北地郡。後漢，廢。	扎地郡，歸德縣地。
晋		
南北朝	後魏後周皆爲鎮。	西魏，於歸德置蔚州及華池縣。後周，州縣。
隋	置合水縣於州城西南，屬慶州。	初，復置華池縣。義寧初，又析合水，置樂蟠縣。
唐	武德，移宏化縣與合水縣并爲州治，又改合水爲合川。貞觀，改曰宏化縣。天寶初，改曰安化。至德，又改順化。	初又析合水，置蟠交縣。天寶初，改蟠交曰合水。
五代		周，省合水，入樂蟠縣。
宋遼	復爲安化縣，爲府治。	復置合水，以華池、樂蟠二縣省入。
金		
元	省縣入府。	仍舊。
明	洪武初，復置。	因之。

方渠	羅川	棗③社
環縣	正寧縣	寧州
		本公劉邑。
		春秋，爲義渠戎所居。
置北地郡。		置義渠縣。始皇時，爲北地郡。
北地郡富平縣地。	陽周縣地，屬上郡。	爲泥陽縣地。東漢，屬安定郡。
後魏，爲鎮，屬靈州。後周，置會州。	後魏，于此置泥陽、護涉②二護軍。後爲陽周縣。	後魏，于此置華州，又改邠州。西魏，改寧州，合之曰邠寧。後周，分置趙興郡。
改曰環州。大業初，州廢，以其地屬靈武郡。	改爲羅川縣，屬寧州。	改爲北地郡。
初，復置會州。貞觀初，更置環州。咸亨中，置安樂州。大中，改威州。	天寶，獲玉真人像于此，因改爲真寧。	爲寧州，又改彭原郡。
初廢。晉，復置威州，治方渠縣。周，復改曰環州，置通遠軍。		
環州，治通遠縣。	仍舊。	復爲寧州。宣和，仍置興寧軍。
因之。	仍舊。	屬慶遠路。
以通遠縣省入州，屬鞏①昌路。	仍舊。	屬鞏昌路。
改爲環縣。	因之。	以安定縣省入。

①鞏：见巩。②原文『護涉』有误，应为『惠涉』。③棗：枣的繁体字。枣社，古镇名，亦名早社镇，即今甘肃宁县早胜镇。

	朔方	懷遠
	寧夏府 國朝雍正二年，改寧夏府。	**寧夏縣** 雍正二年，改置縣。
初置	雍州域。	附郭，治府東偏。
春秋戰國	春秋羌戎所居。	
秦	爲北郡地①。	北地郡。
漢	爲北地郡，北部都尉治焉。	
晉	亂，赫連夏建都于此。	
南北朝	後魏，始置夏州。西魏，置宏化郡。後周，改懷遠郡。	後周，始置懷遠縣，爲懷遠郡治。
隋	爲朔方郡。	屬靈武郡。
唐	置夏州，或爲朔方郡。唐末，拓拔思恭鎮夏川，遂世授共地。	屬靈州。
五代		
宋遼	天禧間，其孫德明城懷遠鎮爲興州以居。後升興慶府，又改中興府。	入于西夏。
金		
元	置寧夏路。	爲寧夏路東境。
明	初改寧夏府。後府廢。洪武九年，改置寧夏衛，隸陝西都司。又增置寧夏、前寧夏、後寧夏、左屯寧夏、右屯及中屯，凡六衛。	洪武十七年，置寧夏前衛，後置左右二屯衛，俱屬陝西都司。

①原文误，应为『北地郡』。

	新堡
寧朔縣 雍正二年，改爲縣，與寧夏同爲府治。	平羅縣 雍正二年改。
附郭，治府西偏。	府北一百二十里，東至黄河，西至賀蘭山。
北地郡。	
北地郡靈武縣地。	北平地境。
爲懷遠縣西境。	
爲懷遠縣西境。	爲寧州定遠北境。
爲寧夏路。	
洪武中，分置寧夏右屯衛，屬陝西都司。	洪武中，置平鹵[1]千户所。後爲平羅所城，周四里有奇。

①原文误，应为「平虏千户所」。

	靈武	鳴沙	鄯州
	靈州	中衛縣	西寧府
初置			古西羌所據，謂之湟中。
春秋戰國		春秋羌戎地。	
秦		屬北地郡。	
漢	置靈洲縣，屬北地郡。東漢因之。	安定郡眴卷縣地。後漢，廢。	置破羌縣，屬金城郡。東漢，置西平郡，謂南涼。
晉	廢。	爲雍州徼外地。	永嘉末，爲禿髮烏孤所據，稱西平王是。
南北朝	後魏，置薄骨律鎮，在河渚上。孝昌中，改置靈州，兼置晉樂郡。後周因之。	後魏，屬靈州。	後魏，置鄯州。後周，又置樂都郡。
隋	初郡廢。煬帝，改曰靈武郡。	因之。	初郡廢，置鄯州。大業初，廢州置西平郡。
唐	仍曰靈州。開元，置朔方節度，治于此。天寶初，復改州爲靈武郡。	亦爲靈州地。	因之，治湟水縣。上元間，没于吐蕃，號青唐城。
五代	仍爲朔方郡治。		
宋遼	初，改曰翔慶軍。咸平五年，没于西夏，謂之西平府。	没于西夏。	收復，置鄯州，尋改西寧州。南渡後荒棄。
金			
元	復曰靈州。	置應理州，屬寧夏路。	得其地，仍置西寧州。
明	改爲千户所。正德元年，升爲守禦千户所。	初廢。洪武二十年，移建寧夏中衛于此，領千户所在衛城内。	初，改爲西寧衛，屬陝西行都指揮使。

湟水	浩亹	新設
西寧縣 雍正二年改。	碾伯縣 雍正二年改。	大通縣 乾隆九年，改置縣。
		在府城東北，舊名達南。地形險要，控扼夏境。
爲破羌縣地，屬金城郡。後漢建安中，置西都縣，爲西平郡治。	漢神爵二年，置破羌縣。後漢因之。	爲臨羌縣北塞。
因之。後張軌、吕光相繼有其地。	省爲安夷縣地。東晉後涼吕光置樂都郡。南涼禿髮烏孤都此。	
後魏，置鄯州，仍治西都縣。後周，又爲樂都郡治。	後魏，郡廢，置西都縣，爲鄯州治。	
初，郡廢。開皇十八年，改縣曰湟水，仍爲鄯州治。	開皇，改爲湟水縣，爲西平郡治。	
因之。後没于吐蕃。	爲鄯州治，後隨州没于吐蕃。	爲鄯州北境。開元中，嘗置威戎軍于此。
元符[1]二年收復，仍置湟水縣，爲鄯州治。靖康以後荒棄。	初號邈[2]川城。後收復，置倚郭縣。宣和，改曰樂州，屬熙河路。後屬西夏。	崇寧間，收復煌鄯，乃築塞[3]拒守，名大通。
仍置西寧州治焉。	廢爲西寧州地。	
爲西寧衛。	置碾伯守禦千户所。	爲西番地。國朝雍正二年，以番族歸附，開置大通衛，亦曰大通城。

①原文误，应为『元符』，宋哲宗年号。 ②邈（miǎo）川，古地名，在今青海省乐都县境内。 ③原文误，应为『寨』字。

	西涼	姑臧
	涼州府	武威縣
初置	周時爲狄地。	
春秋戰國		
秦		
漢	爲匈奴休屠王地。武帝元狩①二年，休屠王降，置武威軍。東漢因之。	姑臧縣，爲武威郡治。
晉	涼州并理于此。前涼張軌、後涼呂光皆據其地。北涼沮渠蒙遜亦嘗遷都于此。	因之。又爲涼州治。張軌、呂光并都此。
南北朝	後魏，亦曰武威郡，兼置涼州。	後魏，武威郡，治林中縣，或曰郡，故姑臧也。西魏，仍曰姑臧。
隋	初，郡廢州存。煬帝初，復改州爲郡。	因之。
唐	初，爲李軌所據。武德二年，復置涼州。天寶初，曰武威郡。廣德初，没于吐蕃。咸通四年，收復，旋又荒棄。	因之。廣德中，陷于吐蕃。
五代	後唐長興四年，復來屬，置歸義軍于此。周顯德中，涼州復絶于中國。	
宋遼	初，爲西涼府，尋于西夏。	没于西夏。
金		
元	初，仍曰西涼府，尋改西涼州，屬永昌路。	爲西涼州。
明	初，改置涼州衛。	爲涼州衛。

①原文误，应为『元狩』。

白亭	支焉	揟次①
鎮番縣	永昌縣	古浪縣 國朝雍正二年，改爲平番縣。
武威郡地。東漢因之。	張掖、武威二郡地。東漢及魏因之。	蒼松縣，屬武威郡。後漢，改曰倉松。
仍屬武威郡。		因之。東晉，呂光改曰昌松，兼置昌松郡。
	後魏，置番禾郡。後周，改屬番禾鎮。	後魏，仍曰昌松郡。後周，郡廢。
爲涼州地。	屬涼州。大業中，屬張掖郡。	開皇初，改縣曰永州，復曰昌松。
	仍屬涼州。	築和戎城。
没于西夏。	初，爲西涼府地。景德中，没于西夏。	屬西夏。
號小河灘城。	初，仍屬西涼府。至元十五年，置永昌路，以永昌王宮殿所在而名。	爲古浪城，立巡檢司，屬永昌路。
置鎮番衛。	初改置永昌衛。	正統間，置古浪守禦千户所。

①揟(xū)次，古县名，在今甘肃省古浪县。

	平番縣	甘州府
	允街	鎮夷
	平番縣 國朝雍正二年，改爲平番縣。	甘州府
初置		《禹貢》：雍州域。
春秋戰國		
秦		爲月氏地。
漢	允街縣地，屬金城郡。東漢因之。	本匈奴昆邪王地。漢置張掖郡，取張國臂掖之義。後又置屬國都尉，以主蠻夷降者。
晉	仍屬金城。前後涼皆因之。	因之。隆安中，北涼沮渠蒙遜初都于此。
南北朝	後魏，又置廣武縣。	後魏，改張掖軍，尋改軍爲郡。又置西涼州。西魏，更名甘州，取州東甘浚山泉味甘冽爲名。後周，復爲張掖郡。
隋	改曰邑次縣。大業後，又改曰允吾。	
唐	復曰廣武，屬蘭州。乾元，陷吐蕃，廢。	初爲甘州。
五代		
宋遼	屬西夏。	初爲西夏所據，改鎮夷郡，又改宣德府。
金		
元	置莊浪縣。	改甘肅路。
明	改爲莊浪衛。	改甘肅衛，尋分爲甘州左衛陝西行都指揮使司，治此。

觻得[1]	仙隄
張掖縣	山丹縣 國朝雍正二年，改爲縣。
爲觻得縣，張掖郡治。東漢因之。觻得，匈奴王號。	删丹縣，屬張掖郡。東漢末，屬西郡。
改曰永平縣。	因之。
後魏因之。後周，爲張掖郡治。	後魏，仍屬西郡。西魏，郡廢，縣屬甘州。
大業初，改曰張掖縣。	大業初，仍屬張掖郡。
因之。州郡皆治此。	屬甘州。
	爲西夏所據，置甘肅軍于此。
省。	爲山丹州。
	初，改置山丹衛。

①觻(lù)得：中国汉代县名，在今甘肃省张掖市西北。

	酒泉	表是
	肅州 領縣一	高臺縣 國朝雍正三年，改爲縣。
初置	雍州域，古西戎地。	
春秋戰國	戰國，月氏戎居之。	
秦		
漢	以前爲月支國地。後爲匈奴所據。武帝太初元年，開置酒泉郡，置福祿縣。	置表是縣，屬酒泉郡。後漢，曰表氏。
晉	因之。西涼李嵩遷都于此。	因之。
南北朝	後魏，亦爲酒泉郡。	後周廢，入張掖郡。
隋	初郡廢，始置肅州。煬帝初，州廢，以其地屬張掖郡。	
唐	復置肅州。天寶初，亦曰酒泉郡。	置建康軍。天寶，廢。
五代		
宋遼	没于西夏。	屬西夏。
金		
元	爲肅州路。	屬甘州路。
明	初，改爲肅州衛。	景泰，始分置高臺所。

新設	
鎮西府 領州一縣二國朝始置爲府，以巴爾庫勒爲府治。	**宜禾縣** 舊爲巴爾庫勒地。乾隆三十八年，始立縣。
東南界，哈密西北界木壘。	與鎮西府同治。
爲匈奴東蒲類王茲力支地。後漢，屬伊吾盧地。三國，屬鮮卑。	匈奴東蒲類王茲力支地。後漢，屬伊吾盧地。
魏，屬蠕蠕。	北魏屬蠕蠕國。
屬伊吾郡地，後入突厥。	爲伊吾地。
屬伊州伊吾郡。	爲伊吾地。
屬伊州。	伊州地。
屬哈密及衛拉特。	屬衛拉特。

	新設	
	奇臺縣 乾隆四十一年，改設爲縣。	**迪化縣** 國朝乾隆三十八年，改設直隸州，于城西三十里建城，爲州治。
初置		
春秋戰國		
秦		
漢	車師後王國。後漢，爲金滿城。永元內，屬三國，爲車師後部。	爲蒲類前國。後漢，爲蒲類國。三國，爲蒲類陸國。
晋		
南北朝	魏屬蠕蠕國，爲突厥地。	北魏初，爲高車地。後入于蠕蠕。周爲突厥地。
隋	爲東突厥地。	爲西突厥鐵勒屬焉。
唐	爲金滿，隸北庭都護府。	初爲蒲類縣，隸西州。後隸北庭大都護府。寶應，更名後庭縣。
五代		
宋遼	爲高昌國北庭地。	爲高昌國北庭地。
金		
元	屬回鶻①	屬回鶻，爲五城地。
明	屬衛拉特，舊作瓦剌，今改正。	屬衛拉特，即瓦剌。

①回鶻(hú)，古国名。

昌吉縣	綏來縣 國朝爲準噶爾呼拉瑪部游牧，地入版圖。乾隆四十二年，設綏來縣。
蒲類後國。後漢，移支國。三國，爲蒲陸國。	烏孫國地。後漢，移支國地。三國，烏孫國地。
魏，入于蠕蠕。周爲突厥地。	魏，爲車國地。周，突厥地。
爲西突厥鐵勒	爲西突厥鐵勒地。
屬後庭縣。	爲西突厥處密部，後內屬。
	爲回鶻地。
屬回鶻五城地。	爲回鶻地。
屬衛拉特。	屬衛拉特。

	阜①	安西州　領縣二。國朝乾隆改治燉煌縣①，又移置安西府治。
初置		
春秋戰國		春秋爲瓜州。
秦		大月氏居之。
漢	烏貪訾離國、單桓國地。後漢，爲車師所并。後復立。三國，爲車師後部。	初爲匈奴渾邪王地。元狩，屬酒泉郡。元鼎，屬燉煌郡。後漢因之。
晉		咸康，前涼于郡置沙州，又置商州。隆安中，西涼都此。
南北朝	魏爲蠕蠕地。周	後魏，于郡置燉煌鎮。明帝，改鎮爲瓜州。
隋	爲東突厥。	開皇，郡廢，復改州爲燉煌郡。
唐	貞觀，爲金滿縣，隸北庭都護府。	復曰瓜州，又曰沙州。建寧，陷于吐蕃。
五代		
宋遼		紹聖初，進築，賜名安西城。
金		
元	爲回鶻五城地。	復置沙州，升爲河州路。
明	屬衛位特。本朝初，爲準噶爾圖爾古特部游牧處，入版圖，建阜康。	置沙州衛。

①燉煌：也称为「敦煌」地名。为甘肃省四大绿洲之一。

新设

燉煌縣 國朝乾隆二十五年，改爲縣。	**玉門縣** 國朝初，仍置赤金衛。乾隆二十四年，改玉門縣。
地出美瓜，瓜長者狐入其中，首尾不出，故名古瓜州。	
縣爲燉煌郡治，爲中部都尉治。	縣屬酒泉郡。後漢因之。
仍爲燉煌縣。	仍屬酒泉郡。東晉時，西涼分置會稽郡。
後魏，亦爲瓜州治。後周，改縣曰鳴沙。	後魏，嘗置玉門郡于此。後周廢，改置會稽縣。
大業中，復故。	改會稽縣，曰玉門。
亦爲瓜州治，兼置豆盧軍于城內。後没于吐蕃。	後陷于吐蕃。
爲歸義軍治。	
羈屬而已。西夏，亦爲沙州治。	屬西夏。
初置沙州，以燉煌縣并入。	屬肅州路。
置沙州衛屬。	永樂，置赤金蒙古衛，以處元丞相古什子塔爾尼。

歷代沿革表下卷

偃師段長基編輯

侄 簡書 西書 參注

孫 鼎鑰 鼎鈞 校梓

目録

雲南

貴州

外藩蒙古統部

西域新疆統部

美諾廳　○注：本小金川土司，在四川省治西八百六十里，東西距一百七十五里，南北距五百七十里。東至鄂克什土司界三十五里，西至舊金川土司界一百四十里，南至木坪土司界百八十里，北至梭磨土司界三百九十里，東南至瓦寺土司界二百一十里，東北至雜谷廳①界三百里，西南至明正土司界二百一十里，西北至卓克採土司界四百二十里，由廳治至京師五千七百里。

分野天文井鬼，分野鶉首之次。建置沿革：《禹貢》：梁州之域。在漢爲西南諸蠻，唐時吐蕃有其地。在明代曰金川寺。演化禪師傳至小兒吉細於。本朝順治七年，歸誠授職。與金川同姓番人稱金川②云促浸，稱小金川云攢拉。促浸者，大河濱之謂，攢抗者③，小河濱之謂。蓋謂同一種人，一居於大河濱，一居小河濱也。乾隆十三年，土舍良爾吉以陰附金川，侵迫土司澤旺，經略傅恒往剿付誅迨。澤旺老子僧格桑狡詐不法，屢圍鄂克什，且侵明正土司。三十九年，王師討平之，有《御製平定金川勒銘美諾之碑》。四十一年，於其地設廳鎮撫，直隸四川省。

①雜（zá）谷廳，治今四川理縣薛城。②原文漏字，應爲大金川。《清統一志·懋功屯和廳》：番人稱大金川曰促浸。③與上句不符，應爲『攢拉』。

美諾廳表

	美诺廳
兩漢	西南諸蠻。
三國	
晉	
宋齊梁	
魏周	
隋	
唐	吐蕃地。
五代	
宋	
元	
明	始封金川寺，演化禅師世有其地。

甘肅省

○注：治蘭州府，在京師西南四千四十里。東西距二千一百二十里，南北距二千四百十里。東至陝西邠州長武縣界一千里，西至河州闇門番界一千一百二十里，南至四川龍安府平武縣界一千三百七十里，北至伊伯勒山一千四十里，東南至陝西漢中府略陽縣界一千二百三十里，西南至洮州廳番界九百三十里，東北至陝西延安府保安縣界一千四百三十里，西北至安西州外新疆及伊犁新疆界四千一百四十里。伊伯勒舊作不剌，今改。

形势東接邠岐，南控巴蜀，西抵羌戎，北屆流沙。

《禹貢》：雍州之域。春秋戰國時，屬秦及西戎地。秦并天下，置隴西、北地二郡。漢武帝分置天水、安定、武都三郡，又得匈奴昆邪王地，開置武威、酒泉、张掖、敦煌四郡。昭帝始元六年，又分置金城郡，俱屬凉州部。後漢亦曰凉州。興平元年，分河西四郡置雍州。建安十八年，罷凉州，并屬雍州。三國屬魏，復置凉州。晉因之，又分置秦州。永寧初，凉州爲张氏所有，分置河、沙二州。是後，秦凉二州之地，相继割據，分爲西秦、五凉、後魏、神䴥①。大延②中并有其地，仍爲秦、凉二州，又分置涇、豳、南秦、河、原、靈、瓜、鄯③、渭諸州。西魏，增置朔、鹽④、會、甘、武、岷、鄧等州。後周，增置文、洮、宕、廓、疊⑤、芳等州。隋開皇初，增置蘭、豊二州。三年，廢郡存州。大業初，改諸州爲安定、北地、宏化、平凉、鹽川、靈武、五原、天水、隴西、金城、抱罕、澆河、西平、武威、張掖、敦煌諸郡。唐武德初，復改諸郡爲州。貞觀元年，置隴右道，兼屬關内、山南二道。後又分置朔方、河西、隴右、涇原諸節度使。貞元後，河西、隴右之地悉陷吐蕃。五代時，分屬中國吐蕃及岐蜀。宋初，屬陝西

①神(䴥)(jia)，北魏太武帝年號。②原文有誤，應爲太延，北魏太武帝年號。③鄯(～善)州，古地名，在今青海省樂都縣。④鹽州，古地名，在今寧夏鹽池縣北。⑤疊(lei)州，古地名，在今甘肅省迭部縣境内。

路。熙寧五年，分置秦鳳路，兼屬永興軍路，其朔方、河西之地，皆屬西夏。紹興中，陝西地入金，分置慶原、臨洮二路，兼屬鳳翔路。元，屬陝西等處行中書省。至元十八年，分置甘肅等處行中書省。明屬陝西布政使司。洪武二十五年，又置陝西行都指揮使司於甘州，領諸衞所。本朝康熙二年，以陝西右布政駐鞏昌，分領臨、鞏昌、平凉、慶陽四府。五年，改曰甘肃布政使司，移治蘭州，凡領府九州六。

四川省 ○注：成都府爲省會，在京師西南五千七百里。東西距三千里，南北距三千二百里。東界湖北，南界雲南元谋，北界陝西寧羌州。東南界貴州畢節，西南界西藏阿里，西北①界陝西興安州，西北界陝西文縣。領府十一，直隸州九，州十一，縣一百十二。

重山叠嶺，深溪大川，渝夔東出，據吴楚之上游利閬。北頋連褒斜之要道，威茂黎雅，足控西番馬湖敘瀘，以扼南僰②《禹貢》：華陽黑水，惟梁州。夏殷之間，梁州爲蠻夷國，所謂巴賓彭濮之人也○注：《輿地志》帝嚳封支庶於蜀，後稱王。長曰蠶叢，次曰柏灌，次曰魚鳧。《周職方》：無梁州，葢③并入於雍州。周末，秦有其地，天文與秦同分野，亦兼參之一度。古爲蜀國，秦置巴、蜀二郡。漢武置十三州，此爲益州。王莽末，公孙述據其地。○注：莽改益州爲庸部。東漢建武十二年，平之，仍置益州，治雒○注：今漢州，中平劉焉爲牧益州，徙治綿竹，繼又徙治于成都。漢末先主有其地，號爲蜀漢。炎興初爲魏所并，亦曰益州。晉因之。惠帝以後，李特據此。永和三年，收復。寧康初，没于苻堅。太元中，復取其地。義熙初，爲譙縱所據。九年，討平之。自宋以後，蕭梁末，屬于西魏，隋氏因之。唐貞觀中，置劍南○注：治益州。及山南道○注：治荆州。而境内之保寧、顺慶、重慶、夔州等府，唐初皆屬山南道。開元中，又分屬劍南及山南西○注：治漢中，今保寧東境及顺慶、重慶之地屬焉。山南東○注：治襄陽及夔州之境，屬焉。等道。唐末王建據此。後唐同光三年并之，旋爲孟知祥所據。宋乾德三年平蜀，置西川○注：治益州。峽西路○注：治興元。今保寧、顺慶、重慶、夔州、龍安等府悉爲峡西路。咸平四年，又分西川爲東西兩路○注：東治梓州西治成都。峽西爲利夔兩路。元，置四川等處行中書省○注：治成都。元末明玉珍據此。明洪武四年平之，置四川等處承宣布政使司。

①原書『西北』有誤，應爲『東北』。 ②僰(bo)：中國古代稱西南地區的某一少數民族。 ③葢（gai）：同蓋。

益州

成都府

初置	《禹貢》：梁州之域。夏商以後爲蜀國。
春秋戰國	
秦	秦滅蜀，置蜀郡。
漢	分置廣漢郡。武帝置益州，蜀郡隸焉。王莽改益州曰庸部。蜀郡曰導江，治臨卭[1]，以公孫述爲導江卒正。後漢，仍曰蜀郡。三國漢都于此，於益州置牧，蜀郡置守，并治成都。
晋	武帝，改蜀郡爲成都國，尋復蜀郡。
南北朝	宋齊，蜀郡皆隸益州。後周，置益州，屬蜀郡，并治此。
隋	郡廢州存。煬帝，復改益州爲蜀郡。
唐	又爲益州。天寶初，復爲蜀郡。至德二載，升成都府，并建南京，改成都守爲尹，以上皇幸蜀也。時又分劍南爲東西兩川，此爲西川節度。
五代	因之。王建、孟知祥皆都此。
宋	太平興國六年，降爲益州。端拱初，復曰成都府，亦爲西川節度。
金	
元	曰成都路。
明	曰成都府。

[1] 卭（qióng）：『邛』的訛字。

成都縣	華陽縣	雙流縣
綿里	寧蜀	廣都
附郭在府治西北。	附郭在府治東南。	
春秋，蜀侯所里。		
惠王二十七年，始置成都縣。	成都縣地。	
末，益州治此。		蜀郡廣都縣地。
		移縣治此，兼置寧蜀郡。
宋、齊、梁并因之。		宋、齊、梁因之。後周，郡廢，屬蜀郡。
屬益州。		仁壽元年，改廣都曰雙流，屬益州，取《蜀都賦》帶二江之雙流爲名。
	貞觀中，分置蜀縣，并治郭下。乾元初，改爲華陽縣，取華陽黑水惟梁州之義。	復杇[1]置廣都縣。
	因之。	因之。
俱爲成都府治。	因之。	省廣都入雙流。
因之。	因之。	因之。

①原書誤爲「杇」，應爲「析」，分的意思。

	温江縣（萬春）	新繁縣（繁江）	金堂縣（懷州）	新都縣（始康）
初置	以江水温润爲名。		以地連金堂山爲名。	
春秋戰國				
秦				
漢	蜀郡郫縣地。	蜀郡之繁縣。蜀漢，改爲新繁。	雒[1]與新都縣地。	舊縣屬廣漢郡。東漢因之。蜀漢，嘗置新都郡。
晉		復爲繁縣。		徙新都郡，治雒。以縣屬焉。
南北朝	西魏置蜀郡，治于此。	宋齊因之。後周，復爲新繁。		宋齊因之。梁，置始康郡。西魏，郡廢。
隋	初，省郡入郫縣，尋置萬春縣，後廢。	省入成都縣。		開皇，改新都曰興樂。大業初，省入成都。
唐	初，復置。貞觀初，改爲温江縣。	初復置。	咸亨初，析置金堂縣。	武德二年，復置新都縣，屬益州。
五代				
宋				
金	因之。		屬懷安軍。	仍舊。
元	因之。	仍舊。	初，升軍爲懷州，縣屬如故。後省州入縣。	仍舊。
明	因之。	因之。	因之。	仍舊。

①雒：讀luò。古同洛。縣名，在今四川廣漢北。

犀浦	汶山	九溪
郫縣	灌縣	彭縣
古郫邑，蜀王杜宇都此。		周，爲彭國。
置郫縣，以後并隸蜀郡。因之。		爲蜀郡繁縣地。
	本漢郫、綿江、原虒三縣地。蜀漢，置都安縣，屬汶山郡。	
		因之。
	宋齊因之。後周，省都安入郫縣。	劉宋，置晉壽郡及縣。梁，置東益州。後周，改郡及縣，俱曰九隴。
大業初，縣省，尋復置。		初廢郡，置濛州。尋廢。
因之。垂拱初，析成都，置犀浦縣。	初，于灌口置盤龍縣，尋改爲導江縣。貞觀中，曰灌寧。開元中，復曰導江。	復置濛州。貞觀初廢。後又置彭州。天寶初，改濛陽郡。乾元，復爲彭州。
	孟蜀，置灌州。	
省犀浦入焉。	改爲永安軍。又改爲永康軍。後廢，爲灌口寨。又復置永康軍，治導江縣。	仍爲彭城，治九隴。
仍舊。	初，復置灌州，以導江、青城二縣省入。	以九隴縣省入。
因之。	改州爲縣。	改州爲縣，仍省濛陽縣入焉。

	崇寧縣 唐昌	簡州 陽安
初置		
春秋戰國		
秦		
漢		犍爲①郡之牛鞞縣。②
晋		因之。
南北朝		宋齊，屬蜀郡。西魏，改陽安縣，于縣置資州及武康郡。後周，徙資州，治資中。
隋		初置簡州，後廢。
唐	本郫、導江、九隴三縣地。唐，置唐昌縣，屬益州，尋屬彭州。	初，復置簡州。天寶初，改陽安郡。乾元初，復爲簡州。後又置清化軍。
五代	梁時改歸化縣。唐，復爲唐昌。晋，改爲彭山縣。漢，復曰唐昌。	
宋	初，改爲永昌。崇寧初，改曰崇寧。	復爲簡州，領陽安、平泉二縣。
金		
元	屬彭州。	廢平泉，以陽安縣省人。
明	改今屬。	洪武六年，改州爲縣，尋復爲州。

①犍(qián)爲，地名，在四川省樂山市境内。

②牛鞞(bēi)，古縣名，在今四川簡陽市西北。

江源	武陽	廣漢
崇慶州	新津縣	漢州
蜀郡之江原縣地。	武陽縣地，屬犍爲郡。	本漢雒縣，廣漢郡治焉。東漢，爲益州刺史治所。
因之。李雄據蜀，置漢原郡。晉穆帝，改晉原郡。		爲新都國。
南齊，改晉康郡。西魏，省郡入犍爲郡。	後周，始置新津縣，徙犍爲郡治于此。	宋、齊、梁，爲廣漢郡。
置晉原縣，屬益州。	初，郡廢，以縣屬益州。	并入蜀。
置蜀州。天寶初，改唐安郡。乾元初，復爲蜀州。	屬蜀州。	置漢州。天寶初，改德陽郡。乾元初，復爲漢州。
紹興中，升崇慶府。	屬崇慶府。	仍舊。
改爲州，以江原縣省入。	屬崇慶州。	以雒縣省入。
省晉原，永康縣入焉。	因之。	因之。

	方亭	月山	普寧
	什邡①縣	資州 領縣四。	仁壽縣
初置			
春秋戰國			
秦			
漢	舊縣屬廣漢郡。高祖，封雍齒爲什邡侯，即此。	資中縣，屬犍爲郡。	犍爲郡武陽縣之東境。
晋	屬新都郡。		置西城戍。
南北朝	後周，改爲方亭縣。武帝，廢，入雒縣。	後周，改盤石縣，徙資州治此，兼置資中郡。	梁，置懷仁郡。西魏，以西城戍普寧縣，屬陵州。
隋		初，廢郡，後改州爲資陽郡。	改普寧縣曰仁壽，爲隆山郡。
唐	初，復置什邡縣，屬益州。垂拱中，改屬漢州。	改郡爲資州。天寶初，復爲郡。乾元初，又爲州。	初，復曰陵州。天寶初，曰仁壽郡。乾元初，復曰陵州，俱治此。
五代			
宋	仍舊。	屬潼川府。	廢陵州爲陵井監，又改曰宣井監②。隆興初，又爲隆州。
金			
元	仍舊。	省入簡州，後復置。	并隆州入仁壽縣。
明	因之。	改州爲資縣。	因之。

①什邡（Shí fāng）：縣名，在四川德陽。②原文有誤，應爲仙井監。《中國古今地名大辭典》：『宋置陵井監。改爲仙井監。』（見177頁仙井監條。）

資中	武陽	漢安	巴西
資陽縣	**井研縣**	**內江縣**	**綿州** 領縣四。
資中縣地。	武陽縣地。	資中縣地。	廣漢郡之浩縣。蜀漢，屬梓潼郡。
			以後屬梓橦、巴西二郡。
後周，改資中爲盤石。別置資陽縣，屬資州。	東晉，置西陽郡。西魏，置蒲亭縣。	後周，置漢安戍，尋改中江。	西魏，改縣曰巴西，置潼州。
	改井研縣，屬陵州。又析置始建縣。	改內江。	初，改爲綿州，後改爲金山郡。
	因之。	咸通中，置內江縣，屬資州。	初，復爲綿州。天寶初，改巴西郡。乾元初，復爲綿州。
	以始建縣省入井研縣。	因之。	仍舊。
		因之。	
廢。	屬隆州。	因之。	初，屬成都路。後以魏城縣省入，屬潼州路。
成化中，復置資陽縣。	州廢縣存。洪武十年，以井研省入仁壽縣。後復置。	改今屬。	改今屬。

	德州 德陽縣	神泉 安縣	晉熙 綿竹縣
初置			以其地宜竹，故名。
春秋戰國			
秦			
漢	綿竹縣地，屬廣漢郡。東漢，析置德陽縣。	涪縣地。	舊縣屬廣漢郡。漢末，劉焉嘗徙益州，治此。
晉		屬巴西郡。	屬新都郡，後又置晉熙郡。
南北朝	後周，省入雒縣。		後周，改綿竹爲晉熙縣。
隋		爲金山、神泉二縣，屬金山郡。	初，改孝水縣，後復曰綿竹。
唐	初，復置，屬益州。垂拱初，屬漢州。	爲龍安、西昌、神泉三縣，屬綿州。	屬漢州。
五代			
宋	仍舊。	熙寧五年，省西昌入龍安。政和，以龍安、神泉屬石泉軍。	仍舊。
金			
元	初，陞爲德州，尋復爲縣。	中统間，陞爲安州，以龍安、神泉二縣省入。	初，省入漢州，後復置。
明	因之。	改州爲路。	因之。

潼川	汶江
梓潼縣	茂州 領縣二。
	古冉駹[①]國地。
舊縣，廣漢郡治此。蜀漢，置梓潼郡。	武帝，開置汶山郡。宣帝時，郡廢，後復置。
爲梓潼郡治。	亦曰汶山郡。
西魏，改爲潼川郡，移縣于郡南三十里，改安壽縣。	宋齊因之。梁，兼置绳州。後周，改曰汶州，治汶山縣。
廢郡，移縣于舊治，改名梓潼，屬普安郡。	初，改爲蜀州，尋改會州。後復爲汶山郡。
移屬劍州。	初，復置會州，尋改南會州。貞觀中，改爲茂州。天寶初，改通化郡。乾元初，復爲茂州。
仍舊。	州仍舊，治汶山縣。
因之。	以汶山縣省入。

①冉駹：讀máng。古國名。

	綿虒① 汶川縣	薛城 保縣	維州 雜谷廳
初置		徼外冉駹之地。	古冉駹國，在保縣西二百里。
春秋戰國			
秦			
漢	綿虒縣，屬蜀郡。後漢，曰綿虒道。蜀漢曰汶山郡。	綿虒縣地。	武帝開之，屬汶山郡。三國漢，姜維、馬忠討汶山叛羌，即此。
晋	置汶川州。東晉，郡徙縣廢。	屬汶山郡。	屬汶山郡。
南北朝	梁，置汶川縣。後周，以縣置汶山郡。		
隋	初，郡廢，以縣屬汶州。	以其地置薛城戍。	屬會州。後没于羌。
唐	屬茂州。	置薛城縣，屬維州。	武德七年，白狗羌歸附，始置維州，以姜維築城屯兵于此也。
五代		孟蜀，州內徙。又改縣曰保寧縣。	蜀時，徙治中州城。
宋	郡縣置威戎軍。	景德三年，改曰威州。	改威州，以威制西羌，故名。
金			
元	復爲縣，屬茂州。	以保寧省入威州，後復置。	仍舊，以州治保寧縣省入。
明	因之。	初因之。後分置保縣。	仍曰威州，又置雜咎安撫使司。

①虒sī，傳説的一種似虎有角的獸。綿虒，古地名，位於今四川汶川縣。②越巂(xī)，古地名，今四川西昌東南。

西寧	邛都
寧遠府	西昌縣
《禹貢》：梁州境，本西南夷邛都國地。	附郭新改。
武帝，置越巂②郡，領邛都等縣。後漢因之，三國屬漢。	越巂郡邛都縣地。
徙郡會無縣。太安，改屬寧州。咸康，还屬益州。	以後因之。
宋因之。齊谓之獠郡。後周，置嚴州。	後周，置越巂縣，西寧州治焉。
改西寧州，後復爲巂州，治越巂縣。大業初，改爲越巂郡。	大業初，爲越巂郡治。
初，復改巂州，置中都督府，又改越巂郡。至德初，没于吐蕃。貞元中，收復。太和中，徙治臺登縣。懿宗初，爲蒙詔所據，改爲建昌府。以烏、白二蠻實之。	亦爲巂州治。太和五年，州徙治臺登縣。屬焉。咸通以後，没于蠻。
羈縻于大理。	
得其地，置建昌路，又立羅羅斯宣慰司，以统之，隸四川行省。尋隸雲南行省。	至元十七年，置建安州，爲建昌路治。
洪武，罷宣慰司，置建昌衛，隸四川都司。改建昌路爲府，隸四川布政司。後廢府，改建昌衛爲軍民指揮使司，尋置行都司，領衛六。	洪武二十五年，置衛，領千户所四，長官司三。置行都司治焉。

	臺登	定筰
	冕寧縣	鹽源縣
初置	新改，以境冕山名之也。	新改。
春秋戰國		
秦		
漢	置大筰[①]、臺登二縣，屬越巂郡。後漢，省大筰，入臺登。	定筰縣，屬越巂郡，郡都尉治焉。
晉	因之。大寧[②]以後，没于成。永和以後，復歸晉。	因之。
南北朝	劉宋，仍曰臺登縣。後周，置沙郡治焉。	劉宋，亦爲定筰縣。蕭齊以後，廢。後周置。
隋	郡廢，縣屬巂州。	因之。
唐	武德初，屬登州。貞觀初，改屬巂州。太和六年後，陷于蒙詔，以烏蠻酋守此，自號落蘭部，或稱羅落，以其先爲羅落蠻也。	武德二年，改置昆明縣，仍屬巂州。天寶末，没于吐蕃。貞元中，收復，又没于南詔，置香城郡。大理時，曰賀頭甸。後附于元。
五代		
宋		
金		
元	至元九年，平之，設千户。十三年，升萬户。十五年，改爲瀘沽縣，屬禮州。後分置蘇州，屬建昌路。	置闰盐州，以州西猇鹿蠻部爲普樂州，俱隷德平路。至元二十七年，并普樂、閏盐二州爲閏盐縣，置柏興府治焉。
明	初因之，尋廢，改爲寧番衛。	初因之，尋改爲柏興州。洪武二十五年，改爲柏興千户所。二十七年，改置盐井衛。

①筰（zuó）：用竹皮編成的繩索。又作國名。②原文有誤，應爲太寧，東晉明帝年號。

三绛

會理州

國朝康熙二十九年，復分會川衛地置州，于會通河西岸，苦竹壩之地。雍正六年，移治會川。

鑾名普陀，亦曰绛部，後改號蒙歪。三绛，漢縣名，在州西。晉廢。

置會無縣，屬越巂郡。後漢因之。

移越巂郡来治。

劉宋，仍爲縣。蕭齊時，没于蠻獠。

上元，改置會川縣，屬巂州。後没于南詔，置會川都督府，又號清寧郡。

屬大理，仍曰會川府。

至元初，隸閎畔萬户。至元四年，屬落蘭部。十三年，改隸會川路。十五年，置會理州。二十七年，還屬閎畔部，尋復故。

初，初廢。

	邛部	巴西
	越嶲廳 國初，仍爲衛。雍正六年，改爲廳。	**保寧府** 領州二 縣七
初置		《禹貢》：梁州之域。
春秋戰國		春秋，巴國地。
秦		惠王滅巴，置巴郡閬①中縣。
漢	越嶲郡地，置闌縣。後漢因之。	巴郡，治江州縣。東漢末，建安中，劉璋改爲巴西郡。
晉	省。	巴西郡，徙治閬中縣。
南北朝	宋，置闌縣，屬沈黎郡。齊廢。後周，置邛部縣，并置邛部郡治焉。	梁，爲北巴郡，兼置南梁州。西魏，改南梁曰隆州。又改北巴郡，曰盤龍郡。
隋	廢郡，屬嶲州。	初，郡廢州存。大業初，復改州爲巴西郡。
唐	因之，屬嶲州。咸通後，陷于蠻。	復爲隆州。先天中，改閬州。天寶初，改閬中郡。乾元，復爲閬州。
五代		唐置保寧軍。
宋	爲邛部王國。	改安寧軍。
金		
元	中统五年，立邛部川安撫招討司。至元二十一年，改爲邛部州，隸建昌路。	立東川路。至元間，升爲保寧府。
明	初因之。洪武二十二年，改爲邛部軍民州。二十七年，廢州，置越嶲衛軍民指揮使司。	因之。

①閬(lang)：高大，空曠。

閬內		新
閬中縣	蒼溪縣	南部縣
附郭，以閬水紆曲，繞縣三面而名。		
舊縣。	宕渠縣地。	
屬巴西郡。後漢建安中，分爲巴西郡。	東漢，置漢昌縣，屬巴郡。	巴郡充國縣地。
宋以後，皆爲巴西郡治。	析置蒼溪縣，屬巴西郡。	屬巴西郡。
梁，爲南梁州治。西魏，爲隆州治。	劉宋，并蒼溪入漢昌縣。	梁置南部縣，以縣居巴西郡南，故名。西魏，于縣置新安郡。後周，郡廢。
改縣爲閬內，仍爲巴西郡。	復改漢昌爲蒼溪。	屬巴西郡。
復爲閬中，爲閬州治。	仍舊。	屬閬州。
	仍舊。	
因之。	仍舊。	屬閬州。
	仍舊。	
仍舊。	仍舊。	省新井、新政、西水三縣入焉。
因之。○其治舊在城東二十里。東漢建安六年，劉璋築。洪武七年，移于今治。	因之。	因之。

	廣元縣	昭化縣
	石亭	葭萌
初置		
春秋戰國		
秦	爲葭萌[1]縣。	
漢	屬慶漢郡。蜀漢，改爲漢壽縣，屬梓潼郡。	葭萌縣地，屬廣漢郡。
晉	太康初，改曰晉壽縣。	
南北朝	後魏，改興安縣，置晉壽郡及益州。梁，改黎州。西魏，復曰益州，又改利州。	劉宋，置益昌縣。
隋	初，郡廢。後改縣曰綿谷，爲利州治。大業初，改州爲義城郡。	屬義城郡。
唐	初，仍曰利州，又改益昌郡。	屬利州。
五代	唐，改益州。	
宋	置寧武軍，後置利州路。	改爲昭化縣。
金		
元	爲廣元路。	屬廣元路。
明	洪武九年，改路爲州，以綿谷縣省入。後復爲縣。	改今屬。

①葭：讀xiā，萌縣，古縣名，在今四川省廣元市境內。

②大皞：hào又名太昊，傳説中的上古帝王。

梁	渃水①
巴州	通江縣
《山海經》注，大皞②四世孫后昭，是爲巴之始祖。	
爲巴郡地。	
西漢因之。蜀屬巴西郡。	巴郡宕渠縣地。
宋因之志之。李特據蜀，此地爲巴氏所據，不置郡縣。宋末，始置歸化郡。齊仍屬巴西郡。梁置歸化、木門二郡。西魏亦曰歸化郡。	後魏，置渃水縣。
初郡廢，後改州爲清化郡。	廢，入始寧縣。
復爲巴州。	析置通江縣，并置壁州城。天寶初，改爲始寧郡。乾元初，復故。
	以壁州省入通江縣，屬巴州。
仍舊。	以通江縣，省入會口縣。至正四年，復置。
洪武九年，改州爲縣，以化城縣省入。尋復升爲州。	改今屬。

①渃(nuò)水縣，在四川省通江縣。

	曲细	劍閣	果州
	南江縣	劍州	順慶府
初置			《禹貢》：梁州域。
春秋戰國			春秋，爲巴國地。
秦			屬巴郡。
漢	宕渠縣地。後漢，漢昌縣地。	廣漢郡梓潼縣地。三國漢，屬梓潼郡。	爲充國、安漢等縣地，仍屬巴郡。漢末，劉璋分墊江以上仍爲巴郡，治安漢。
晉			屬巴西郡。
南北朝	梁，難江縣地，尋立東巴。後周，改爲集州，又置平桑郡〇杜佑曰，難江縣亦後周置。	梁，置安州。西魏，改爲始州及置普安郡。	宋、齊仍舊。梁置宕渠郡，治安漢縣。
隋	開皇，郡廢。大業初，州廢，縣屬漢川郡。	初，郡廢州存。後改州爲普安郡。	省宕渠，入巴西。
唐	武德初，仍置集州。天寶初，改曰符陽。乾元初，復故。	復爲始州，後改劍州。	初，地屬隆州，尋析置東州，治南充。天寶初，改南充郡。乾元初，復爲果州。大歷中，又改充州，尋復舊。
五代			蜀，置永寧軍節度。
宋	仍曰集州。熙寧五年，州廢，縣屬巴州。	置普安軍。紹熙初，陞爲隆慶府。	初，以州隸梓州路。寶慶間，升順慶府。
金			
元	至元二十年，縣省。	復改劍州，屬廣元路。	置東川府，又改爲順慶路。
明	正德十一年，改置南江縣。	以附郭普安縣省入，改今屬。	改順慶府。

安漢 南充縣	新興 西充縣	相如 蓬州
附郭。		
巴郡充國縣地。東漢，析置南充國縣。	巴郡安漢縣地。	巴郡宕渠縣地。
屬巴西郡。	析置西充國縣，屬巴西郡。	屬巴西郡。
劉宋，置宕渠郡。	梁，以縣置木蘭郡。西魏，廢郡，改縣，曰晉城。	梁，置伏虞郡，治宣漢縣。後周，又置蓬州，治安固縣。
初，郡廢，改縣，曰南充。	因之。後廢。	州郡俱廢。
以縣立果州。	初，復置，改西充縣，屬果州。	復置蓬州，治大寅縣。天寶初，改咸安郡，又改蓬山郡。乾元初，復爲蓬州。
寶慶中，爲順慶府治。	仍舊。	以蓬池縣爲州治。
并漢初縣入焉①。	并流溪縣入焉。	初置蓬州，後爲蓬州治，相如縣。
因之。	因之。	以相如縣省入。

①原文多一「縣」字，應爲「并漢初入焉」。見《元史》卷六十。

	朗池	大寅	寶城
	營山縣	儀隴縣	廣安州
初置			
春秋戰國			
秦			
漢	宕渠縣地。	閬中縣地。梁，始置儀隴縣，及置隆城郡。	巴郡之宕渠、墊江、安漢三縣地。
晋			屬巴郡、巴西二郡。
南北朝	梁，置相如縣，屬梓潼郡。西魏，郡廢。		
隋	屬巴西郡。	初，郡廢，以縣屬隆州。	
唐	析相如，置朗池縣，屬果州。	置方州，尋廢，以縣屬蓬州。	爲渠、果、合三州地。
五代			
宋	改營山縣，屬蓬州。	仍舊。	置廣安軍，治渠江縣。咸淳初，改寧西軍。
金			
元	以良山縣省入。	并蓬池、伏虞二縣，入焉。	廢，置廣安州。
明	因之。	因之。	改爲廣安路，以渠江縣省入。

流江	宕渠	和溪
渠縣	**大竹縣**	**岳池縣**
宕渠縣地。	宕渠縣地。	安漢、南充二縣地。
屬巴西郡。	屬巴西郡。	
後魏，置流江縣及流江郡。梁，置渠州。		劉宋，屬宕渠郡。
初，郡廢，州存。大業初，改宕渠郡。	屬宕渠郡。	初，郡廢。
初，復爲渠州。天寶初，改鄰山郡。乾元初，復爲渠州。	分宕渠縣，東界大竹縣，屬蓬州，省入鄰山縣。	分南充、相如二縣地，始置岳池縣，屬果州。
	復置，屬渠州。	屬廣安軍。
因之。	并鄰山、鄰水二縣入焉。仍移大竹縣来治。	并新明、和漢二縣入焉，屬廣安府。
改州爲縣，以流江縣省入。	改屬廣安州。	屬廣安州。

	鄰山	戎州	外江
	鄰水縣	敘州府 領縣十一	宜賓縣
初置		《禹貢》：梁州域，古爲僰侯國。	附郭古西南夷僰侯國。
春秋戰國			
秦			
漢	宕渠縣地。	犍爲郡治此。東漢徙犍爲，治武陽。	置僰道縣，爲犍爲郡治。
晉		因之。	因之。
南北朝	梁，置縣，并置鄰州治焉。後魏，改置鄰山縣。	南齊，復爲犍爲郡治。梁武帝，立戎州，又置六同郡于南廣縣。	後周，改外江縣。
隋	開皇初，郡廢，縣屬渠州。義寧元年，改屬鄰州。	初，廢六同郡，而存戎州。大業初，改州爲犍爲郡。	復爲僰道縣，爲犍爲郡治。
唐	武德二年，還屬渠州。寶歷初，省入鄰山縣，後復置。	武德初，復爲戎州，治南溪。貞觀初，復移治僰道。天寶初，改州爲南溪。乾元初，復爲戎州。	爲儀賓縣。
五代			
宋	因之。	初，州治宜賓。政和間，改爲敘州，取西戎即敘之義。	始改爲宜賓縣，爲敘州治。
金			
元	至元二十年，省入大竹縣。	升敘州路，以敘南等處宣撫司，治此。	仍舊。
明	成化二年，復置，屬廣安州。	改爲敘州府。	因之。

	曲州 慶符縣	江陽 富順縣	南廣 南溪縣
		巴郡地。	
	置漢陽縣，屬犍爲郡。三國漢，嘗置漢陽郡，尋罷。	江陽縣，屬犍爲郡。東漢末，劉璋于縣立江陽郡。	漢犍爲郡南廣縣地。
	屬朱提郡。		屬東提郡，後廢。
	宋齊因之。後没于蠻。	後周，改爲洛源郡，治富世縣。	梁，復置南廣縣及六同郡。
		省郡，以縣屬瀘州。	初，郡廢。仁壽初，改爲南溪縣，屬戎州。
	爲開邊縣地。	改富義縣。	仍舊。
	叙州徼外地也。政和三年，置慶符縣，并置祥州治焉。宣和，州省，縣屬戎州。	初，升爲富義監。太平興國，諱義，改曰富順。治平初，置富縣。	仍舊。
	仍舊。	升爲州，屬叙州路。	仍舊。
	因之。	復改爲縣。	因之。

	淯州[1] 長寧縣	高州 高縣	騰川 筠連縣
初置		古夜郎地。	古西南夷部。
春秋戰國			
秦			
漢	犍爲郡，漢陽、江陽二縣地。	犍爲郡南廣縣地。	置定川寨。
晋			
南北朝			
隋	爲瀘州瀘川縣地。		
唐	置長寧州。	置羈縻高州。	爲定川縣。
五代			
宋	初，爲羈縻州。熙寧中，始置淯井塩[2]，屬瀘州。元和中，建爲長寧軍。	初，羈縻州。後屬長寧軍。	爲羈縻、筠連二州。
金			
元	屬馬湖路。	屬叙州路。	初，立筠連州及定川縣，尋，廢縣存州。
明	改爲縣，并改今屬。	改爲縣。	改爲縣，并改今屬。

①淯(yù)州，古地名，在今四川省長寧縣一帶。②原文誤，應爲『淯井監』，爲塩監。

協州 珙縣[①]	晏州 興文縣
古西南夷部。	
置南廣縣，屬犍爲郡。後漢因之。蜀漢，置南廣郡。	犍爲郡漢陽縣地。後没于蠻獠。[①]
因之。	
宋齊因之，後没于蠻。	
儀鳳二年，開山峒，置珙州。先天初，降爲羈縻州，隸瀘州都督府。天寶，曰因忠郡。尋復故。	儀鳳二年，招生獠，置晏州。先天初，降爲羈縻州。天寶初，曰瀘陽郡，尋復故。
因之。熙寧八年，内附。政和中，屬長寧軍。	亦爲羈縻晏州。熙寧八年，内附。政和中，隸長寧軍。
初，爲下羅計長官司，尋復爲珙州。	至元十七年，设太壩[③]都總管，以授蠻酋。二十二年，升爲戎州，隸馬湖路。
改爲縣。	初降爲縣。萬歷元年，改今名。

①珙（gǒng）縣，今四川省宜賓市南部。

②蠻獠：舊時對西南方少數民族的蔑稱。

③原文有誤，應爲大壩都總管，在今四川省興文縣境內。

	樓峰 隆昌縣	馬湖 屏山縣
初置	本榮昌縣之隆橋驛。	即馬湖郡，附郭縣前爲夷獠所居。漢唐蒙鏧①石開道處。
春秋戰國		
秦		
漢	犍爲郡江陽縣地。	屬犍爲、牂牁②二郡，尋没于蠻。
晋		以後因之。
南北朝		
隋		
唐		爲羈縻蠻州、殷、騁、馴、浪四州地，總名馬湖部，屬戎州都督府。
五代		
宋		仍蠻地。
金		
元		至元十三年，内附，尋置馬湖路。附郭，置泥溪長官司。
明	地介瀘州、富順之間，曠遠多盜。隆慶元年，撫臣譚綸奏割瀘、富、榮三州縣地，置隆昌縣。	洪武四年，改爲馬湖府。〇土官安濟来附，因使世守，五傳至安鰲叛，宏治討平之。萬歷十七年，置屏山縣。

①鏧（lóng），鼓聲。 ②牂牁（zāng gē），古郡名。漢時設置。位於今貴州、云南地区。

丹崖	定永	渝州
叙永廳	永寧縣	重慶府 領州二縣十一。
《禹貢》：梁州南境。	贵州移改附叙永廳，古荒服地。	《禹貢》：梁州域。周時，巴子國。
爲蜀郡地。	建置與廳同。	滅蜀，置巴郡。
爲益州郡地。		巴郡，治江州縣。漢末，劉璋以巴郡置安縣。又分置永寧郡，治江州。
以後爲雲南郡地。後没于蠻。		改永寧爲巴都郡。
		宋齊，復爲巴郡，皆治江州。梁，於巴郡置楚州。西魏，改爲巴州。後周，又改楚州。
		初，郡廢，改渝州，治巴縣。大業初，州廢，復爲巴郡。
爲羈縻蘭州。		初，爲渝州。天寶初，改南平郡。乾元初，復爲渝州。
		蜀王建、孟知祥繼有其地。
爲瀘州南境，江安、合江二縣地。		崇寧初，改恭州，後升重慶府。端平以後，遷治無常。
置永寧路，領筠連等縣。尋改軍民宣撫司。	置永寧州，屬贵州普定路。	置重慶路。
初，改爲永寧長官司，升爲宣撫司。	洪武，仍置永寧州，屬普定軍民府。	改重慶府。

	江州	僰溪
	巴縣	江津縣
初置	附郭。古巴子國。	
春秋戰國		
秦		
漢	倶爲江州縣，即巴郡治所。蜀漢，改爲巴縣。	江州縣地。
晉	因之。	
南北朝	後周，改巴城縣。	蕭齊，郡内移治僰溪口，即今治。後周，改江陽縣，置七門郡治焉。
隋	渝州治于此。	自開皇初，郡廢，縣屬渝州。十八年，改縣曰江津。
唐	因之。	仍屬渝州。
五代		
宋	復爲巴縣。	因之。後并萬壽、南平二縣入焉。
金		
元	并壁山縣入焉。	屬重慶路。
明	因之。郡城。相傳蜀漢李嚴故址，有門十七，九開八閉，以爲九宮八卦之象。	屬重慶府。

樂温	英井	昌元
長壽縣	永川縣	榮昌縣
楚黔中地。		
爲枳縣地，屬巴郡。		犍爲郡之資中、江陽、巴郡之墊江三縣地。
屬巴都郡。		
後周，并入巴縣。		
		資州內江縣地。
析置樂温縣，屬涪州。	本渝州壁山縣地。唐，始置永川縣，屬昌州。	置昌元縣，爲昌州治。後周，徙治大足。
因之。	因之。	因之。後又徙治大足縣。
省入涪州。	并入大足縣。	置昌寧縣。
始置長壽縣。	復分置永川縣。	改榮昌縣。

①綦：讀qí。青黑色。

	南平	隆化	赤水
	綦[1]江縣	南川縣	合州
初置	古綦市。		古巴子國，亦濮國地。
春秋戰國			
秦			爲巴郡之墊江縣。
漢	江州縣地。	江州及枳縣地，屬巴州。	
晉			因之。
南北朝		後周，爲巴縣地。	劉宋，于此置東宕渠郡。南齊，以墊江屬寧蜀郡。西魏，置合州，改郡曰墊江，改縣曰石鏡。
隋		因之。	開皇，郡廢。復改合州曰涪州。大業初，廢州爲涪陵郡。
唐	分置隆陽，兼置南州，又改楚州，復改曰南州郡，屬江南道。	武德二年，開南蠻，置南川縣，屬南州。	初，復改合州。天寶初，又改巴川郡。乾元初，復爲合州。
五代	屬蜀。		
宋	屬南平軍。嘉熙，軍徙治隆化縣，廢。	初，于縣置南平軍。熙寧中，省入隆化縣。尋復置。	因之。改縣曰石照。淳祐中，遷州治釣魚山。
金			
元	置南平綦江長官司，屬播州。	并南平軍及隆化縣入焉。	復舊治，以赤水縣省入石照，後并縣入州。
明	改置綦江縣。	因之。	因之。

漢平 涪州	巴川 銅梁縣	昌州 大足縣
	古巴子國。	
春秋巴國地。	春秋,楚襄王滅巴,封其子爲銅梁侯。	
屬巴郡。		
爲巴郡涪陵縣。蜀漢,置涪陵郡。	爲墊江縣地。	
徙涪陵郡,治漢復縣。		
後周,又徙治漢平縣。	西魏,爲石鏡縣地。	本合州巴川縣地。
初,郡廢,改漢平爲涪陵縣,屬渝州。		
置涪州。天寶初,改涪陵。乾元初,復爲涪州。	長安中,始置銅梁縣,屬合州,舊治在今縣北列宿壩。後移于涪江南岸,又移于東溪壩。	始分置大足縣,屬昌州,以静南縣省入。
以温山縣省入。咸淳初,移治三台山。	仍舊。	仍舊。
復舊治,尋并涪陵、樂温二縣入州。	移今治,并巴川縣入焉。	并昌州及所領永川、昌元縣,入大足,屬合州。
因之。	因之。	改今屬。

	油溪	石照
	壁山縣	定遠縣 國朝康熙八年，并入合州。雍正六年，復置。
初置		
春秋戰國		
秦		
漢	江州縣地。	
晉		
南北朝		本合州地，名女菁平。
隋	爲江津、巴二縣地。	
唐	至德二載，析巴縣、江津、萬壽三縣地，置壁山縣，屬渝州。	
五代		
宋	因之。	
金		
元	至元二十二年，省入巴縣。	至元初，立武勝軍，行和溪安撫司事。尋改爲定遠州，又降爲縣，屬合州。
明	成化十九年，復置。	因之。

思州	龍西
西陽州 東界湖南，西界貴州。領縣三	秀山縣 國朝雍正十三年，设縣。
古巴國地。	
屬巴郡。	
两漢因之。蜀漢，屬涪陵郡。	爲巴陵郡涪陵、武陵郡遷陵二縣地。蜀漢西陽縣地。
因之。永嘉以後，没于蠻獠。	
後周，爲羈縻黔州地。	
屬庸州。	并屬黔州地。
屬思州。	
仍没于蠻〇寰宇記，黄巢之亂，西陽蠻叛。駙馬冉人才征之，留守其地，冉氏遂據有之。	
政和六年，仍屬思州，尋置西陽州于此。	并屬思州路。
因之。屬懷德府。	爲西陽州。
洪武五年，仍爲西陽州。冉如彪納歸附，仍今世有共地，廣六百里，袤七百里。	屬西陽宣慰司地。

	臨江 忠州 領縣三	漢葭 彭水縣 胡三省曰：今之彭水，漢之涪陵。今之涪陵，漢之枳也。	丹興 黔江縣
初置	以巴臣蔓子及郡守嚴顔，皆著忠烈，故名。		
春秋戰國	爲巴地。		
秦	屬巴郡。		
漢	置臨江縣。東漢末，屬永寧郡。	涪陵縣地，屬巴郡。	涪陵縣地，屬巴郡。
晉		屬涪陵郡。永嘉後，没于蠻。	後爲黔陽縣地，屬武陵郡。
南北朝	置臨江郡。後周，兼置臨州。	後周保定四年，得其地，置羈縻奉州。尋改黔州。	宋、齊因之。
隋	州郡俱廢。義寧初，復置臨州。	置彭水縣，爲黔州治所。大業初，改爲黔安郡。	開皇初，置石城縣，屬庸州。大業初，改屬巴東郡。
唐	改忠州。天寶初，改南賓郡。乾元初，復爲忠州，隸山南道。	武德初，復爲黔州。四年，置都督府于此。	武德初，改屬黔州。天寶初，改曰黔江縣。
五代			
宋	升爲咸淳府。	以洪杜、洋水、萬寧、都濡四縣省入。紹定初，升州爲紹慶府。	因之，仍屬黔州。紹定初，屬紹慶府。
金			
元	復爲忠州，并臨江縣入焉。	爲紹慶路，縣仍舊。	屬紹慶府。
明	因之。	省路，改屬重慶府。	仍爲縣，改屬重慶府。

南賓	桂溪	南浦
鄷都縣[1]	墊江縣	梁山縣
古巴國別都。		
巴郡枳縣地。和帝，分置平都。蜀漢，并入臨江縣。	巴郡臨江縣地。	朐[2]䏰縣地。
	因之。	
梁，屬臨江郡。	西魏，分置墊江縣，屬容山郡。後周，改魏安縣。	西魏，置梁山縣。
屬巴東郡。義寧初，始置豐都縣。		屬巴東郡。
屬忠州。		初屬蒲州，後屬萬州。
仍舊。	省桂溪縣入焉。	置梁山軍，縣屬焉。元祐中，遷屬萬州，尋復舊。
至元中，并墊江縣入焉。	并入鄷都縣。後復置。	改軍爲梁山州。
改豐爲鄷，又并南賓縣入焉。	因之。	洪武七年，省州入梁山縣。

①鄷(fēng)都：古地名。周文王所都，故址位於今陝西省鄠縣東。

②朐䏰(qú rén)，按《康熙字典》，『朐』應爲『朐，』音chǔn。古縣名，在今重慶市雲陽縣東。

	夔州府（雲安）領縣六	奉節縣（魚復）	巫山縣（建平）
初置	《禹貢》：荆、梁二州地。周初，爲魚復國。	附郭。	
春秋戰國	春秋，爲庸國地，後屬巴國。戰國楚，置扞關①。	春秋，庸國之魚邑。	楚巫郡。
秦	屬巴郡。	爲魚復縣，屬巴郡。	改爲巫縣，屬南郡。
漢	東漢，分置永寧郡。建安初，改巴東郡。蜀漢，改置固陵郡，尋復改巴東郡，治永安。	因之。蜀漢，改爲永安縣。	因之。建安中，先主改屬宜都郡。
晋	秦，始分置，屬梁州。太安，仍屬益州。永和，改屬荆州。	復爲魚復縣。	于此置建平郡。
南北朝	劉宋，治三巴校尉。南齊，兼置巴州，尋省。梁，置信州，皆治白帝城。後周，移治瀼②西，尋復舊治。	西魏，改曰人復。	宋齊以後，因之。
隋	初，郡廢州存。大業初，改州爲巴東郡。	仍爲巴東郡治。	罷郡改縣，曰巫山，屬巴東郡。
唐	初，復爲信州，尋改夔州，治奉節縣。天寶初，改州爲雲安郡。乾元初，復爲夔州，屬山南東道。	貞觀中，改爲奉節縣。	屬夔州。
五代	王建置鎮江軍。梁，徙軍治夔。後唐，升爲寧江軍節度。		
宋	仍爲夔州。		
金			
元	爲夔州路。	仍舊。	仍舊。
明	洪武四年，改夔州府。九年，改爲夔州。十四年，復爲府。	洪武九年，省縣入夔州。十四年，復置。	因之。

①扞關，古關名，在今四川奉書縣東赤甲山。②瀼（ráng）西，地名，指四川奉節瀼水西岸地。

胊䏰	安鄉	漢豐
雲陽縣	萬縣	開縣
胊䏰縣，屬巴郡。	胊䏰縣地，屬巴郡。蜀漢，立南浦縣。	巴郡之胊䏰縣地，後析置漢豐縣。蜀漢，屬巴東郡。
屬巴東郡。		省。
後周，改雲安縣。	後周，置安鄉郡。後改縣曰安鄉，改郡曰萬川，屬南州。	梁，復置。西魏，改曰永寧。
	改萬川曰南浦，屬巴東郡。	義寧初，置開州。
屬夔州。	置南浦州，尋改蒲州。貞觀中，改萬州。	天寶初，改盛山郡。乾元初，復爲開州。廣德初，又改縣曰開江。
唐，置雲安監。		
置雲安軍，治雲安縣，屬夔路。熙寧中，以監析置安義縣，尋復爲監。	因之。	因之。
置雲安軍，後升雲陽州，以雲安縣省入。	以南浦縣省入。	以縣省入州。
洪武七年，改州爲縣。	洪武七年，改州爲縣。	洪武，改州爲縣。

	巫溪	新設
	大寧縣	石砫廳
初置		古蠻夷地。
春秋戰國		
秦		
漢	魚復縣地。	爲巴江、臨江縣南境。三國，屬漢。
晋		
南北朝	後周，大昌縣地，屬永昌郡。	宋、齊，蒲縣地。後周以後，并爲施州。後没于蠻。
隋	屬巴東郡。	
唐	屬夔州。	
五代		
宋	開寶中，始以鹽井地，置大寧監。	景定中，蛮酋馬什用，敗蒙古兵。继又平九溪洞夷，因置石砫宣撫司，授之。
金		
元	至元中，升爲大寧州。	改石砫軍民府，升軍民安撫司。明玉珍竊據，亦授其酋長石砫安撫司。
明	洪武九年，改爲縣。	洪武七年，土酋馬克用歸附，使世守其地，仍爲石砫安撫司，隸重慶府。嘉靖，改隸夔州。

宣漢	卜蒲	東關
達州 領縣三。	東鄉縣	太平縣
巴郡宕渠縣之東界。東漢，析置宣漢縣。	宣漢縣地。	渠縣地。後漢，宣漢縣地。
省。		
劉宋，復置，屬南宕渠郡。南齊，屬巴渠郡。梁，置東關郡及萬州。西魏，改爲通州。	劉宋，屬巴渠郡。梁，置東鄉縣。西魏，置石州治此。後周，廢州，置三巴郡。	宋，東關縣地，屬巴渠郡。齊因之。梁，置南晉郡。西魏，兼置并州。
初，郡廢。大業初，改州爲通川郡。	開皇初，郡廢，縣屬通川郡。	開皇初，郡廢。五年，州廢，改縣曰宣漢，屬通川郡。
初，復爲通州。天寶中，改通川郡。乾元初，復爲通州。	武德三年，置南石州。八年，州廢，仍屬通州。	武德，復置南并州。貞觀，州廢，縣屬通州。
初，改達州，以宣漢等縣省入。	屬达州。	乾德五年，省入東鄉。
仍舊。	省。	
洪武九年，改州爲縣，省通川。後復爲州。	正德九年，復置。	正德十年，割東鄉之太平里，置今縣。

	新寧縣	龍安府
	淙城	龍門
初置		《禹貢》：梁州境。周爲氐羌地。
春秋戰國		
秦		爲氐羌地。
漢	宕渠縣地。	爲陰平道，屬廣漢郡，北部都尉治焉。永平後，置陰平郡。蜀漢，以陰平屬益州。
晉		有陰平、廣平二縣，屬陰平郡。
南北朝	梁置新安縣，并置新安郡。西魏，郡縣俱改曰新寧。	梁時，爲楊傑、李龍遷所據。後魏，得其地，置江油郡，治江油縣。西魏，兼置龍州。後周仍舊。
隋	初俱廢，并縣入三岡縣。	罷郡存州。大業初，廢州爲平武郡。義寧初，爲龍門郡。
唐	武德二年，復置新寧縣，屬通州。太和三年，改屬開州。明年，還屬通州。	貞觀初，爲龍門州。垂拱中，改正州。天寶初，改江油郡。至德，改應靈郡。乾元，復爲龍州。
五代		
宋	屬達州。	政和中，改政州。紹興初，復爲龍州。寶祐中，徙治雍村。
金		
元	因之。	又徙治武都。後爲龍州宣慰司。
明	洪武四年，省入梁山縣。十四年，復置縣。	洪武七年，改爲龍州。二十三年，改龍州軍民千户所，尋復千户。宣德七年，改龍州宣撫司。正德中，升爲龍安府。

馬盤	剛氏	北川
平武縣	江油縣	石泉縣
附郭。		
	周氏羌地。	
	氏羌地。	
剛氏道地。蜀漢，析置廣武縣，屬陰平郡。	爲剛氏道地。蜀漢，爲江油戍，戍屬陰平道地。	廣尋縣地。
太康初，改曰平廣縣，尋又改爲平武縣，仍屬陰平郡。	屬陰平郡。	屬汶山郡。
齊梁，仍曰平武縣。西魏，改置江油縣，并置江油郡治焉，尋又爲龍州治。	西魏，置龍州。後周，又置江油郡。俱治江油縣。	後周，爲汶山縣地，屬汶州。
以後因之。	初，郡廢州存。大業初，改州爲平武郡。	初，屬會州。
	改龍門州。天寶初，改江油郡。乾元初，復爲龍州。	分汶山縣地，置石泉縣，屬茂州。
	改政州，復爲龍州。	熙寧中，屬綿州。政和中，于縣置石泉軍。
以江油縣，省入龍州。	仍治江油縣，屬廣元路。	廢軍以縣，屬安州。
嘉靖四十三年，土司薛兆乾作亂，平，改爲府。萬歷，始置今縣，爲附郭。	省州入縣，屬劍州。正德，改今屬。	初，屬成都府。正德中，改今屬。

	彰明縣	松潘廳 雲嶺面，東南洮河界西北〇日耕野鑿，夜宿碉房。被氈①衣，戴毛帽。
	昌明	交州
初置		古氐羌地。
春秋戰國		
秦		
漢	涪縣地。	爲湔①氐道，屬蜀郡。
晉	自沙戍移漢昌縣，僑治于此，屬巴西郡。	屬汶山郡，置升遷縣。後廢。
南北朝	後魏，改爲昌隆縣。	宋齊因之。後周天和元年，吐谷渾龍涸王莫昌率部落內附，以其地置龍涸郡。兼置扶州，治嘉城縣。
隋	屬金山郡。	郡廢州存。大業，屬同昌、汶山二郡。
唐	先天初，改爲昌明縣，屬綿州。	武德初，置松州，督羈縻州至一百有四，皆生羌部落，無縣邑民口。天寶初，曰交川郡。乾元，復爲松州。廣德初，陷于吐蕃。
五代	後唐，又改爲彰明縣。	
宋		仍爲吐蕃地。
金		
元	仍舊。	內附。
明	因之。	洪武十一年，置松州、潘州二衛。又并爲松潘衛。二十年，改松潘等處軍民指揮使司。

①湔(jian)氐道，周氐羌地，在今四川松潘縣西北。

梓潼	安城
潼川府 領縣八	三臺縣 國朝改
《禹貢》：梁州域。	附郭。
爲蜀郡。	
爲蜀郡地。	
置廣漢郡及郪②縣。蜀漢，置梓潼郡。	廣漢郡縣地。劉禪，嘗于此置東廣漢郡。
又分置新都郡。	
宋齊，仍爲廣漢郡。梁，于郪縣置新州。西魏，置昌城郡。	梁，始置新州，治郪縣。尋改爲伍城縣。西魏，又改曰昌城，并置昌城郡。
廢郡改新州爲州③。後改爲新城郡。	郡廢，尋爲梓州治。大業初，復曰郪縣，爲新城郡。
復爲梓州，又改梓潼郡。後復爲梓州，又爲東川節度治所。	仍爲梓州治。
蜀，爲武德軍。	
改靜戎軍，又改安靜軍。尋復爲東川節度，後仍爲安靜軍節度。重和中，升爲潼川府。	
爲潼川路。	因之。至元二十年，并安城縣入郪縣。
初，仍爲潼川府。洪武九年，改爲州，并郪縣入焉。直隸四川布政司。	初，以郪縣入潼州。

①氊：見『氈』。 ②郪（qī）縣，古縣名，在今四川三臺縣。 ③原文漏字，爲『改新州爲梓州』。

	射洪縣（通泉）	鹽亭縣（高渠）	中江縣（伍城）
初置			
春秋戰國			
秦			
漢	郪縣地。	廣漢縣地。	蜀漢，伍城縣。
晉			
南北朝	西魏，置射江縣。後周，改曰射洪。	梁，置鹽亭縣，并置北宕渠郡治焉。西魏，改郡曰鹽亭。	後周，置元武郡。
隋	屬新城郡。	開皇初，郡廢，縣屬新州。尋屬梓州。	改縣曰元武，尋置凱州。大業初，州罷，以縣屬蜀州。
唐	屬梓州。	亦屬梓州，又分置永泰、東關二縣。	屬梓州。
五代			
宋	末省。	因之。	改爲中江縣。
金			
元	復置，并通泉縣入焉。	并永泰、東關二縣入焉。	并飛烏、銅山二縣入焉。
明	因之。	因之。	因之。

小溪 遂寧縣	巴興 蓬溪縣	普慈 樂至縣
蜀郡地。		
爲廣漢郡地。又分廣漢縣，置德陽縣。	廣漢縣地。	犍爲郡牛鞞縣①地。
東晉，蜀于德陽縣界置遂寧郡。		
齊，以爲東遂寧郡。後周，置遂州，又改遂寧郡，曰石山。	梁，小溪縣地。西魏，爲方義縣地。	後周建德，置普慈郡及多業縣。
初，郡廢州存。大業初，改遂寧郡，治方義縣。	方義縣地。	爲普慈縣地，改屬資陽郡。
初，爲遂州。後改遂寧郡，復爲遂州，置武信軍。	置唐興縣，尋改武豊縣。後復爲唐興，又改蓬溪縣。	武德二年，析置樂至縣，屬普州。
陞爲遂寧府。	屬遂寧府。端平三年，嘗爲府治。宋末，縣廢。	因之。寶祐中，廢。
改府爲州。	復置，并長江縣入焉。	
初因之。洪武九年，改爲縣。	省入遂寧縣。洪武十三年，復置，徙治故城之西南。	成化二年，復置今縣。

①牛鞞(bei)縣，古縣名，在今四川省簡陽市境内。

	龍康	睂①山
	安岳縣	睂州 領縣二
初置		《禹貢》：梁州域，以峨睂山名。
春秋戰國		
秦		蜀郡地。
漢	資中、牛鞞、墊江、德陽四縣地。	爲武陽、南安二縣地，屬犍爲郡。蜀漢因之。
晉		因之。
南北朝	梁，立普慈郡。後周，置普州，治安岳及置多業縣。	齊，析置齊通郡。梁，兼置青州。西魏，改曰睂州，後周，復曰青州，尋改嘉州。
隋	改爲普慈縣。	開皇初，郡廢州存。大業，又改州曰睂州，尋又廢州，屬睂山郡。
唐	復置普州，尋增置樂至、崇龕二縣。寶祐以後，州縣俱廢。	武德，復置睂州。天寶初，曰通義郡。乾元初，復爲睂州。
五代		
宋		因之。改通義縣曰睂山，以州屬成都路。
金		
元	復置安岳縣，并安居、樂至二縣入焉。	屬嘉定府，以附郭睂山縣省入。
明	洪武初，復置普州，領安岳縣。後又并州入縣。	洪武初，改爲縣。十三年，復爲州，直隸布政司。

①睂：古同『眉』。

	丹棱縣	彭山縣	青神縣
	齊樂	武陽	思濛
		武陽縣，屬蜀郡。	
	南安縣地。	置武陽縣，屬犍爲郡。後漢，爲犍爲郡治。	南安縣，屬犍爲郡。
	後周，置齊樂縣，屬齊通郡。	梁，改靈右縣，又改犍爲縣，置江州。西魏，改縣曰隆山。後周，省州，置隆山郡。	西魏，置青衣縣，取蠶叢氏[①]青衣，以勸農爲名。後周改青神縣，并置青神郡。
	初，改丹棱縣，屬嘉州。	開皇初，郡廢，縣屬陵州。	初，罷郡，以縣屬嘉州。
	屬齊州。	初因之。貞觀元年，省入通義縣。二年，復置。先天初，改曰彭山縣。	
	因之。	因之。	仍舊。
	省。	因之。	仍舊。
	洪武十三年，復置。	洪武九年，省。十三年，復置。	洪武中，并入眉縣。

①蠶叢(cong)氏，古代神話傳説中的蠶神。

	嘉州	青衣
	嘉定府 領縣七	樂山縣 國朝改今名。
初置	《禹貢》:梁州域。	
春秋戰國		
秦	爲蜀郡地。	
漢	爲蜀、犍爲二郡地。	南安縣,屬犍爲郡。
晋	初,因之。後爲夷獠所侵。	
南北朝	梁,于此置青州。西魏,改倉山。後周,復爲青州,尋改嘉州,及置平羌郡。	後周,置峨眉縣,平羌郡治焉。
隋	初,郡廢,州存。大業初,改倉山郡,治龍游縣。	初,郡廢,縣屬嘉州。開皇九年,改縣曰青衣。十年,又改曰龍游。大業初,爲倉山郡治。
唐	初,復改嘉州,又別置倉州,而嘉州如故。天寶初,改犍爲郡。乾元初,復爲嘉州。	爲嘉州治。
五代		
宋	初因之。慶元初,陞爲嘉定府。開禧初,又置嘉慶軍。	因之。宣和初,改曰嘉祥縣,尋復故。
金		
元	爲嘉定路。	
明	洪武四年,復改爲府。九年,改爲州,以龍游縣并入。	初省。

綏山 峨眉縣	车岡 洪雅縣
南安縣地。	南安縣地。
後周，爲峨眉縣地。	後周，爲齊樂縣之洪雅鎮。
開皇九年，改峨眉曰青衣。十三年，復置峨眉縣于此，屬嘉州。大業屬眉州。	開皇十三年，改置縣，屬嘉州。
屬嘉州。	武德初，置犍州，治此。貞觀初，州廢，改屬眉州。開元七年，復置義州于此。明年，州廢，復屬眉州。
因之。後并綏山、羅目二縣入焉。	初因之。淳化四年，改隸嘉州。
仍舊。	至元二十年，廢，入夾江縣。
因之。	成化十八年，復置。

	雲吟	玉津	治官
	夾江縣	犍爲縣	榮縣
初置			
春秋戰國			
秦			
漢	南安縣地。	南安縣地。	南安縣地。
晋			
南北朝		後周，置沉犀郡及武陽縣。	齊屬南安郡。
隋	分龍游、平羌二縣地于夾江戍。置夾江縣，屬嘉州。	初，廢郡，改縣曰犍爲，隸戎州。	置太牢縣，屬資州。
唐	屬嘉州。	上元初，屬嘉州。	析太牢，置旭川縣，以縣置榮州。天寶初，改和義郡。乾元初，又爲榮州。
五代			
宋	因之。	并玉津縣入焉，徙治懲非鎮。	初，因之。治榮德縣，後陞爲紹熙府。
金			
元	并洪雅縣入焉。	仍舊。	復爲榮州，屬嘉定路。
明	初因之。後復置洪雅縣。	因之。	初，仍爲州，後改爲縣。

婆日	臨邛	晉原
威遠縣	邛州	大邑縣
	爲蜀郡臨邛縣地。	
爲蜀郡地。	及後漢因之。	蜀郡江源縣地。
	因之。屬晉原郡。	因之。
	宋，齊，屬晉康郡。梁，置邛州。西魏，置蒲原郡。後周，爲臨邛。	西魏，屬江原郡。後周，郡廢，改縣曰晉原。
置威遠戍。後改爲威遠縣，屬資州。	廢郡爲縣，屬雅州。	屬益州。
屬榮州。	初，析雅州，置邛州，治依政縣，尋移治臨邛。天寶初，改臨邛郡。乾元，復爲邛州。	析晉原，置大邑縣，屬邛州。
	屬蜀。	
因之。	亦曰邛州，臨邛郡。	仍舊。
初省入犍爲，後復置。	初，于此立安撫司。後以臨邛依政縣，并入州。	并安仁、火井入焉。
初廢，入榮縣。未幾，復置。	洪武九年，改州爲縣。復陞爲州。	仍舊。

	廣定	涇南	青川
	蒲江縣	瀘州領縣三。	九姓長官司
初置		《禹貢》：梁州域。	
春秋戰國		爲巴國地。	
秦		屬巴郡。	
漢	蜀郡臨邛縣地。	爲犍爲郡之江陽、符縣地。東漢建安中，置江陽郡。	
晉		爲江陽郡治。	
南北朝	西魏，置廣定縣，屬蒲原郡。	宋、齊因之。梁，置瀘州，治馬湖江口。	
隋	廢郡，改爲蒲江縣，屬雅州。	廢江陽郡，改州爲瀘川郡，及改江陽縣曰瀘川，爲郡治。	
唐	太和中，屬巂州。	初，復爲瀘州。天寶初，改瀘川郡。乾元初，復爲瀘州。	
五代			
宋	因之。	宣和初，置瀘川軍節度。景定初，爲元所取，尋收復。改江安州，徙治江之南。	
金			
元	并入邛州。	復名瀘州，還故治以瀘川縣。省入，隸重慶路。	初，立羅氏黨九人爲總把。至元初，改爲九姓黨蠻夷長官司。
明	復置縣，仍舊屬。	直隸四川布政使司。	洪武四年，改置今司。

江陽	安樂	安溪
納谿①縣	合江縣	江安縣
犍爲郡江陽縣地。	符縣地，屬犍爲郡。	犍爲郡江陽縣地。漢末，屬江陽郡。
屬江陽郡。	屬江陽郡。穆帝時，于此置安樂縣。	
	梁，改爲安樂戍。後周，置縣曰合江。	
	屬瀘州。	爲江安縣地，屬瀘川郡。
皆爲瀘川縣地。	治舊縣。宋，移治安樂故城。	屬瀘州。貞觀中，以思隸、思逢、施陽三縣省入。
皇祐間，于納雞②口置軍寨巡檢。紹定中，陸寨爲縣。		
仍舊。	立縣于神臂江南。	仍屬瀘州。
因之。	因之。	因之。

①谿：同『溪』。　②原文误，应为『谿』。

	蒙山	漢嘉	百丈
	雅州府	雅安縣	名山縣
初置	《禹貢》：梁州域。周，爲雍國。	附郭，以雅安山而名。	
春秋戰國			
秦	屬蜀郡嚴道縣地。	嚴道縣。秦滅楚，遷嚴王之族以實其地，因置縣，屬蜀郡。	
漢	因之。	因之。後漢，爲蜀郡屬國。三國漢，屬漢嘉郡。	蜀郡嚴道、青衣二縣地。後漢，爲漢嘉縣地。
晋	屬漢嘉郡。	因之。	因之。
南北朝	西魏，于此置蒙山郡及雅州。	宋，省入漢嘉縣。齊亦爲漢嘉縣地。梁，因之。西魏，置始陽縣，并置蒙山郡治焉。	西魏，置蒙山縣，屬蒙山郡。
隋	初，郡廢州存。大業初，改州爲臨邛郡，治嚴道縣。	改縣曰蒙山，尋爲雅州治。大業初，復曰嚴道縣，自是州郡皆治此。	開皇，改曰名山，屬雅州。大業初，屬臨邛郡。
唐	初，復爲雅州。天寶初，改盧山郡。乾元初，復爲雅州，屬劍南道。	爲雅州治。	
五代	孟知祥置。永平，置節度使。		
宋	復爲雅州，仍治嚴道，屬成都路。	因之。	俱屬雅州。
金			
元	至元中，改屬嘉定路，尋割屬吐蕃宣慰司。	因之。	因之。
明	洪武四年，省嚴道縣入州，直隸四川布[1]司。	洪武四年，省縣入州。	洪武十年，省入州。

①此处漏字，应为『四川布政司』。

嚴道	靈關	沉黎
榮①經縣	蘆②山縣	清溪縣
以榮水而名。		西南夷筰都地，西藏建昌交會之區。
嚴道縣屬蜀郡地。	嚴道縣屬蜀郡地。	
屬漢嘉郡。		武帝，定西南夷，以爲沉黎郡。後漢，漢嘉縣地。
		永嘉中，李雄析置沉黎郡，并置城陽縣，爲郡治。後郡縣俱廢。
		後周，置沉黎縣，爲黎州治，既而州縣俱廢。
	仁壽末，置蘆山縣，屬雅州。	復置沉黎縣，爲登州治。
武德中，析置榮经縣，屬雅州。乾符中，以縣屬金湯軍，後廢。		初，省沉黎入漢源縣，屬雅州。尋爲登州治，復爲黎州治。
仍舊縣。		因之。
初，因之。後省入嚴道縣，設巡檢司。	俱屬雅州。後省入嚴道縣，設巡檢司。	因之。
復置縣。	復置縣，曰蘆山。	初省。

①榮：同『荣』。②蘆(lú)山縣，隸屬於四川省雅安縣。

	徙陽	魚通
	天全州 國朝雍正七年，改置天全州。	打箭鑪① 國朝康熙初，歸附。雍正七年，移雅州府同知駐此。
初置	古蠻獠地。	魚通地。
春秋戰國		
秦		
漢	置徙縣，屬蜀郡。後漢，屬蜀郡屬國都尉。	蜀郡旄牛、徙二徼外地。
晋	曰徙陽，屬漢嘉郡。永嘉亂後，廢。	
南北朝		
隋		
唐	始置陽鎮兵。	爲黎、雅二州邊外地縣。
五代		孟蜀時，置河西、魚通、寧遠三安撫司。
宋	皆爲羈縻之地，隸雅州。	因之。隸雅州。
金		
元	置碉門、魚通、黎雅、長河、西寧等處宣撫司，屬吐蕃等宣慰司。後改六蕃招討司，又分置天全招討司。	亦置安撫司，屬吐蕃等處宣撫司。
明	初，合爲天全六蕃招討司，隸四川都司。	永樂初，合爲長河、西魚通、寧遠，隸雅州。

①鑪：同『爐』。

廣東省

○注：廣州府爲省會，在京師西南七千五百七十里。東西距二千五百里，南北距一千八百里。東界福建詔安，南界[1]廣西南寧，南界大海，北界湖南桂陽。東南界大海，西南界崖州大海，東北界江西長寧，西北界廣西賀縣。領府九，直隸州四，州七，縣八十。

地介嶺海，人雜猺[2]獞[3]，東連七閩，西距安南，南濱大海，北據五嶺。《禹貢》：扬州徼外地。三代時爲蠻夷國。後爲百越地，亦曰楊越。其在天文，则牛女之分野。秦并天下，置南海等郡，亦謂之南越。秦末趙佗王其地。漢元鼎六年，討平之。尋置交阯刺史。後漢因之。三國吳，分交州，立廣州。晉因之。宋泰始七年，分置越，○注：即今廉州。治臨漳○注：即今合浦。齊梁因之。大同以後，置州益多，無復古制。隋，亦屬揚州部。大業末，屬于蕭銑。唐，討平之。貞觀初，置嶺南道，治廣州。開元中，曰嶺南節度。咸通二年，分爲嶺南東道。五代時，屬于南漢。宋淳化四年，爲廣南路。至道三年，分爲廣南東路。元置廣東道及海北海南道宣慰等司，隸江西行省。明洪武九年，置廣東等處承宣布政司。

①原文有误，应为『西界广西南宁』。 ②猺（yáo），旧时对瑶族的蔑称。 ③獞（tóng），古籍中对壮族的蔑称。

	廣州府（領縣十四）	南海縣	番禺縣
別稱	羊城	胥江	熙安
初置	《禹貢》：揚州南境。	附郭。在府治西偏，舊治在府城北芝蘭湖。南明初，遷入郭内。	附郭。在府治東偏，以番、禺二山爲名。
春秋戰國	春秋時，爲南越地。		
秦	置南海郡。後趙佗據其地。	南海番禺縣地，爲南海郡治。	置縣，爲南海郡。
漢	元鼎六年，討平之，仍爲南海郡。後漢建安中嘗徙交州治此。三國吴始于此置廣州。	兩漢，因之。	兩漢因之。
晉	因之。	以後因之。	
南北朝	宋因之，并置南海郡。梁，置廣州都督府。陳，因之。		宋，皆爲南海郡治。
隋	平陳，廢南海郡，置廣州總管府。仁壽初，改爲番州。大業初，復曰南海郡。	開皇十年，析置今縣，尋以番禺縣并入，爲廣州治。	并入南海縣。
唐	武德四年，平蕭銑，仍置廣州。天寶初，仍曰南海郡。天復初，屬于劉隱。	爲廣州治。	初，復置，仍爲廣州治。
五代	梁貞明三年，劉巖僭號，改爲興王府。	因之。	
宋	開寶四年，南漢仍曰廣州。	因之。	開寶五年廢，入南海縣。皇祐三年，復置。○注：在州城東紫泥巷。
金			
元	爲廣州路。	爲廣州路治。	至治中，始徙治東城内。
明	初，改廣州府。	爲廣州府治。	因之。

順德縣	東莞縣	新安縣
龍潭	南頭	寶安
本南海南境，東涌、馬寧、西淋三都濱海地。	本番禺縣。	
	博羅縣地。	博羅縣地。
	咸和六年，析置寶安縣，又分南海郡，置東官郡治焉。	東莞縣地。
	宋、齊以後，因之。	宋因之。
	平陳，郡廢，縣屬廣州。大業初，仍屬南海郡。	屬南海郡。
	復屬廣州。至德三載，改寶安縣曰東莞。	屬廣州。至德二年[①]，改曰東莞。
	因之。	因之。
	開寶五年，省入增城縣。六年，復置。	開寶六年廢，入增城，尋復置，爲東莞縣。
	屬廣州路。	
景泰三年，始析置縣大良堡。	屬廣州府。	隆慶六年，析置新安縣，治城子岡。

①原文误，应为『至德二载』。唐玄宗天宝三年正月，改『年』为『载』。唐肃宗至德三载二月，改『载』为『年』。

	三水縣（高安）	增城縣（綏寧）	從化縣（橫潭）
初置			
春秋戰國			
秦		番禺縣地。	本番禺增城縣地。
漢	南海郡之番禺、四會二縣地。	後漢建安六年，析置增城縣，屬南海郡。	
晋			
南北朝		梁改屬東官郡，尋爲郡治。	
隋		平陳，郡廢，縣屬廣州。	
唐	以後爲廣州之南海、肇慶之高要二縣地。	因之。	
五代			
宋		仍屬廣州。	
金			
元			
明	嘉靖五年，析置縣，治白塔岡。	因之。	宏治元年，獞獠譚觀福恃險爲亂，討平之。三年，析置今縣，治橫潭。七年，改治馬場田。

東洞	上川	
龍門縣	新寧縣	香山縣
本增城、博羅二縣地。舊置龍門巡檢司于此。	南海、蒼梧二縣之界。	番禺縣地。
		以後爲東莞郡地。
	劉宋以後，爲新會郡地。	
	以後爲新會縣地。	
		爲東莞縣之香山鎮。
		初因之。紹興三十二年，升爲縣，仍割南海、番禺、新會三縣濱海地益之。
	元季以来，諸猺煽亂，屢征不服。	
宏治九年，徙司于黃沙均，而置今縣于舊治。	宏治十一年，討平之。	仍舊，有土垣曰鐵城。洪武二十六年，始營磚城。

	盈允	中宿
	新會縣	清遠縣
初置		
春秋戰國		
秦		
漢	番禺縣地。三國吳，析置平彝①縣，屬南海郡。	南海郡中宿縣地。
晉	太康初，改曰新彝②。元熙二年，析置新會郡，縣屬焉。	
南北朝	宋因之。	梁，析置清遠縣，爲清遠郡治。
隋	平陳，郡廢，置新會縣，并置封州治焉。開皇中，改爲允州，又改曰岡州。大業，廢。	平陳，郡廢，縣屬廣州。
唐	武德，復置岡州，仍治新會縣。貞觀中，州廢，縣屬廣州。天寶初，曰義寧郡。乾元，復曰岡州。貞元末，州廢，縣仍屬廣州。	仍屬廣州。
五代	因之。	因之。
宋	因之。	因之。
金		
元	屬廣州路。	至正中，築土。
明	屬廣州府。	屬廣州府。

①②彝，彝的异體字，通「夷」。原文有誤，應爲「平夷縣」，後改「新夷縣」。見《中國古今地名大辭典》一〇一五頁「新會縣」條。

花山	熙平	陰山
花縣 國朝康熙二十四年，析置。	連州 領縣二。	陽山縣
	長沙郡之南境。	
番禺縣地。	爲桂陽縣，屬桂陽郡。吳，屬始興郡。	舊縣屬桂陽郡。東漢，省入含洭縣。
		復置，屬始興郡。
	劉宋，屬廣興郡。齊，復屬始興。梁，分置陽山郡，治桂陽。	梁屬陽山郡。
南海縣地。	廢郡，置連州。大業初，改熙平郡。	屬熙平郡。
	爲連州。天寶初，改連山郡。乾元，復爲連州。	屬連州。
	屬湖南。漢乾祐三年，入于南漢。	
以後番禺、南海二縣地。	仍爲連州，亦曰連山郡。	因之。
	至元十七年，曰連州路，屬湖南道。十九年，降爲州，屬廣東道，以州治桂陽縣省入。	屬桂陽州。
	洪武初，省。十四年，復置州。	初因之。洪武二年，省桂陽州，以縣屬韶州府。十四年，改屬連州。

	廣澤 連山縣 嘉慶二十年，省入理猺廳。	廣興 韶州府
初置		《禹貢》：荆州域。
春秋戰國		春秋，爲百粵地。戰國，屬楚。
秦		爲南海郡地。
漢	桂陽縣地。	初屬南粵。武帝平南粵，置曲江、湞陽二縣，隷桂陽郡，统于荆州。東漢，置始興都尉。三國吳，分置始興郡，治曲江。
晉		
南北朝	梁，析置廣德縣，屬陽山郡。	劉宋，改唐興郡[①]。齊，復爲始興郡。
隋	改曰廣澤，屬連州。仁壽初，改曰連山。大業，屬熙平郡。	平陳，郡廢，以其地，屬廣州。
唐	復屬連州。	置番州，領曲江，尋改東衡州。貞觀初，改爲韶州，屬嶺南道。天寶初，改爲始興郡。後復爲韶州。
五代		屬南漢。
宋	因之。紹興六年，廢爲鎮。十八年，復故。	仍置韶州，屬廣南東路。
金		
元		置韶州路。
明	洪武二年，屬韶州府。是年，省縣入陽山。四年，復置，屬連州。	改爲韶州府。

①原文有誤，應爲廣興郡。

桂山	平石
曲江縣	樂昌縣
縣，屬桂陽郡。三國吳，爲始興郡治。	曲江縣地。
	梁，置梁化縣，又分置平石縣。
屬廣州，又廢湞陽縣入焉。	開皇中，以平石縣省入梁化，尋改曰樂昌，屬番州。
于縣置番州。貞觀初，改韶州。又以臨龍①、良化二縣省入。	
仍舊。	俱屬韶州。
因之。	因之。

①原文有誤，應爲「臨瀧」。後改「新夷縣」。見《中國古今地名大辭典》一二九五頁。

	光澤	雲門	翁水
	仁化縣	乳源縣	翁源縣
初置			
春秋戰國			
秦			
漢	曲江縣地。	本曲江、樂昌二縣地。	桂陽郡湞陽縣地。
晉			
南北朝	蕭齊，置仁化縣，屬始興郡。後省。		梁，置翁源縣。陳，又置清遠郡。
隋			廢郡，以縣屬廣州。
唐	垂拱中，置仁化縣，屬廣州。後屬韶州，	因之。	屬韶州。
五代	因之。		
宋	初，省入樂昌縣。咸平中，復置。	乾道二年，以韶州诸縣水道不通，遂于花村頭津口，置乳源縣。	
金			
元	仍舊。	仍舊。	改屬英德路。
明	因之。	因之。	仍屬韶州府。

英德縣（含洭）	南雄州（凌江）國朝嘉慶十二年，改州爲直隸州，以保昌縣治省入。	始興②（正階）
	《禹貢》：揚州域。	
	戰國，屬楚。	
爲南海郡地。	屬南海郡。	
置湞陽、含洭二縣，屬桂陽郡。三國吴，改屬始興郡。	兼屬桂陽郡。三國吴，置始興郡，治曲江，此地屬焉。	豫章郡南埜③縣地。三國分置始興縣，屬始興郡。
以後因之。		
梁天監六年，于含洭縣置衡州。	劉宋，屬廣興郡。齊，復屬始興郡。梁，置安遠郡。	宋齊以後因之。梁置安遠軍。
平陳，改曰洭州。開皇，州廢，屬南海郡。	屬廣州。	屬廣州。
初，置洭州，領含洭、湞陽二縣，尋廢州，以縣屬廣州。	初屬韶州。	屬韶州。
梁貞明中，南漢置英州治焉。	南漢，置雄州。	南漢，屬雄州。
因之。慶元初，以寧宗潛邸，升爲英德府。	爲南雄州，以北有雄縣也，隸廣南東路。宣和中，錫①郡名保昌。	屬南雄州。
至元十五年，改爲英德路。	改置南雄路。	仍舊。
改路爲英德縣。	洪武初，改路爲府。	因之。

①錫，通『賜』。 ②埜(yě)，同『野』。 ③此处漏『郡』字。

	梁化 惠州府	西平 歸善縣	羅陽 博羅縣
初置	《禹貢》：揚州南境。	附郭。	
春秋戰國			
秦	爲南海郡。		始置縣，屬南海郡。
漢	初，屬南越國。武帝時，仍屬南海郡。後漢因之。	南海郡博羅縣地。	因之。
晉	仍舊。	東晉，爲欣樂縣。	因之。
南北朝	宋，屬南海、東莞二郡。梁，置梁化郡。	陳貞明中，改歸善縣。	宋、齊、梁、陳仍舊。
隋	廢郡，置循州，治龍川縣以歸善縣[1]。大業初，改龍川郡。		屬循州。
唐	武德初，復置循州，屬嶺南道。天寶初，改海豐郡。乾元初，復爲循州。	皆爲循州治。	以羅陽縣省入。
五代	南漢，移循州治龍川縣，以歸善縣治禎州。		南漢，屬禎州。
宋	天禧中，改曰惠州，屬廣南東路。宣和中，賜郡名博羅。	惠州治此。	屬惠州。
金			
元	改置惠州路。	仍舊。	仍舊。
明	洪武，廢循州，改置惠州府。	因之。	因之。

①原文有誤，參見《中國古今地名大辭典》八九四頁『循州』條。

新豐	神江	陸安
長寧縣	永安縣	海豐縣
本歸善及韶州府英德、翁源縣地，在萬山中，爲盜藪①。	本歸善、長樂二縣，在萬山中，爲盜藪。	
		南海郡博羅縣地。
南海郡博羅縣地。	南海郡博羅、龍川二縣地。	
		晉末，置海豐縣，屬東官郡。
南齊，分置新豐縣，仍屬南海郡。		宋、齊因之。
開皇十八年，改曰休吉。大業，省入河源。		初屬循州。後屬龍川郡。
	皆爲歸善、興寧二縣地。	初，析置陸安縣。後省。
		南漢，屬禎州。
	爲歸善、長樂二縣地。	屬惠州。
	爲歸善、長樂二縣地。	仍舊。
隆慶三年，督臣吴桂芳奏置今縣，治鴻雁洲。	隆慶三年，吴桂芳奏置今縣。	因之。

①盜藪(sǒu)，强盜聚集的地方。

	連平州（密峰）	龍川縣（雷鄉）	陸豐縣（圭山）國朝雍正九年分置。
初置		有龍穿地而出，即穴流泉，因名。	
春秋戰國			
秦		始置。	
漢	南海郡龍川縣地。	屬南海郡。故城在今河源縣東北一百七十五里，趙佗築。	龍川縣地。
晉			自晉至明，爲海豐縣地。
南北朝	南齊，以復爲河源縣地。		
隋		初，省入河源縣，後復置。	
唐		貞觀中，又省入歸善縣。天授初，改置雷鄉縣。	
五代		南漢，改曰龍川縣，徙循州治此。	
宋		因之，亦曰海豐郡。宣和二年，改縣曰雷江。紹興初，復曰龍川。	
金			
元		亦爲循州治。	
明	正德、隆慶中，又分爲和平、長寧二縣地。崇禎，始割和平、河源、翁源、長寧地，置連平州。	初，州廢，改今屬。〇舊無城，洪武二十一年築。隆慶末，又築新城于北面。	

古雲	新洌	瀛洲
河源縣	和平縣	潮州府
以縣東北有三河之源而名。	本龍川、和平峒地，山林深險，盜賊盤據。	《禹貢》：揚州南境。後爲閩越地。
		屬南海郡。
南海龍川縣地。	南海郡龍川縣地。	初屬南越。武帝平南越，復屬南海郡。
		咸和中，屬東官郡。義熙末，又分立義安郡。
蕭齊，析置河源縣，仍屬南海郡。梁、齊因之。		梁，兼置東揚州。後改曰瀛州。陳，爲義安郡。
屬循州。		廢郡，置潮州，治海陽縣。大業初①，陽郡。乾元初，復爲潮州。
仍舊。		武德中，復爲潮州。天寶初，改潮②。
南漢，屬禎州。		屬南漢。
屬惠州。		開寶中，平其地，仍爲潮州，隸廣南東路。
仍舊。		至元中，改置潮州路。
因之。	正德十三年，撫臣王守仁奏置今縣，又割河源地，益之。	洪武二年，改路爲府。

①②兩處原文有誤，與後文銜接不上。

	金山	練江	南康
	海陽縣	潮陽縣	揭陽縣
初置	附郭，以南濱大海，故名。	以在大海之北，故名。	
春秋戰國			
秦			
漢	南海郡揭陽縣地。	本海陽縣地。	舊縣，屬南海郡。
晋	屬南康郡。義熙中，置海陽縣，爲義安郡治。	置潮陽縣，屬義安。	屬南康郡，後廢。
南北朝			
隋	廢義安郡，以海陽置潮州。	屬潮州。	
唐	仍舊。	永徽初，省。先天初，復置。	
五代	仍舊。		
宋	仍舊。	仍舊。	宣和中，割海陽縣地復置，隷潮州。
金	仍舊。		
元	仍舊。	仍舊。	仍舊，始築內外二城。
明	因之。	因之。	因之。

①原文有誤，與前文連接不上。

雙溪	武寧
饒平縣	惠来縣
本海陽縣地，地名三饒。濱海倚山，習俗慓悍，爲盜賊藪。	本潮陽、惠来等都及海豐縣、龍溪等都地。東南臨海，西北盤礡②萬山僻遠荒略，爲盜賊出没之處。
揚①陽縣地。	揭陽縣地。
晉以後，爲海陽縣地。	義熙中，置海寧縣，屬義安郡。
	宋、齊以後，因之。
	因之。
	初，省爲潮陽縣地。
成化十四年，督臣朱英奏置，治于下饒。	嘉靖四年，新置今縣，治洋尾。

①原文有誤，應爲「揭陽縣」。

②盤礡（bó）：「礴」的异體字。廣大的樣子。

	萬川	鳳山
	大埔縣	澄海縣
初置		
春秋戰國		
秦		
漢	揭陽縣地。	揭陽縣地。
晉	義熙九年，分置義招縣，屬義安郡。	以後，爲潮陽縣地。
南北朝	宋、齊以後因之。	
隋	大業初，改曰萬川。	
唐	初，縣廢，爲海陽縣地。	
五代		
宋		
金		
元		
明	初，爲海陽縣地。成化以後，爲饒平縣地。嘉靖五年，析饒平縣之戀洲、清縣二都地，置治大埔村。	嘉靖四十二年，析饒平縣蘇湾一都，揭陽縣鮀江、鰐浦、蓬州三都，并海陽之上中下外三莆，共七都，置澄海縣。

南山	鴨湖
普寧縣	豐顺縣
揭陽縣地。	揭陽縣地。
東晉後，爲潮陽縣地。	析置海陽縣。
	宋、齊因之。
	因之。
	析置潮陽縣。
嘉靖四十三年，析潮陽、之洋烏、洋水、黄坑三都地，置縣于貴嶼，名普安縣。萬歷三年，改築城基于後嶼。十年，以二都還潮陽，止存黄坑一都，改曰普寧縣。	俱仍屬海陽縣。隆慶初，築城陽田。

	梅州	熙寧
	嘉應州 領縣四。國朝改爲今名，以程鄉縣入焉。	長樂縣
初置	《禹貢》：揚州境。	
春秋戰國	爲百粵地。	
秦	爲南海郡地。	
漢	揭陽縣地。	南海郡龍川縣地。
晋	東晋，海陽縣地，屬義安郡。	東晋，興寧縣地，屬東莞郡。
南北朝	蕭齊，置程鄉縣。時有程旼[1]者，以信義行于鄉也。屬義安郡。梁陳因之。	
隋	屬潮州。	
唐	仍舊。	俱屬循州。
五代	晋開運初，南漢以縣爲敬州。	晋時，南漢入齊昌府。
宋	避翼祖[2]諱，曰恭州。開寶四年，改曰梅州。熙寧，州廢，縣屬潮州。元豐，復置。宣和，賜郡名曰義安。紹興六年，州復廢。十四年，又置梅州。	初，爲長樂鎮。熙寧五年，改爲縣，割龍川縣地以益之，屬循州。
金		
元	至元，升爲梅州路。後仍降爲州，治程鄉縣。	因之。
明	洪武二年，省州入縣。	廢循州，以縣隸惠州府。

①程旼，客家先賢，廣東古八賢之一。　②翼祖，宋太祖趙匡胤的祖父趙敬。爲避他諱，改敬州爲恭州。

齊昌	平陽
興寧縣	平遠縣
	本程鄉縣豪居堡林子營，以接壤福建之武平、江西之安遠而名。
龍川縣地。	揭陽縣地。
東晉，始置興寧縣，屬東莞郡。	東晉，爲海陽縣地。
宋齊以後因之。	齊以後，爲程鄉縣地。
屬循州。	
以齊昌縣省入。	
南漢，改齊昌府。	
復爲縣，隸循州。	
仍舊。	
因之。廢州，隸惠州府。	嘉靖四十一年，以地僻多盜，析福建之武平、上杭，江西之安遠，惠州之興寧四縣地置縣，屬江西贛州府。四十三年，還三縣割地。惟析興寧之大信都，與程鄉之義化、長田、石窟、石鎮四都爲縣。

	蕉嶺	信安
	鎮平縣	肇慶府領州一縣十二。
初置		《禹貢》：揚州南境。
春秋戰國		春秋，爲百粵地。
秦		爲南海郡。
漢	揭陽縣地。	武帝平南粵，爲蒼梧、合浦二郡地。三國吳，屬蒼梧郡。
晉	東晉，爲海陽縣地。	亦屬蒼梧郡。
南北朝	齊以後，爲程鄉縣地。	劉宋，置綏建郡，治四會縣。梁，置高要郡，治高要縣。
隋		平陳，廢綏建郡，入四會縣。又廢高要郡，置端州。大業初，改信安郡。
唐		復改端州。又于四會縣置南綏州，屬嶺南道。貞觀中改爲湞州，尋廢。天寶初，改端州爲高要郡。乾元，復爲端州。
五代		
宋		置興慶軍節度。重和初，升爲肇慶府，仍改軍曰肇慶，隸廣南東路。
金		
元		至元中，改置肇慶路，隸廣西，尋復立廣東。
明	崇禎六年，因寇變，析程鄉之松源，龜浆下半圖，并平遠之石窟一、二圖，置鎮平縣，治蕉嶺。	洪武元年，改路爲府。

端溪	江州
高要縣	四會縣
附郭。	
	舊縣，屬桂林郡。
舊縣，屬蒼梧郡。	屬南海郡。
	仍屬南海郡。
劉宋，屬南海郡。梁，于此置高要郡。	宋、陳于此置綏建郡。齊、梁因之。
平陳，廢郡以縣，屬端州。	平陳，郡廢，以縣屬番州，又以始昌縣并入。
以博林縣省入。	置南綏州，後改湞州，又廢州以縣，屬廣州。
又省平興縣，入焉。	初，省入南海，尋復置。熙寧中，割屬端州。
仍舊。	屬肇慶路。
因之。	洪武二十四年，始立柵爲城。

	臨允	春州
	新興縣	陽春縣
初置		
春秋戰國		
秦	爲南海郡地。	
漢	置臨允縣，屬合浦郡。	合浦郡高涼縣地。
晋	始，析置新興縣，及新寧郡。	
南北朝	兼置新州。	梁，于此置陽春郡及陽春縣。
隋	新寧郡廢，新州存。大業，州廢，以縣屬信安郡。又省索盧縣入焉。	平陳，廢郡以縣，屬高州。
唐	復置新州，治新興縣，亦曰新興郡。	于縣置春州。天寶初，改南陵郡。乾元初，復爲春州。
五代		
宋	仍舊。	廢州以縣，屬南恩州。
金		
元	至元十六年，改曰新州路，尋改爲州。	仍舊。
明	洪武二年，州廢，縣改今屬。	洪武二年，州廢，縣改今屬。

海安	清泰
陽江縣	**高明縣**
高涼縣地。孫吳、置,海安、西平二縣地。	本高要縣地。
屬齊興郡。	置平興縣,尋省。
齊,改海安曰齊安。	宋,析高要縣,置平興縣。齊因之。
復改海安。	屬信安郡。
仍改齊安,尋改曰恩平,爲恩州治。又改西平曰陽江,屬恩州。	屬端州。
	因之。
改恩州曰南恩州,徙治陽江。而以恩平縣省入陽江。	省入高要。
至元中,改置南恩路,尋復爲州。	
洪武二年,州廢,縣改今屬。	初,設高明巡司。正统末,山寇鄧崇作亂。成化十一年,督臣吴琮奏置縣。

	南平	化注	始康
	恩平縣	廣寧縣	開平縣
初置			
春秋戰國			
秦			
漢	高涼縣地。三國吳，置海安縣，屬高興郡。	本四會縣地。	本漢合浦郡之臨允縣地。
晉	因之。		東晉初，爲新寧郡。後爲新會郡地。
南北朝	宋，改屬東官郡。齊末，置齊興郡，改縣曰齊安。	宋元嘉，分置綏建郡，領新招、化穆、化蒙等縣。	宋元嘉，分置義寧縣，屬新會郡。齊以後因之。
隋	平陳，郡廢，縣屬高州。開皇，改縣曰海安。	平陳，郡廢，惟存化蒙縣，屬南海郡。	平陳，縣置岡州。大業，州廢，屬南海郡。
唐	復曰齊安，仍屬高州，又改屬恩州。至德二載，改今名。大顺二年，移恩州治焉。	屬廣州。	屬岡州。州廢，屬廣州。
五代	因之。	因之。	因之。
宋	開寶五年，移州治陽江，省縣爲恩平堡，屬陽江縣。	開寶六年，又省化蒙縣，入四會。	改曰信安，尋省入新興。
金			
元	因之。		
明	成化二年，置恩平堡巡司。十四年，割陽江及新興、新會三縣地，復升爲縣。	嘉靖十八年，平大羅山賊，析置今縣。	萬歷初，置開平屯。後割恩平、新興、新會三縣地置。

盆允	晉康	封興
鶴山縣 國朝置。雍正九年，析置。	德慶州	封川縣
	爲南海郡地。	
	置端溪縣，屬蒼梧郡。	廣信縣地，屬蒼梧郡。三國吳，屬廣州。尋屬交州，復屬廣州。
	東晉，于此置晉康郡。	析置封興縣。
本新會縣地。晉末，置盆允縣，屬南海郡。	宋、齊因之。梁，析晉康地，置梁信郡。	梁，置梁信縣及梁信郡，兼置成州。
劉宋初，爲新會郡治。齊、梁仍舊。	廢郡，以縣屬端州。	平陳，郡廢，改成州曰封州。改梁信曰封川。
并入新會。	于此置南康州，尋廢復置，名康州。天寶初，晉康郡。乾元初，復改康州。	曰封州。
	屬南漢。	屬南漢。
	初，州廢，縣仍屬端州。尋復置康州。紹興初，升爲德慶府，又置永慶軍節度。	紹興中，廢封州，以縣屬德慶府，尋復置。
	改置德慶路，隸廣西道。後還隸廣東道。	改置封州路。後復爲州。
	洪武，改路爲府。九年，改府爲州。	省州縣，改今屬。

	南靖 開建縣	高涼 高州府 領州一縣五。
初置		古百越地。
春秋戰國		
秦		爲南海郡。
漢	蒼梧郡封陽縣地。三國吳，析入臨賀郡，屬荊州。	初，屬南越國。武帝，屬合浦郡。後漢因之。建和初，析置高涼郡，治高涼縣。三國吳，又置高興郡。
晉	改屬湘州。東晉，还屬荊州。	以高興，并入高涼郡。
南北朝	劉宋，析置開建縣，屬臨賀郡。梁，于此置南静郡。	劉宋，復置高興郡。梁，兼治高州。
隋	廢郡，以縣屬連州。後廢。	平陳，郡廢州存。大業初，州廢，置高涼郡，治高涼縣。
唐	復置，屬封州。	武德中，復置高州。天寶初，改高涼郡。乾元初，復爲高州，治電白縣。
五代	因之。	爲南漢所據。
宋	開寶中，省入封川縣，尋復置，仍舊屬。	開寶中，得其地，又廢潘州，以茂名縣来屬。景德初，并入竇州，徙治茂名，尋復置高州。
金		
元	因之。	至元間，改置高州路，仍治電白。
明	廢封州，縣改今屬。	洪武初，改高州府，徙治茂名。

越堂	良德
茂名縣	電白縣
附郭。	
爲桂林郡地。	
屬合浦郡。	合浦郡高涼縣地。
始置茂名縣。	
	梁置電白郡，治電白縣。
初，屬高州。後屬高涼郡。	罷郡爲縣，又省海昌郡入焉。
以縣置潘州。	自良德徙高州，治此。
南漢，改越裳縣，又爲茂名縣。	
廢潘州，以縣屬高州，并南巴、潘水入焉。景德初，屬竇州，徙治茂名，復置高州。	以良德、保寧二縣省入。景德初，州廢，改屬竇州，尋復置高州于此。
仍舊。	仍舊。
移府治此。	因之。

	寶江 信宜縣	石龍 化州
初置		
春秋戰國		
秦	南海郡地。	屬象郡。
漢	屬蒼梧郡端谿縣地。	爲合浦郡高涼縣地。
晉		
南北朝	梁，分置梁德縣，兼置梁德郡。	梁，置羅州，及高興郡。
隋	屬永熙郡，改曰懷德縣。	廢郡以州，治石龍縣。大業初，州廢，以縣屬高涼郡。
唐	置信義縣，爲南扶州治。貞觀中，州罷，以縣隸瀧州，尋于縣置竇州。	初，于石龍置南石州。貞觀中，改爲辯州。天寶初，改陵水郡。乾元初，復爲辯州。
五代	屬南漢。	
宋	以特亮、譚峩、懷德三縣并入信義，改爲信宜縣。熙寧中，廢竇州，以縣屬高州。	改爲化州。
金		
元	仍舊。	置化州路。
明	因之。	洪武，改州爲府。八年，降爲州，以石龍縣入焉。九年，降爲縣。十四年，又升爲州。

高凉	廉江	環珠
吴川縣	石城縣	廉州府 領州一縣二
		古南越地。因郡有大廉洞，故名。
		爲象郡地。
高凉縣地。	高凉縣地。	武帝平南粤，置合浦郡。三國吴，改珠官郡。未幾，復爲合浦郡。
		因之
	宋，分置羅縣，屬高凉郡。梁，置羅州。	劉宋，于郡置越州。齊、梁因之。
置吴川縣，屬高州。	并入高凉郡。	初，郡廢州存。大業初，改曰禄州。尋改爲合州，又廢州爲合浦郡，治合浦縣。
初屬羅州，後屬招義郡。	置石城縣，爲羅州治。天寶初，改廉江。	初，罷郡，復置越州。貞觀中，改爲廉州。因郡有大廉洞，故名。天寶初，復爲合浦郡。乾元初，復爲廉州。
		屬南漢。
初屬辯州，以幹水、芩緑二縣省入，屬化州。	省入吴川縣，復析置石城縣，屬化州。	徙治長沙，改置大平軍。咸平初，復爲廉州。合浦郡屬廣南西路。
仍舊。	屬化州路。	置廉州路，屬海北海南道。
因之。	仍屬化州。	洪武初，改爲廉州府，又改爲廉州，屬雷州。十四年，復爲廉州府。

	大廉	安州	南賓
	合浦縣	欽州	靈山縣
初置			
春秋戰國			
秦		象郡地。	
漢	舊縣，屬合浦郡。後漢，爲合浦郡治。	合浦縣地。	合浦郡地。
晉			
南北朝	宋因之。齊移郡治徐聞，以縣屬焉。梁、陳，復爲郡治。	宋，置宋壽郡。梁，兼置安州。齊建元，割屬交州。梁武帝，于郡置安州。	
隋	平陳，郡廢。大業初，仍爲郡治。	羅[①]郡，改安州曰欽州，治欽江縣。大業初，又改州爲寧越郡。	置南濱縣，屬欽州。
唐	爲廉州治。	復爲欽州，屬嶺南道邕[②]管。	貞觀中，改爲靈山縣。
五代	因之。	屬南漢。	因之。
宋	開寶間，省封山、蔡龍、大廉三縣入焉，仍爲州治。	屬廣西路。	開寶中，廢遵化、欽江、內亭三縣入焉。天聖初，自欽江徙州治于此。
金			
元	仍舊。	置欽州，治安遠縣，屬海南海北道。	徙州治安遠，以靈山縣屬焉。
明	洪武初，省入石康縣。後復置。	洪武二年，立欽州府。八年，改爲州，屬廉州府，以安遠縣省入。	因之。

①原文有誤，應爲『廢』字。 ②原文误，应为『总管』。

雷陽	南合	湛川
雷州府	海康縣	遂溪縣
古粵地，因郡有擎雷水，故名。	附郭。	
平百粵，置三郡，此屬象郡。		
爲徐聞縣，屬合浦郡。	徐聞縣地，屬合浦郡。	合浦郡徐聞縣地。
梁，分合浦郡，置合州。尋改南合州。	梁，爲南合州治，爲合州治。	南齊，置扇沙縣、椹縣。
仍爲合州，治海康縣。大業初，州廢。	于此置海康縣。	爲椹川、鐵杷二縣地，屬合州。
武德間，復置南合州。貞觀初，改爲東合州。尋又改爲雷州。天寶初，改爲海康郡。至德，復爲雷州。	爲雷州治。	天寶初，置遂溪縣，屬雷州。
屬南漢。	因之。	因之。
隸廣南西道。	初，以遂溪、徐聞二縣并入南渡，復分爲二縣。	并入海康縣。紹興中，復置。
置雷州路。	仍舊，爲雷州路治。	仍舊，屬雷州路。
改爲雷州府。	因之。	因之。

	徐聞縣	瓊州府
	香磊	珠崖、
初置		古百粵地。
春秋戰國		爲揚越地。
秦		爲南越地。
漢	舊縣，屬合浦郡。	漢武平南越，置珠崖、儋耳二郡。昭帝，罷儋耳并入珠崖。元帝，又罷珠崖郡。東漢，置珠崖縣，隸合浦郡。三國吳，置珠崖郡，治徐聞縣。
晉		省入合浦。
南北朝	齊，改建齊康縣，置齊康郡。	梁，置崖州及珠崖郡，治義倫縣。
隋	罷郡，改縣曰隋康，屬合州。	初，郡廢。大業中，州廢。復置珠崖郡，及置儋耳、臨振二郡。
唐	貞觀初，復爲徐聞縣，屬雷州。	置崖州及儋振等州。後又增置瓊州，治瓊山縣。天寶初，改瓊山郡。乾元初，復爲瓊州。
五代	因之。	屬南漢。
宋	開寶初，并入海康。紹興中，復置。	仍爲瓊州。大觀初，以黎母山置鎮州，及靖海軍節度。政和中，廢鎮州，以其地及靖海軍，歸瓊州，屬廣南西路。
金		
元	仍舊。	改置瓊州路，屬海北海南道宣慰司。天歷初，改乾寧軍民安撫司。
明	因之。	洪武初，改爲瓊州，尋升爲府。

環臺	通潮
瓊山縣	澄邁縣
附郭。	
瑇①瑁縣地，屬合浦郡。後漢，曰朱崖縣。	苟中縣地，屬珠崖郡。
因之。	
宋、齊因之。梁、陳省。	
初，爲武德縣。大業，改置舍城縣。	置澄縣，屬崖州。
初，置瓊山縣，屬崖州。貞觀中，以縣置瓊州。又析置曾口、顔羅、容瓊三縣，後俱省。	因之。
又以崖州、舍城縣省入，移瓊山縣来治，仍爲瓊州府治。	開寳中，改隸州。
仍舊，爲乾寧軍治。	仍舊。
爲瓊州府。	因之。

①瑇 dài，同『玳』。

	昌建	平昌	永豐
	安定縣	文昌縣	會同縣
初置			
春秋戰國			
秦			
漢	珠崖郡地。	紫貝縣地。	
晋			
南北朝			
隋			
唐	瓊山縣地，置忠州，尋廢。	武德，置平昌縣，屬崖州。貞觀中，更曰文昌縣。	瓊州樂會縣地。
五代			
宋		改屬瓊州。	
金			
元	析置定安縣。至治間，升爲南建州。	仍舊。	析置會同縣。
明	洪武初，復爲定安縣。	因之。	因之。

溫泉	臨幾[1]	古儋
樂會縣	臨高縣	儋州
珠崖縣地。	珠崖、儋耳二郡地。	元鼎中，置儋耳郡。始元中，省入珠崖郡。
		以後，皆爲荒徼。
		蕭梁，屬珠崖郡。
		廢，旋復置，亦屬珠崖郡。
顯慶中，置，屬瓊州。	臨機縣，隸崖州。貞觀，改隸瓊州。州罷，仍隸崖州。開元初，更名臨高。後復隸瓊州。	改爲儋州。天寶初，改昌化郡。乾元初，復爲儋州。
大觀中，割屬萬安軍，後復屬瓊州。		改縣曰宜倫，又改爲昌化軍。紹興中，軍廢。尋復置，改南寧軍。
仍舊。	仍舊。	因之。
因之。	因之。	洪武初，復爲儋州。正統五年，以宜倫縣省入。

①原文有誤，『幾』應爲『機』。

	昌江	漢安
	昌化縣	萬州
初置		
春秋戰國		
秦		
漢	至来縣，後廢。	朱崖郡地。
晉		
南北朝		
隋	置昌化縣，屬崖州。	崖州地。
唐	屬儋州。	因之。龍朔二年，析置萬安州。天寶初，曰萬安郡。至德二載，改爲萬全郡。乾元初，復爲萬安州。
五代		南漢，因之。
宋	因之。熙寧六年，省入宜倫。元豐三年，復置，屬昌化軍。尋屬南寧軍。	仍曰萬安州，亦曰萬安軍。熙寧七年，改萬安軍。紹興六年，軍廢，屬瓊州。十三年，復置軍。
金		
元		因之。
明	屬儋州。	洪武初，改爲萬州。正统五年，以州治萬安縣省入。

顺潮	古陽
陵水縣	崖州
珠崖郡地。	珠崖郡地。後漢，屬合浦郡。
	蕭梁，亦屬珠崖郡。
大業六年置，屬珠崖郡。	屬崖州。大業中，置臨振郡。
屬振州。龍朔中，改屬安州。	武德五年，置振州。天寶初，曰延德軍，又曰寧遠軍。乾元初，復爲振州。
因之。熙寧七年，省入萬安。元豐六年，復置。紹興，改隸瓊州。十三年，復来屬。	開寶六年，割舊崖州地，屬瓊州。改振州爲崖州，又改爲朱崖軍，後廢屬。紹興十三年，改置吉陽。
因之。	因之。
因之。	初，復爲崖州。正统五年，以州治寧遠省。

	九龍	廣
	感恩縣	羅定州
初置		
春秋戰國		
秦		南海郡地。
漢	置九龍縣，屬儋耳郡。後廢。	屬蒼梧郡。後漢因之。
晋		仍屬蒼梧郡。後屬晉康郡。
南北朝		宋、齊因之。梁置平原郡，兼置瀧州。
隋	始置感恩縣，屬崖州。	廢平原郡，改瀧州爲永熙郡。
唐	屬儋州。	武德四年，復置瀧州。天寶初，曰開陽軍。乾元，改復瀧州。
五代		
宋	初因之。熙寧六年省。元豐四年復置，屬昌化軍。尋屬南寧軍。	開寶五年，廢瀧州，以瀧水縣屬康州。後屬德慶府。
金		
元	因之。	屬德慶路。
明	初，屬儋州。正统五年改今屬。	屬德慶州。萬歷五年，勦[1]平羅旁叛寇，升縣爲州。

①勦（jiǎo），消滅，斷絶。

安遂	威城
東安縣	西寧縣
本瀧水之東山、西鄉及德慶州之晉康鄉，高要之楊柳、思芳等都，新興之芙蓉都地。	本瀧水之西、大峒地，及德慶州之都城鄉。
蒼梧，端溪縣地。	蒼梧郡端溪縣地。
爲晉康郡地。	置都城縣，屬晉康郡。
宋元嘉，分置安遂縣，屬晉康郡。齊，置廣熙郡。梁，置瀧州。尋廢。	宋、齊因之。梁置羅陽郡。
大業初，郡廢，屬永熙郡。	平陳，郡廢，爲羅陽縣，屬瀧州。開皇，又改曰正義。後又省入瀧水縣。
武德，置南建州。又改樂州，尋廢。至德，改縣曰晉康。	
因之。	
省入端溪。南宋，爲德慶地。	
爲德慶路。	
萬歷五年，始割德慶、端溪及新興之各鄉，置東安縣。	萬歷五年，割置。

廣西省

○注：桂林府爲省會，在　京師西南七千四百六十里。東西距二千八百一十里，南北距二千九百六十里。東界廣東廣寧，西界雲富州，南界廣東靈山，北界貴州永從。東南界廣東石城，西南界安南地方，東北界湖南東安，西北界貴州永豐州。領府十一，直隸州，州十六縣四十五。

控嶺海之險，扼彝夏之交。東達湘水，西接滇黔，南控交阯，北逾五嶺。《禹貢》：荆州南徼地。商周時，皆爲蠻夷國，所谓百粤地也，亦謂之南越。在天分則翼軫分野。秦始皇平南越，此爲桂林、象郡。秦末，趙佗兼據此。漢元鼎六年，討平之，改置蒼梧、鬱林二郡，屬交州。其地又分荆州。後漢，因之。三國，屬吴，此爲荆州及廣州地。晉，屬廣州。宋，屬湘、廣二郡。齊、梁，因之。隋，屬揚州部，而不詳所统。隋末，爲蕭铣所據。唐，討平之。貞觀初，屬嶺南道。咸通三年，始分爲岭南西道。唐末，屬于湖南馬氏。五代周，廣顺初，屬于南漢。宋初，屬廣南路。至道三年，分爲廣南西路，治桂州。元初，置廣西等道宣慰司，湖廣行省。至正中，始分置廣西等處行中書省。明洪武元年，始改置廣西等处承宣布政使司○注：舊交阯七郡，貢獻轉運，皆從東。今福建侯官縣，汎海而至，风波艱阻。後漢建初八年，鄭宏爲大司農，奏開零陵、桂陽、嶠[1]道，是遂爲通。

①嶠(qiáo)道，狭窄而陡峭的山道。

	建陵	福禄
	桂林府 領州二，縣七。	臨桂縣
初置	《禹貢》：荆州南境。	附郭。
春秋戰國	戰國，爲楚越之交。	
秦	爲桂林郡地。	
漢	屬零陵、蒼梧二郡。東漢，因之。三國吴，以零陵南部置始安郡。	始安縣，屬零陵郡。東漢，因之。三國吴，爲始安郡治。
晋	因之。	以後因之。
南北朝	宋，改爲始建國。齊，復曰始安郡。梁，兼置桂州。陳，因之。	梁，爲桂州治。
隋	平陳，廢郡，而州如故。大業初，又改州爲始安郡。	仍爲始安郡。
唐	武德四年，平蕭銑，仍曰桂州。天寶初，亦曰始安郡。至德二年[①]，亦曰建陵郡。乾元初，復爲桂州。光化三年，屬于湖南。	初，析置福禄縣。貞觀八年，改縣曰臨桂，仍以福禄縣省入。
五代	屬于南漢。	
宋		
金	開寶，平南漢，仍屬桂州。紹興，爲静江府。	爲静江府治。
元	爲静江路。	爲静江路治。
明	洪武初，改曰桂林府。	爲桂林府治。

①原文误，应为『至德二载』。

臨源	上塘	歸義
興安縣	**灵川縣**	**陽朔縣**
	以灵渠水爲名。	取陽朔山爲名。
始安縣地。	始安縣地。	始安縣。三國吳，分置尚安縣。
		改曰熙平。
		宋，因之。
置臨桂鎮。		析置陽朔縣，屬桂州。
武德中，置臨源縣。大歷，土將搆逆，縣人不從，遂改爲存[1]義縣。	龍朔中，析置靈川縣。	初，析置歸義縣。貞觀初，省入。
晉時，以縣置溥州。		因之。
初，廢溥州，改置興安縣，屬静江府。	屬静江府。	初，因之。南渡後，省。
屬静江路。	屬静江路。	初，復置静江路。
屬桂林府。	屬桂林府。	屬桂林府。

①原文誤，應爲『全義縣』，見《中國古今地名大辭典》二八七頁。

	古田	理定	寧州
	永寧州	永福縣	義寧縣
初置			
春秋戰國			
秦			
漢	始安縣地，屬零陵郡。	始安縣地。三國吴，始安、永豊二縣地。	始安縣地。
晉	泰康元年，析置常安縣，屬始安郡。		
南北朝	宋，省。梁，改置梁化縣，于縣置梁化郡。		
隋	開皇中，郡廢，改縣曰纯化。大業二年，始入始安。		
唐	復置纯化縣。永貞初，改慕化縣。乾寧初，又析慕化縣，置古縣，屬始安郡。	武德四年，析置永福縣，屬桂州。	靈川縣地，本義寧鎮。
五代	因之。	因之。	晉時，馬氏置義寧鎮，後升爲縣。
宋	省慕化。後以古縣屬静江府。	屬静江府。	開寶中，省，尋復置。
金			
元	因之。	屬静江路。	仍舊。
明	改爲古田縣。隆慶五年，升爲州，以永福、義寧二縣屬焉，因名永寧州。	屬桂林府。	因之。

湘源	全州			屬長沙郡。	漢，爲零陵郡之洮陽、零陵二縣地。後漢，移郡治泉陵縣，以零陵、洮陽二縣屬之。	因之。	宋、齊因之。	廢二縣，改置湘源縣，屬零陵郡。	屬永州。	晉時，改爲清湘縣，置全州。	隸荆湖路。紹興元年，始聽廣西路節制。		改置全州路。	洪武初，改路爲府。九年，改爲州，省清湘入焉，隸湖廣永州府。後改今屬。
灌水	灌陽縣				零陵縣地。吳，析置灌陽縣。	以後因之。		省入湘源縣。大業末，蕭銑復置，隸全州。	初省。後復置，屬永州。	馬氏屬全州。	仍舊。	因之。	因之。	因之。
龍城	柳州府 領州一，縣七。	古百粤地。		爲桂林郡。	屬鬱林郡。三國吳，復屬桂林郡。後又析置馬平郡。		宋，因之。梁，大同，兼置龍州，治龍江南。	開皇中，廢馬平郡，徙州治江北。尋廢，以馬平縣置象州。	置昆州，治馬平縣。尋改南昆州，貞觀中，始改柳州，	屬南漢。	仍爲柳州，屬廣南西路。咸淳初，徙治柳城縣之龍江。		至元間，改置柳城路。	改爲柳州府，復徙治馬平。

		潭中	神女
		馬平縣	雒容縣
初置		附郭。	
春秋戰國			
秦			
漢		潭中縣地，屬鬱林郡。三國吴，置馬平縣。	潭中縣地。
晉		爲郡治。	
南北朝		梁，析置馬平縣并馬平郡。	
隋	大業初，廢，以其地屬始安郡。	屬象州。大業初，州廢，以縣屬始安郡。	
唐	屬嶺南道。天寶初，改龍城郡。乾元初，復爲柳州。光化後，爲楚馬氏所據。	屬昆州。後爲柳州治。	貞觀中，置洛容縣，屬柳州。
五代			因之。
宋		初，因之。咸淳，復爲柳州屬縣。	嘉祐中，省象縣入焉。
金			
元		仍舊。	仍舊。
明		因之。	因之。

融水	龍州	
羅城縣	柳城縣	懷遠縣
本桂林之玖州洞地。		
潭中縣地。	潭中縣地。	本牂牁、夜郎之境。
南齊後，爲齊熙郡。	梁，置龍城縣。	南齊，爲齊熙郡地。
開皇，析置臨牂縣。大業，并入義熙縣。	初，屬桂州，後屬始安郡。	
武德，復置，又廢，入融水縣。又改置武陽縣，屬融州。	初，以縣置龍州。貞觀，州廢，縣屬柳州。	爲融州地。後爲古州蠻地。
因之。	因之。	
開寶中，置羅城縣，屬融州。熙寧中，省入融水縣。	景德中，改爲柳城縣，治龍江。	至和中，置王口寨。崇寧中，于寨置懷遠軍，又改平州，兼置懷遠縣，爲附郭。政和中，
	移治龍江東。	因之。
洪武初，復置縣，屬融州。十年，廢，改今屬。	因之。	洪武十年，縣廢。十四年，復置，屬柳州府。嘉靖末，爲諸猺所陷。萬歷十九年，復置。

①牂：讀zāng。古水名，在今中國貴州省。

		中溜	循德
		融縣	来賓縣
初置			
春秋戰國			
秦			桂林郡地。
漢		潭中縣地。	潭中縣地。
晋			
南北朝		蕭齊，改齊熙縣，兼置齊熙郡。梁，兼置東寧州。	
隋		廢齊熙郡，改爲融州，及改縣曰義熙。大業初，州廢，以縣屬始安郡。	
唐		復置融州，又改縣曰融水，爲州治。天寳，改州爲融水郡。乾元初，復爲融州。	乾封間，置嚴州，領来賓、循德、歸化三縣。
五代		屬南漢。	
宋	州縣俱廢。寳和初復置州。紹興中，州廢，復置縣，屬融州。	置清遠軍節度。	廢嚴州，省歸化、武化二縣，入来賓，隸象州。
金			
元		改置融州路，尋復州。	因之。
明		改州爲縣，以融水縣省入。	改今屬。

壽陽	龍水
象州	慶遠府 領州四，縣四。
	古百粵地。
桂林郡地。	置象郡。
鬱林郡中溜、潭中二縣。	鬱林郡地。〇明一统志，以爲日南、交阯二郡地，誤。
陳，置象郡。	
罷象郡，置象州，治馬平。大業中，廢州，置象縣，屬始安郡。	
復置象州，治陽壽縣。天寶初，改爲象郡。乾元初，復爲象州。	始置粵州。乾封中，改曰宜州，治龍水縣。天寶初，改龍水郡，屬嶺南道。乾元初，復爲宜州。
屬南漢。	爲楚馬氏所據，後屬南漢。
亦曰象州、象山郡。	平嶺南，仍爲宜州，屬廣西路。宣和初，置慶遠軍節度。咸淳初，改慶遠府。
改置象州路，後復爲州。	至元中，改置慶遠路。
以陽壽縣省入。	洪武初，復爲慶遠府。

	宜陽	北陵
	宜山縣	天河縣
初置	古百粤地，以縣有宜山，故名。	古蠻地。
春秋戰國		
秦		
漢		
晋		
南北朝		
隋		
唐	龍水縣，爲粤州治。乾封後，爲宜州治。	置，隸宜州。
五代		因之。
宋	嘉祐間，省洛曹縣入焉。熙寧間，又以古陽、述昆二縣省入。宣和間，改爲宜山縣。	初，因之。大觀初，割隸融州。靖康，復隸宜州。
金		
元	因之。	因之。
明	因之。	因之。

懷德	帶溪
河池州	思恩縣
古蠻地。	
羈縻智州地。	本生蠻地。貞觀十二年，開置環州，治正平縣，兼置思恩縣。
置河池縣，隸宜州，以富力縣省入。大觀初，即縣置庭州，改縣曰懷德。尋廢州，復改爲河池縣，隸宜州。熙寧八年，改隸賓州。大觀初，又改屬宜州，尋復故。	熙寧八年，改隸賓州。大觀初，又改屬宜州。尋復故。
因之。	屬慶州路。
洪武初，尋升爲州。	初因之。宏治中，改今屬。

	蘭州	芸州
	東蘭州	忻城縣
初置		古蠻洞。
春秋戰國		
秦		
漢		
晋		
南北朝		
隋		
唐	羈縻蠻洞地。	本蠻地。貞觀中，改置芝州，治忻城縣。天寶初，曰忻城郡。乾元初，復曰芝州。
五代		
宋	崇寧五年，土夷韋君朝內附，置蘭州，以韋氏知州事，世其職。	爲羈縻地。慶歷三年，州廢，以縣屬宜州。
金		
元	元，曰東蘭州。	
明	因之。洪武十六年，省安習、忠、文三州入焉。	

新設		邕州
南丹州	那地州	思恩府 領州三，縣三。
古蠻洞。	古蠻洞。	古百粤地。
		屬鬱林郡以後爲晉興郡。○按：府境在鬱江之北，南界南寧、太平，俱鬱林故趾，○明一统志，作交阯郡地，誤。
爲羈縻極遠之地。	爲蠻猺所居之地，名曰那地。	置思恩州，隸邕州都督府。
元豐三年，立爲南丹州，設土官，管轄諸洞群酋。	崇寧五年，纳土置地州及那州。	隸邕州，遷隆鎮。
屬慶遠南丹溪洞等处安撫司。	因之。	屬田州路。
洪武初，仍爲州，省永、鸾、福、延四州入焉。二十八年，州廢，设南丹衛。尋復置州。	洪武元年，省那州，入地州，改爲那地州，屬慶遠府。	洪武初，因之。永樂三年，改隸廣西布政使司。正统五年，改爲思恩府。

	嶺山 武缘縣	臨浦 賓州
初置		
春秋戰國		
秦		桂林郡地。
漢	領方縣地。	置領方縣，屬鬱林郡。三國吳，改臨浦縣。
晉		復舊。
南北朝	屬領山郡。	梁，于縣置領方郡。
隋	于此置武缘縣。後省入嶺山縣，屬鬱林郡。	初，廢郡，以縣屬尹州，後屬①林郡。
唐	復置，屬南晉州。後屬邕州。	初，屬南方郡。貞觀，析置賓州，治領方縣。天寶初，改安城郡，後改嶺左郡。乾元初，復爲賓州。
五代		
宋	省樂昌、封陵二縣入焉。	開寶間，州廢，尋復置。
金		
元	仍舊。	改置賓州路。後復爲州。
明	初，因之。隆慶中，改隸新寧州。	因之。

①原文缺『鬱』字。

邕州 遷江縣	澄江 上林縣	都救 田州
		古百粵地。
領方縣地。	領方縣地。	屬鬱林郡。
		以後没于蠻。
邕州地。大歷間，置思剛州，屬邕州都督府。	初，析置上林縣及南方州。貞觀初，改澄州，仍治上林。	隸邕州都督府，曰田州。天寶初，曰横山郡。後爲羈縻洞地。
天禧中，改爲遷江縣，屬賓州。	初，州廢，以上林縣屬融州。尋改屬賓州。	亦置田州，屬邕州横山寨。
因之。	因之。	改置田州路軍民總管府。
因之。	改屬田州。	洪武初，改田州府，省来安府入焉。尋改田州。

	利州	新設
	泗城府 領州一，縣二。	凌雲縣 國朝順治，升爲城，爲軍民府，设理苗同知。乾隆裁同知，置凌雲縣。
初置	古百粤地。	烟瘴苗疆。
春秋戰國		
秦		
漢	屬鬱林郡地。	
晋		
南北朝		
隋		
唐	爲羈縻蠻洞地。	
五代		
宋	置泗城州，隸邕州横山寨。	
金		
元	屬田州路。	
明	因之。洪武初，移治古磡①洞，隸廣西布政使司。	俱泗城州地。

①磡(kàn)：山崖，堤岸。

安隆	上林	昭潭
西隆州	西林縣	平樂府
古百粤地，烟瘴苗疆。	烟瘴苗疆。	古百粤地。
		屬桂林郡。
屬交阯郡地。	交阯郡地，後爲蠻地。	屬蒼梧郡，後漢，因之。三國吴，屬始安郡。
		因之。
		宋，屬始建國。齊，屬始安郡。梁、陳，因之。
		初，廢郡，以縣屬桂州。大業初，州廢，縣仍屬始安。
		置樂州，治平樂縣。貞觀，改昭州，屬嶺南道。天寶初，改平樂郡。乾元初，復爲昭州。唐末，屬于湖南。
		乾祐三年，爲南漢所有。
皆爲蠻洞地。	爲上林峒，屬泗城州。	仍曰昭州。
屬泗城州地，置安隆砦。	因之。	初，因之。大德初，改爲平樂府。
永樂元年，建安隆長官司，直隸廣西布政司。	永樂七年，建上林長官司。	因之。

①阯：同『址』。水中的小块陆地。

	始安	樂州	富水
	平樂縣	恭城縣	富川縣
初置	附郭。		
春秋戰國			
秦			
漢	蒼梧郡荔浦縣。三國吴，析置平樂縣，隸始安郡。	蒼梧郡富川縣地。	舊縣，屬蒼梧郡。吴，屬臨賀郡。
晋		以後，皆爲始安郡平樂縣地。	
南北朝			
隋		隋末，蕭銑始置恭城縣。	初，屬賀州。後屬始安郡。
唐	初，于縣置樂州。後爲昭州治。	初，隸樂州，後隸昭州。	初，仍屬賀州。天寶初，更名富川縣。後復舊。
五代			
宋	以永平縣省入。	仍舊。	以馮樂縣省入。
金			
元	平樂府治此。	屬平樂府。	因之。
明	因之。又省立山縣入焉。	因之。	改今屬。

臨慶	蒙州	建陵
賀縣	荔浦縣	修仁縣
臨賀縣，屬蒼梧郡。吳，以縣置臨賀郡。	舊縣，屬蒼梧郡。在荔江北，因名。吳，屬始安郡。	荔浦縣地。吳，析置建陵縣，屬蒼梧郡。
		因之。
改曰臨慶。齊，爲臨賀國。陳，仍爲郡。		劉宋末，改屬始建國。齊，曰建陵左縣。梁，置建寧郡治焉。
廢郡，置賀州。大業初，改臨賀郡。後又改綏越郡。	屬桂州。	廢郡縣，屬桂州。
改賀州，或爲臨賀郡。	以縣置荔州。後州廢，縣還屬桂州。	貞觀初，于縣置晏州。尋廢州，復爲建陵縣。長慶中，改修仁縣。
爲賀州，而臨賀縣當爲治所。	以永寧縣省入。	熙寧中，省入荔浦縣。元豐初，復置。
以桂嶺縣省入。	仍舊。	仍舊。
洪武初，省臨賀縣入州。尋改州爲縣。	因之。尋隸平樂府。	初，因之。尋改隸平樂府。

	富平 昭平縣	蒙山 永安州
初置		
春秋戰國		
秦		
漢	臨賀縣地。	屬蒼梧郡荔浦縣地。
晋		
南北朝	蕭梁，析置龍平縣，兼置静州，及梁壽、静慰二郡。	
隋	初，郡廢。大業，州廢，以縣屬始安郡。	屬始安郡，置隋化縣。
唐	武德四年，復置静州治焉。貞觀八年，改州爲富州。	初，屬荔州。武德五年，析置南恭州。貞觀八年，改爲蒙州。天寶初，曰蒙山郡。乾元初，如故。
五代	因之。	因之。
宋	開寶五年，州廢，縣屬昭州。宣和六年，改縣曰昭平。淳熙，仍曰龍平。	初，因之。熙寧五年，省入昭州。
金		
元	因之。	屬平樂府。
明	洪武十八年，廢入平樂縣。萬歷四年，復置。	成化十三年，置永安州。

蒼梧	廣信	藤州
梧州府 領縣五。	蒼梧縣	藤縣
《禹貢》：荊州徼外地。周，爲百粵地。		
平百粵，屬桂林郡。後屬南粵。		
武帝平南粵，以此地爲廣信縣，置蒼梧郡。元封中，徙交州治此。	廣信縣，爲蒼梧郡治。	蒼梧之猛陵縣地。
以後因之。		屬永平郡。
廢郡爲蒼梧縣，屬封州。	初，改蒼梧縣，屬封州。後州罷，復屬郡。	平陳，郡廢，置藤州，治永平縣。大業中，州廢，復置永平郡。
屬靜州，尋以縣置梧州。天寶初，改蒼梧郡。乾元初，復爲梧州。	于縣置梧州。	復爲藤州。天寶初，改感義郡。乾元初，復爲藤州，治寧風縣。
屬湖南。漢乾祐，入南漢。		
平嶺南，仍爲梧州。	以猛陵、戎成二縣省入。	徙治潭津縣。
至元中，改置梧州路。	仍舊。	因之。
洪武初，改置梧州府。	因之。	洪武初，改州爲縣，省潭津縣入焉。

	容縣（普寧）	岑溪縣（南儀）
初置		
春秋戰國		
秦		爲南海郡地。
漢	合浦縣地。	屬蒼梧郡猛陵縣地。
晉	分置容昌縣。	
南北朝	梁，改曰陰石縣，置陰石郡。	梁，置永業郡，尋改爲縣。
隋	廢郡，改縣曰奉化。又改曰普寧，屬藤州。	屬瀧州。
唐	置铜州。貞觀中，改容州，以山爲名。天寶初，改普寧郡。乾元初，復爲容州。	置南義州。後徙治岑溪縣。
五代		屬南漢。
宋		避諱，改南義州①。熙寧中，州廢，以岑溪縣隸藤州。
金		
元	改置容州路。後復爲州。	因之。
明	改爲縣，以普寧縣省入。	洪武初，改今屬。

①避宋太祖趙光義諱。原文有誤，應爲改『南儀州』。

懷遠	定州	南昌
懷集縣	鬱林州	博白縣
	桂林郡地。	屬象郡。
南郡四會縣地。	屬鬱林郡。東漢以後，因之。	合浦縣地。
置懷遠縣，屬新會郡。		
劉宋，析置懷集縣，屬綏建郡。	梁，置定州，又改爲南定州。	
屬廣州。	屬鬱州，尋復曰鬱林郡。	
置威州，尋廢。開元初，以永固縣省入。	初，屬貴州。麟德二年，析置鬱州，治鬱平縣。乾封初，更爲鬱林州。天寶，改爲郡。乾元，復爲州。	初，析置南州，并置博白縣，以山爲名。尋改南州爲白州。
	屬南漢。	
初，又省溽①水縣入焉。	仍舊鬱林州，遷治興業。至道初，徙治南流。	廢州，以縣隸廉州。未幾，州復置。政和初，又廢州以縣，隸鬱林州。
屬賀州。	因之。	因之。
改今屬。	洪武五年，省南流縣入焉。	因之。

①溽(jiān)水，古水名。

	陵城	合平	石南
	北流縣	陸川縣	興業縣
初置			
春秋戰國			
秦			
漢	合浦郡地。	合浦縣地。	
晋			
南北朝	蕭齊，置北流郡。梁、陳，廢爲縣，屬合浦郡。	蕭齊，置陸川郡。梁、陳間，廢爲縣。	陳，石南縣，置石南郡。
隋	屬越州。後屬合浦郡。	屬越州。大業初，省入北流縣。	廢郡，以縣屬尹州。後屬鬱林郡。
唐	改容州，或屬普寧郡。	復置南巖州。貞觀中，屬潘州。開元中，屬容州。	屬貴州。麟德初，析置興業縣，屬鬱州。建中初，以石南省入。
五代		屬南漢。	
宋		因之。尋廢順州，以龍豪等四縣省入，移治公平。淳化中，又移治温水。	開寶中，以鬱平、興德縣省入。
金			
元	仍屬容州。	屬容州。	因之。
明	洪武十年，改屬鬱林州。	洪武四年，改屬鬱林州。	因之。

潯江	林
潯州府	桂平縣
古百粵地。	附郭。
爲桂林郡。	
屬鬱林、蒼梧二郡。	布山縣地，鬱林郡治此。後漢，因之。
	以後，皆爲鬱林郡治。
梁，分鬱林于此，置桂平郡。	梁，分置桂平縣，桂林郡治焉。
廢桂平郡爲縣，屬鬱林郡。	郡廢，縣屬尹州。大業初，屬鬱林郡。
屬燕州。貞觀間，始置潯州，治桂平。天寶初，改潯江郡。乾元初，復爲潯州。	初，屬尹州。貞觀三年，屬燕州。七年，爲浔州治。
	南漢，因之。
省，尋復置。	初，州廢，亦屬貴州。尋復爲潯州治。
至元中，改置潯州路。	因之。
洪武元年，以貴、横二州及永淳縣来屬。三年，改路爲府，改貴州爲貴縣。九年，以横州永淳縣，割屬南寧府。	因之。

	武城	廣鬱
	平南縣	貴縣
初置		本西甌駱越之[1]地。
春秋戰國		
秦		
漢	猛陵縣地，屬蒼梧郡。	桂林郡之南境。漢，爲鬱林郡之廣鬱縣。吴，改陰平縣。
晋	置武城縣。	改鬱平縣，仍屬鬱林郡。
南北朝	劉宋，改置武林縣，屬永平郡。	梁，置定州，改南定州。
隋	初，屬藤州。	初，郡廢，改曰尹州。大業，又改鬱州，治鬱林縣。尋改鬱林郡。
唐	貞觀中，分置平南縣。後自武林移龔州治此，領陽川、武林、隋建、大同四縣。	初，改南尹州。貞觀中，改貴州，仍舊治。天寶中，改懷澤郡。乾元初，復爲貴州。
五代		
宋	省四縣入平南。後又以思明州之武郎縣省入。紹興中，廢，以縣隸潯州。	改鬱平縣曰鬱林，爲州治。
金		
元	因之。	因之。
明	因之。	廢鬱林縣，改州爲縣。

①西甌（ou），古地名。《環宇記》：「永嘉爲東甌。鬱林爲西甌。」

中溜	晉興
武宣縣	南寧府
	《禹貢》：揚州西南境。周，爲百越地。
	并南越，爲桂林郡地。
鬱林郡中溜縣地。	爲鬱林郡之領方縣地。
	分置晉興郡。
始安郡之桂林縣地。	平陳，廢郡爲縣，屬簡州。後改曰宣化縣，屬鬱林郡。
析置武僊[1]縣，屬象州。乾封初，省桂林縣入焉。	初，于縣置南晉州。貞觀中，改爲邕州，屬嶺南道。天寶初，改朗寧郡。乾元初，復爲邕州。後置建武軍節度。
仍舊。	仍爲邕州，屬廣南西路。大觀初，改軍爲永寧。
郡。	
因之。	至元中，改置邕州路。泰定初，改爲南寧路。
改爲武宣縣。	改路爲府。

①武僊（xiān），古縣名，在今廣西宣縣東南。

	封陵	南陵	榜山
	宣化縣	新寧州	隆安縣
初置		古蠻洞地。	
春秋戰國			
秦	桂林縣地。		
漢	鬱林郡領方縣地。	鬱林郡地。	鬱林郡地。
晉	置晉興郡,治晉興縣。	以後爲晉興郡地。	以後爲晉興郡地。
南北朝			
隋	廢郡爲縣,屬尹州。後改宣化縣,屬鬱林郡。		爲宣化縣之思籠鄉之那火村。
唐	初,于縣置南晉州。後改邕州。	貞觀十二年,招撫降附,開置籠州。天寶初,曰扶南郡。乾元初,仍爲籠州。尋復荒塞。	景雲後,分置思籠縣,屬邕州。
五代			
宋	省朗寧、思籠、如和四縣入焉。		開寶五年,廢,入宣化縣。
金			
元	因之。		
明	因之。	嘉靖中,峒民黄絅歸欵①。隆慶六年,以其地爲白沙諸賊要路,置州治焉。	嘉靖七年,撫臣王守仁奏置。

①歸欵(kuan),投誠,歸順。

簡陽 橫州	武羅 永淳縣
桂林郡地。	桂林地。
合浦郡高涼縣地。孫吳，分置合浦北部。	縣屬鬱林郡，領方縣地。
屬寧浦郡。	
梁，又分立簡陽郡。	
廢郡治。簡州治寧浦縣，又改緣州。大業初，州廢，以縣屬鬱林郡。	爲寧浦縣地。
復置簡州。尋改南簡州，又改橫州。天寶初，改寧浦郡。乾元初，復爲橫州。	初，置淳州，治永定縣。永貞元年，改爲巒州。
因之。	初，廢巒州，以永定縣屬橫州。熙寧中，省。元祐，復置，改永淳縣。
改置橫州路，尋復爲州。	仍舊。
洪武，改隸潯州府。十年，改爲橫縣，隸今屬。	因之。

遷龍[1]

	上思州	德歸州[2]	果化州
初置		土知州，古槃瓠[3]，百蠻峒。	土知州，古槃瓠百蠻峒。
春秋戰國			
秦			
漢	鬱林、合浦二郡地。		
晉	以後没于蠻。		
南北朝			
隋			
唐	初羈縻蠻峒地。尋置上思州，屬邕州都督府。	羈縻蠻峒地。	羈縻蠻峒地。
五代			
宋	屬邕州遷隆寨。	熙寧中，置歸德州，隸邕州橫山寨。	爲羈縻果化州，仍隸邕州。
金			
元	屬思明路。	屬田州路。	屬田州路。
明	土官黄英傑歸附，授知州，世襲。	明洪武，土酋黄隍城歸附，授知州，世襲。	明洪武，土官趙榮歸附，授知州，世襲。

①原文有誤，應爲「隆」。 ②原文有誤，應爲「歸德州」。 ③槃瓠(pán hù)。古代神話中人名。泛指南方少數民族。

	麗江
忠州	太平府
土知州，古槃瓠百蠻峒。	古南粵地。西南至交阯二百四十五里。九域志：在邕州西五百里。
	鬱林郡臨塵、雍雞等縣地。
羈縻蠻峒地。	爲羈縻蠻峒地，隸安南都護府。其臣，或臣或叛。
置忠州，屬邕州還隆砦。	平嶺南，于左右二江立五寨，此爲太平寨，與古萬、遷隆、永平、横山爲五砦，各領州縣，屬邕州。
屬思明路。	初，仍爲太平寨。後改置太平路，控制左州縣。嵠峒爲上思土酋黄英衍所據，因還治于馱盧村。
明，江州酋黄威慶率子忠謹歸附，授忠謹知州。	洪武二年，黄英衍歸附，改路爲府，设流官知府统之。

	崇山	左陽
	崇善縣	左州
初置	附郭。	舊治在今州東十五里。
春秋戰國		
秦		
漢		
晋		
南北朝		
隋		
唐		置羈縻左州，屬邕州。
五代		
宋	置羈縻崇善縣，隸古萬寨。	屬左江道。
金		
元	隸太平路。	屬太平路。
明	洪武初，因之。土酋趙氏世襲。宣德間，改流官。嘉靖十九年，遷入郭。	洪武初，土官黃勝爵歸，授知州，世襲。成化，遷治于思崖村。正德，又遷治于古欖村，即今治也。

歷陽	福利
養利州	羅陽縣
	土知縣。
舊蠻峒地，古名歷陽。唐置羈縻養利州，屬邕州。	本西原農峒地，名福利。唐置羈縻羅陽縣。長慶間，没于蠻。
屬太平寨。	復置，屬遷隆寨。
隸太平路。	隸太平路。
洪武初，土官赵日泰歸附，授知州，世袭。宣德三年，其裔文安侵掠鄰境，改置流官。	洪武初，土官黄宣歸附，授知州，世袭。

	康山	萬陽	昌樂
	永康州	萬承州	思陵州
初置		土知州。	
春秋戰國			
秦			
漢			交阯郡地。後爲溪峒襍夷所。
晋			
南北朝			
隋			
唐	古蠻峒地，舊名康山。	西原農峒，古名萬陽。唐，置萬承州，隸邕州都督府。	置羈縻思陵州，屬安南都護府。
五代			
宋	置永康縣，屬遷隆寨。	因之，隸太平寨。	屬永平砦。
金			
元	隸太平路。	隸太平路。	屬思明路。
明	洪武初，土官楊榮賢歸附，授知縣。萬歷二十八年，并思同州入之，升爲州，仍屬太平府。	洪武初，土官許郭安歸附，授知州，世襲，仍屬太平府。	洪武二十一年，土官韋元壽奉请建州，以禦邊境，從之。

太平		瓠陽
寗明州	憑祥州	太平
本思明州。	土知州。	土知州。
羈縻思明州地。	羈縻巒地。	古巒峒地，名瓠陽。唐，爲羈縻波州，屬邕州都督府。
羈縻思明州地。	爲憑祥峒，屬永平砦。	爲太平州，屬太平寨。
別置思明州，屬思明路。	屬思明路。	屬太平路。
土酋黄鈞壽，本思明府酋同族。洪武初歸附，授知州，世襲。萬歷十年，改屬太平府。	土官李昇內附，授昇子應清知縣。嘉靖，以縣當交阯，升爲州。	屬太平府。

	波州 安平州	舊峒 茗盈州	舊嗣 結安州
初置	土知州。		
春秋戰國			
秦			
漢			
晋			
南北朝			
隋			
唐	西原農峒地，古名安山。唐，置波州于此。	西原農峒地。	西原農峒地，舊名營周。
五代			
宋	皇祐初，改置安平州，隸太平砦。	置茗盈州，隸邕州。	置结安峒，隸太平寨。
金			
元	隸太平路。	隸太平路。	升爲州，隸太平路。
明	洪武，土官李郭佑歸附，授知州，屬太平府。	明土官李正英歸附，授知州，世襲。	明土官张仕荣歸附，授知州，世襲。

那兜	應山	渠望	龍峒
結倫州	龍英州	都結州	龍州
			國朝雍正三年，析其地，爲上龍司、下龍司兩巡檢。
			交阯郡地。後爲谿峒地。
西原農峒地，舊名那兜。		西原農峒地，舊名渠望。	置龍州，屬安南都護府。
爲结安峒地。		置结安峒地。	改隸邕州太平平砦。
置结倫州，隸太平路。		置都結州，隸太平路。	大德，升州爲萬户府。
明土官馮萬傑歸附，授知州，世襲。		土官農威烈歸附，授知州，世襲。	上官趙帖堅歸附，授知州。

	波漢	明江	凍江
	江州	思州（國朝改爲州。）	上下東州①
初置	土知州。	苗疆。	
春秋戰國			
秦			
漢	交阯郡地。		
晉			
南北朝			
隋			
唐	皆爲蠻地，地名江陽。	置羈縻思明州，屬邕州都護府。	西原農地，舊名凍江。
五代			
宋	置江州，隸古萬寨。	屬左江道。	置凍州，隸太平砦。
金			
元	屬思明路。	改置思明路。	元至元二十年，上凍土官张绍、下凍土官馮禧作叛，龍州土官趙帖從討平之，因合爲一州，以帖從爲知州。
明	土官黃威慶歸附，授知州。	思明總督黃見都歸附，授知府。	初仍曰上、下凍州，屬太平府。自赵帖從歸附，仍授知州，世襲。

扶蘇	新設	
鎮安府 領州二縣一土州四。	天保縣 國朝乾隆四年置。	下雷州
古百粵地。	附郭，烟瘴苗疆。	烟瘴。
交阯郡。		
羈縻地。		羈縻蠻地。
于鎮安洞，建右江鎮安軍民府宣撫司。		始自宋，許天全隨狄青征蠻有功，予上知州，世襲。以失州印，降爲峒。明，復予以世襲。
改鎮安路。		因之。
洪武二年，移建于廢凍州，改鎮安府。		初爲雷下峒，屬鎮安府。

①原文有誤，應爲上下凍州。

	奉議州	歸順州
初置	烟瘴。故城在州東十五里，元大德間築。洪武初，遷于此石林村，遺址尚存。	烟瘴。
春秋戰國		
秦		
漢	交阯郡地。	
晋		
南北朝		
隋		
唐	爲谿洞地。	
五代		
宋	置奉議州，初屬静江軍節度使，後廣西经略安撫司。	羈縻蠻地。
金		
元	因之。屬廣西兩江道宣慰司。	
明	洪武五年，省入鎮安府。七年，復置。又改爲奉議衛，尋罷衛，置州。	明永樂八年，鎮安府知府岑志刚，分其第二子岑永福歸顺领峒事，傳其子瑛，屢率兵報效。都御史鄧廷瓚奏請設州治，授以知州。

向武州	都康州
烟瘴。	故城在今州東。
交阯郡地。	交阯郡。
爲雞峒地。	皆爲蠻地。
宋皇祐中，有黄氏，隨平儂智高。因置向武州，爲土官，世襲。	宋時，有馮氏世襲知州。
隸田州路。	屬田州路。
初，亦曰向武州。洪武二十八年，改置向武軍民千户所，復曰向武州。	初，廢。建文元年，復置。

雲南省

○注：雲南府爲省會，在 京師西南八千二百里。東西距二千五百一十里，南北距一千一百五十里。東界廣西泗城，西界神護關野人界，南界交阯，北界四川會理。東南界廣西鎮安，西南界天馬關緬甸界，東北界貴州普安，西北界吐蕃。領府十四，直隸州四，州二十七，直隸廳三，縣三十九。

地處荒服，居多蠻夷。東接黔蜀，西擁諸甸，南控交阯，北拒吐蕃。《禹貢》：梁州南徼地。殷周時，皆爲蠻夷所居，或曰即百濮之國也。其在天文，亦井鬼之分野。漢武帝元封二年，開西南夷，滇王降，以其國置益州郡，屬益州部。後漢，增置永昌郡，亦屬益州部。三國時，爲蜀漢地，又分益州，置交州。後主建興二年，改益州郡爲建寧，又增置興古、雲南二郡，以南中闊遠，置庲①降督于建寧，總摄之，遥領交州刺史。晉泰始，改置寧州。太康三年，復省入益州，立南夷校尉，以護之。大安三年，復置寧州。咸康四年，蜀李壽篡立，分牂牁、夜郎、朱提、越嶲，置安州。八年，并入寧州。宋、齊因之。梁承聖末，没于羣蠻。隋開皇開南中，仍置南寧州，領羈縻等州。後又領于益州都督府。唐武德，置姚州，管羈縻诸州。貞觀六年，于戎州置都督府，督南中一十七州。開元二十六年，册南詔○注：蠻语謂王曰詔。蒙歸義爲雲南王，南詔渐强。天寶九載，遂有雲南之地，僭號曰大蒙。貞元十年，請改國號南詔。大中十三年，祐隆立，僭稱帝，國號大禮。光化四年，爲其臣鄭買嗣奪位，而滅其國，改國號大長和。蒙氏至此，几十四世，二百四十七年。鄭氏傳三世，爲其臣楊干貞所殺。推其黨趙善政立之，號大天興。明年，干貞自立，國號大義寧。于是，段思平起兵，討平之。石晉天福二年，屬于大理。自宋熙寧八年以後，段氏衰。元祐元年，高昇太代立，號大中國。將卒，囑其子

①庲(lái)：庲降督，南中諸郡最高高政長官。

太明，求段氏後正諒立之。段氏復興國，號後理。淳祐十二年，蒙古忽必烈滅大理。元至元，立雲南等處行中書省，治中慶路。元亡，其梁王把匝剌瓦爾密及段明，分據其地。洪武十五年，討平之，始置雲南等處布政使司。

滇南

雲南府 領州四縣七。

初置	《禹貢》：梁州南境。殷周時，爲徼外西南夷地。時有僰鳩、獠、僳、㹀①、毒、玀鴞、烏蠻诸種居此。
春秋戰國	戰國，有楚庄蹻略地至此，竊王其地，號曰滇國。
秦	常頞通五尺道，頗置吏焉。
漢	元封二年，滇王降，始置益州郡。蜀漢建興三年，改爲建寧郡，治味縣。
晋	因之。惠帝，又增置益州郡。懷帝，改爲晉寧郡。
南北朝	宋、齊因之。梁、陳間廢。
隋	初立州，尋②。
唐	初，復置昆州，屬姚州總管府。貞觀四年，改屬戎州都督府。天寶末，没于南詔。鳳迦異增築之，曰拓東城。又六世勸豐祐，改稱鄯闡府。大理因之。
五代	
宋	爲大理國段氏地〇按，段氏時，以高智昇領鄯闡牧，遂世有其地。
金	
元	初，置鄯闡萬户府。至正十三年，改中慶路。
明	洪武十五年，改雲南府。〇府城，南詔舊址。洪武十六年，改築，有六門，南崇正，東咸和，西廣遠，北保顺，西南洪潤，東北永清。

①㹀(luǒ)：同『裸』。 ②原文漏一字，應爲『尋廢』。

建伶	秦臧
昆明縣	富民縣
附郭。	
爲建伶、穀昌二縣地，屬益州郡。後漢因之。	置秦臧縣，屬益州郡。後漢因之。
爲晉寧郡治。	屬晉寧郡。
宋、齊因之。梁，後没于蠻。	宋、齊因之。梁，後没于蠻。
爲昆州境。	
爲益寧縣，爲昆州治。天寶中，没于南詔。	復置秦臧縣，屬昆州。天寶以後，没于蠻。烏蠻酋歩門歩末始築馬舉龍城，號黎瀼甸。
石晉後，又爲段氏所據。	
初，立爲二千户所。後改置鄯州，領昆明、官渡二縣。州尋廢。又并官渡入焉。	至正中，立黎瀼千户所，尋改今名。
因之。	因之。

	大池	邵甸
	宜良縣	嵩明州
初置		古滇國，烏蠻車氏據居于此，築沙札卧城。後爲枳氏所奪。
春秋戰國		
秦		
漢	滇池縣地。	昔有漢人築金城于此，曰長州。因築臺與蠻盟，故曰嵩盟。一説諸葛武侯與夷插盟，嵩盟之名本此。
晋		
南北朝		
隋	爨酋羅氏築城，號羅裒籠，夷謂城爲籠也。	
唐	貞觀中，置匡州，領匡州等縣。	蒙氏，置長城郡。
五代		
宋		屬大理段氏，改爲嵩盟郡。
金		
元	初，立宜良匡城及大池千户所。至元中，改置宜良州，領大池、大赤二縣。後改州爲縣，并二縣入焉。	初，立嵩盟萬户府。至元中，改爲長州。尋州爲嵩盟府。後復爲州，領陽林、邵甸二縣。
明	因之。	初，因之。洪武中，省邵甸縣入州。成化，并陽林縣，亦入焉。

滇池	歸化	連然
晉寧州	呈貢縣	安寧州
		古滇國螳螂川也。
益州郡滇池縣地。	滇池縣地，有呈貢故城。世步莫强部蠻所居。	爲益州郡之連然縣。
隆安初，置晉寧郡于此。		屬晉寧郡。
梁後，没于蠻。		宋、齊因之。梁後，没于蠻。
開皇中，置昆州，尋廢。		屬昆州。
武德初，置昆州及晉寧縣。後蒙氏、段氏皆爲陽城堡部。	舊有呈貢城，世爲烏白、些門、步末、阿茶、棘徒五種蠻所居。	武德，置安寧縣，隷昆州。蒙閤羅鳳叛，唐以蘇閉阿哀治之。大理，以高氏守之。
初，立陽城堡萬户府。至元中，復爲晉寧州。	初立呈貢千户所。至元中，改爲晟貢縣。	初，隷陽城堡萬户府。至元，立安寧千户所。後改爲州。
因之。	改呈貢縣。	因之

	扶邪	三泊	
	羅次縣	禄豊縣	昆陽州
初置	古壓磨吕村，烏蠻羅部農路弹居此。	古禄琫甸之白村，烏僰蠻居之。其地瘴熱，遷徙不常。	地在滇池南。
春秋戰國			
秦			
漢	益州郡。		屬益州郡。
晋			屬寧州。
南北朝			梁時，土人爨瓚[1]所據。
隋			爲南寧夷，爨翫[2]拜昆州刺史。
唐	爲烏蠻羅部所居，南部蒙氏爲扶邪縣。		開元前，置河東等二十二州，隷嶲州。改隷黎州都督。後没于南詔。
五代		大理，高智昇子義勝治其地。	大理，段氏有之，爲巨橋城。以高氏世治其地。
宋	大理，高量成令高連慶治其地。○量成，智昇五世孫，段氏時爲相。		
金			
元	至元中，置羅次州，隷中慶路。後改爲縣，屬安寧州。	初，隷安寧千户所。至元中，置今縣。	立巨橋萬户府。至元中，改爲昆陽州。
明	初，因之。宏治十二年，改屬府。		因之。

①爨（cuàn）瓚，南朝梁南宁州刺史。

②爨翫，隋末唐初的云南番王，爨瓚之子。

洟門	南詔
易門縣	大理府 領州四縣三長官司。
舊爲烏蠻仲磨繇男所居地，名市坪村。	《禹貢》：梁州南境。
	漢武，開西南夷，此爲益州郡地。後漢時，屬永昌郡。蜀漢，屬雲南郡。
	初，因之。永嘉中，又分置東河陽郡。
	宋、齊因之。梁、宋没于爨。
	屬南寧州總管。
	武德七年，爲羈縻南雲州地。貞觀三年，改爲匡州。天寶以後，没于南詔。南詔爲建都邑于此，亦詔之西京。後又改爲中都。
大理，高福世守此。	石晉時段氏代有其地，稱大理國。
立洟門千户所，隷巨橋萬户府。至元中，改置今縣。	憲宗二年，收附。六年，立上下二萬户府。七年，改置大理路。
因之。	洪武，改爲府。

	楪榆 太和縣
初置	
春秋戰國	
秦	
漢	葉榆縣地，屬益州郡。後屬永昌郡。三國漢，屬雲南郡。
晉	屬雲南郡。永嘉以後，屬東河陽郡。
南北朝	梁末，没于蠻。
隋	
唐	爲羈縻匡州地。開元末，蒙舍詔皮羅閣并蒙嶲詔、越析詔、浪穹詔、邆賧①詔、浪施②詔五詔舍③爲一，號南詔，治太和城。後閣羅鳳據其地。
五代	
宋	
金	
元	立太和城千户所。至元間，置理州及河東縣。後省州，改縣曰太和，屬大理路。
明	因之，改爲府治。

①邆賧(teng tan)詔，《唐書·南蠻傳》：六詔，四曰邆賧詔。　②原文有誤，应爲『施浪詔』。　③原文誤，應爲『六詔合一』。

白厓 趙州	勃弄 雲南縣
永昌郡地，後爲羅落蠻所居。	元封初，置雲南縣，以彩雲見于白厓，縣在其南，故名，隸益州郡。後漢，改屬永昌郡。蜀漢，置雲南郡治焉。
	以後因之。
匡州地。蒙氏爲趙州瞼[①]，尋改郡，又改趙州○蒙氏使趙康居此，因名瞼。讀若簡，夷語州爲瞼也。	初，置雲南州。貞觀中，改匡州，領勃弄、匡川二縣。後張仁果據之，號白子國。蒙氏，至段氏，并爲雲南州。
大理，段氏改天水郡。	
初，立趙瞼千户所。至元間，仍爲趙州。又於白厓瞼立建寧縣，屬趙州。後并入州，屬大理路。	初，置品甸千户所。至元中，復曰雲南州。尋降爲縣，屬大理路。
因之。	初，改隸趙州

①瞼（jiǎn），唐代南詔地區的行政單位，大致與州相當。

	邆備	鳳羽
	鄧川州	浪穹縣
初置		
春秋戰國		
秦		
漢	葉榆縣地。	葉榆縣地，蠻名彌次。
晋		
南北朝		
隋		
唐	爲邆備州，隸姚州都督府。後爲邆賧詔所據，南詔并之，置鄧川賧。後改爲德源城。	武后永昌初，浪穹蠻傍時昔二十五部来降，詔以傍時昔爲浪穹州刺史。開元初，其王鐸羅望與南詔戰，不勝，移保劍川，更稱劍浪。貞元中，南詔立爲浪穹州。
五代		段氏因之。
宋	大理段氏因之。	
金		
元	初，立德源千户所，尋改鄧川州。	初，改置浪穹千户所。後改浪穹縣，屬鄧川州。
明	因之。	并鳳羽縣，入浪穹。

白霞	三崇
賓川州	雲龍
益州郡地，東漢，屬永昌郡。	益州郡地。東漢，永昌郡地。
屬雲南郡。	爲西河郡地。
	宋、齊因之。
爲匡州地，蒙氏爲太和楚場地。	初，爲匡州西境。蒙氏謂之雲龍甸。
段氏因之。	
亦爲太和縣地。	元末，立雲龍甸軍民府。
宏治七年，置賓川州。	初，改爲雲龍川，屬大理府。萬歷四十八年，又裁五井提舉司，以鹽課歸州城。

	鈎州	寶山
	臨安府	建水縣
初置	《禹貢》：梁州徼外地，古句町國。	
春秋戰國		
秦		
漢	漢武，開西南夷，置句町縣，屬牂牁郡。後漢，仍屬牂牁郡。蜀漢，屬興古郡。	益州郡賁古縣地。
晋	以後因之。	
南北朝	梁末，廢。	
隋		
唐	爲羈縻牂州地。天寶，没于南詔，置通海郡都督府。	烏麼蠻地，古稱步頭，亦曰巴甸。元和間，蒙氏築城，名惠歷，漢语曰建水。
五代		
宋	大理，改爲通海節度，尋改秀山郡，又改爲通海郡。其後，蠻酋互相侵奪。或屬鄯闡，或屬阿僰。	段氏時，爲步麼蠻苴歷所據。
金		
元	憲宗六年，内附，置阿僰部萬户。至元八年，改爲南路。十三年，改爲臨安路，治通海縣。	初内附，置建水千户所，屬阿僰萬户。至元十三年，置建水州，屬臨安路。
明	洪武十六年，改爲臨安府。	因之。

石坪	阿甯[1]
石屏州	阿迷州
	古蠻夷地。
益州郡，蠻名舊欣，漢曰林麓。	益州郡地。
其地有澤，曰異龍湖。內有三島，烏蠻始居一島，築末束城。	
阿僰蠻奪烏麽蠻城，據之闢地，得石坪方五里，聚爲居邑，因名石坪邑。	
至元中，改邑爲石坪州，屬臨安路。	初，立阿甯萬户府。至元，隸南路總管府。大德，隸臨安路。
改爲石屏州。	洪武，改立阿迷州。

①甯（níng），邑名。

	黎州 寧州	秀山 通海縣
初置		舊阿僰蠻居此，一名阿亦，又名尼部。
春秋戰國		
秦		
漢	益州部地。蜀漢，爲興古郡地。	句町縣地。後漢屬興古郡。
晋		
南北朝	梁，俱爲南寧州地。	
隋		
唐	初，析置西寧州。貞觀八年，改黎州。天寶末，爲步麽徙蠻所據，號步雄部。後屬爨蠻，改寧部。	蒙氏于此置通海郡。
五代		段氏爲秀山郡。
宋		
金		
元	初，置寧部萬户。後改寧海府。至元十三年，改寧州。	立通海千户，隸部闡萬户府。至元，改通海縣，隸寧海府。府廢，改屬臨安路，爲附郭縣。
明	因之。	徙臨安府，治建水州，以通海縣，仍隸焉。

西宗	萃秀
河西縣	嶍峨縣①
益州郡地。	爲益州郡地。
	屬南寧州。
武德，於姚州置西宗州。貞觀中，改曰宗州，河西縣隸焉。天寶後，没于蠻，名其地曰休臘。後阿爨蠻易渠奪居之。	爲僰蠻嶍猊所居，名嶍峨部。後并于阿僰。
初，内附。至元中，于休臘置河西州，屬臨安路。後改爲縣。	初，置嶍峨千户，隸阿僰萬户。至元，改爲州，復降爲縣，改隸寧州。
因之。	改屬府。

①嶍峨(xí é)，山名，在雲南。

		威楚	威州
	蒙自縣	楚雄府	楚雄縣
初置	以境有目则山而名，漢语讹爲蒙自。	《禹貢》：梁州徼外地。	附郭。
春秋戰國			
秦			
漢	益州郡。曰蠻居之。	益州郡地。	州郡地。
晋		以後爲雜蠻耕牧之地，夷名峨禄。後爨酋威楚築城，峨禄睒居之，因名威楚城。	
南北朝			
隋			
唐	南詔，以趙姓守此。	貞觀末，諸蠻内附，置傍、望、覽、邱、木五州。天寶末，蒙氏以此屬银生節度。	南詔，爲威楚縣。後爲爨蠻所據。
五代	大理，爲阿僰蠻所夺。		
宋		大理，段氏以银生屬姚州，號此爲當筋睒，又改白鹿部。後威楚郡。	大理，屬姚州。
金			
元	初，置蒙自千户所，隸阿僰萬户。至元，改爲縣。	初，内附，置威楚萬户府。至元中，改爲威楚路。後置威楚、開南等路宣撫司。	初，置千户所。至元十五年，改置威州，又降爲縣。
明	因之。	改置①雄府。	初，改今名。

①此處漏字，應爲「楚雄府」。

髳[①]州

定遠縣	琅鹽井	黑鹽井
地名曰直睒，雜蠻所居。	本定遠縣之寶泉鄉。	本定遠縣之寶泉鄉。
益州郡地。		
初，置西濮州。貞觀中，改髳州。後没于南詔，使爨酋築新城于此，曰耐籠。		
地屬大理。		
初，置牟州千户，因之。牟與髳同音也。至元，改置定遠州。後降爲縣，屬威楚路。		
	洪武十六年置。天啟元年裁。	初，置琅井鹽課司，分安寧、黑井二提舉。至天啟三年，裁鹽課司，移雲南安寧提舉于此。

①髳：讀máo。中國古代西南少數民族的一支。

	白鹽井	廣通縣	南安州
		路睒	摩芻①
初置		古路睒地。	古蠻夷地，黑爨蠻居此，寨名摩芻。
春秋戰國			
秦			
漢	青蛉縣地，屬越嶲都。三國漢，屬雲南郡。	益州郡地，蠻名路睒。	益州郡地。
晉	屬興寧郡。		
南北朝			
隋			
唐	為嶲州地。	没于蠻。南詔，立為路睒縣。	為黑爨蠻所居，寨名摩芻。
五代			
宋	段氏，屬大姚堡地。		段氏，為高氏地。
金			
元	為大姚縣地，始設官提舉。	初，置路睒千户。至元，改廣通縣，隸南安州。	初，置摩芻千户。至元，改置南安州。
明	屬姚安軍民府。	改今屬。	因之。

①芻（chú），刍的繁體字。

石鼓	弄棟
鎮南州	姚州
古蠻夷地，濮落蠻所居。川名欠舍，亦曰沙却。	以其州多姚姓，故名。
益州郡地。	弄棟縣，屬益州郡。蜀漢，屬雲南郡。
	因之。東晉成帝，析置興寧郡于此。
	宋、齊因之。梁末没于蠻。
上元中，蒙氏置石鼓縣。又置俗富郡，即今州治。	置姚城縣，爲姚州治。天寶末，没于南詔。蒙氏改爲弄棟府。
地屬大理段氏。段氏封高氏地，皆隸之。	大理段氏，仍改爲姚州。
初，置欠舍千户，石鼓百户。至元，改欠舍千户爲鎮南州，又置石鼓、定邊二縣。後省二縣入州。	立统矢千户所。至元間，改置姚州，屬大理路。又陞爲姚安路治。
復置定邊縣，而州仍舊。	改爲姚安軍民府，附郭縣。

	青蛉	羅伽
	大姚縣	澂江府[①]
初置		《禹貢》：梁州之界，古西南。
春秋戰國		戰國楚時，爲滇國地。
秦		
漢	越巂郡青蛉縣地。蜀漢，屬雲南郡。	元封初，置俞元縣，屬益州郡。蜀漢，屬建寧郡。
晉	仍屬雲南郡。咸康中，改屬興寧郡。	
南北朝	梁末，廢。	梁，屬南寧州。
隋		置昆州，此地屬焉。
唐	武德，置西濮州。貞觀，改曰雲州，治濮水縣。後没于南詔。	爲南寧、昆二州地。天寶末，没于爨羅伽甸。初，麽歩蠻居之。後爲㚟蠻所奪。南詔蒙氏，于此置河陽郡。
五代		
宋	大理段氏，屬姚州，夷名大姚堡。	大理段氏，析蠻爲三部，曰强宗，曰休制，曰步雄。其步雄部，後居羅伽甸者，號羅伽部。
金		
元	初，置大姚堡千户所。至元間，改大姚縣，屬姚州。	置羅伽萬户府。後改爲中路。至元中，改置澂江路，屬雲南行省。
明	改今屬。	改爲澂江府。

①澂(chéng)江府，古滇国地。

俞元	步雄	研和
河陽縣	江川縣	新興州
附郭。		古滇國。
俞元縣地，屬益州。後漢因之。	益州郡地，名碌雲異城，又名昌籠。	爲青蛉、弄棟二縣地。
屬南寧郡。		置新興縣。
		梁末，土人爨瓚據之，分爲西爨地。
屬南寧郡。		
麼步蠻所居之地。南詔，于此置河陽郡。	南詔，徙曲旺蠻居此，以白蠻守治之。	貞觀中，置求州，屬戎州都督府。天寶末，没于南詔。蒙氏，置温富州。
	段氏，以步麼徙蠻子孙，分管其地，名步雄部。	段氏，徙步麼徙蠻居此。
初，于此置羅伽千户所。至元中，改河陽州。尋降爲縣。	初，置千户所。至元中，改江川州。尋降爲縣，屬澂江路。	初，置部傍、普舍二千户所。至元中，改部傍千户爲休納縣。又于休納置新興州，及領普舍、研和二縣，德省、休納八州。
因之。	因之。	并省研和、普舍入焉，屬澂江府。

	彌沙	開南
	路南州	景東廳
初置	古滇國地。	古拓南地。
春秋戰國		
秦		
漢	益州郡地。蜀漢，爲建寧郡境。	未有其地。
晋		
南北朝		
隋		
唐	爲昆州地，夷名路甸。天寶末，爲黑爨蠻落蒙氏所據，號落蒙部。	南詔蒙氏，爲银生府之地，舊爲濮落雜蠻所居。後金齒白蠻侵奪其地。
五代		
宋		大理段氏，莫能服。
金		
元	憲宗，置落蒙萬户府。至元中，改路南州，屬澂江府。	中统初，討平之，以其所部隸威楚萬户。至元中，置開南州，隸威楚路。
明	因之。	洪武，改爲景東府。

特磨	羅佐
廣南府 領縣一，土州一。	**寶寧縣** 乾隆元年，增置縣爲府治。
《禹貢》：梁州荒裔。	附府。
牂牁郡地。	牂牁郡地。
名特磨道，儂智高之裔居之。	
至元間，立廣南西道宣撫司，領路城等五州。後来，安路、奪路城、上林、羅佐三州，惟領安寧及富二州。	至元中，置爲罗佐州。
洪武中，置廣南府。	初省。

	富州	廣西州 領縣二。	匿弄 師宗縣
初置		古滇國東南境。	古蠻夷地，地名匿弄甸。
春秋戰國			
秦			
漢	牂牁郡地。	益州牂牁郡地。蜀漢，屬興古郡。	
晉			
南北朝		宋，因之。	
隋		屬牂州。	
唐		東爨烏蠻等部所居，爲羈縻州，隸黔州都督府。大和間，南詔蒙氏并其地。	
五代			
宋		析爲師宗、彌勒二部，大理段氏莫能制。	爨蠻居宕浪甸，其後師宗者據匿弄甸地，號師宗部。
金			
元	至元中，置富州，隸廣南西路宣撫司。	憲宗時內附，隸落蒙萬户府。至元中，置廣西路，屬臨安廣西元江等处宣慰司。	初，隸落蒙萬户府。至元十二年，置師宗千户總把，
明	屬廣南府，土官，知州沈氏世襲。	改爲廣西府。	因之。

	陀莪
	彌勒縣 附 邱北縣丞
	古蠻夷地，本名郭甸、巴甸部籠之地。國朝康熙八年，省维摩州，分屬廣南、開化、師宗、彌勒四府州管轄。雍正九年，
	些麽徒蠻之裔彌勒者，據此，號彌勒部。
領阿寧、豆勿、阿盧、豆吴四千户，屬廣西路。後改爲師宗州。	初，隸落蒙萬户府。至元十二年，以本部爲千户，總把，領吉輪、裒①恶、部籠、阿欲四千户，屬廣西路。後改置彌勒州。
	因之。

①裒惡（póu è），南方少數民族的一個支係。

慶甸		
	顺寧府 領州一縣	
初置	古蠻夷地，名慶甸，蒲蠻居之。	于師宗州添設州同，駐舊維摩州之邱北，以屬彌勒之曰者鄉，及阿迷州十四寨，并屬焉。
春秋戰國		
秦		
漢	益州郡徼外地。	
晋		
南北朝		
隋		
唐	以後蒙氏竊據，叛服不常。	
五代		
宋	以前不通中國，蒙氏、段氏皆不能制。	
金		
元	泰定間，始内附。天歷初，置顺寧府，并置寶通州及慶甸縣。	
明	洪武十五年，仍置府，而以州縣省入焉。	

新設	孟祐	郎州
順寧縣 乾隆三十五年，縣附設府治。	雲州	曲靖
古蒲蠻地。	古蠻夷地，蠻名孟祐。白夷所居，地名大侯寨。	《禹貢》：梁州之界。
歷代叛服不常。		爲益州郡味縣地。蜀漢改置建
		建寧、興古二郡，俱屬寧州。
		有爨瓚者，據其地。後分東西二
		置恭、协等州。
		置南寧州，治味縣。貞觀八年，改
		段氏因之。後爲磨彌部所據。
初，内附，置慶甸縣，屬順寧府。後省縣入府。	中统初，内附，屬麓川路。	初，取其地，置磨彌部萬户府。至
初，爲順寧土府。萬歷間，置流官。	洪武，置大侯長官司。正统，改大侯禦夷州。萬歷，改爲雲州。	洪武，改爲曲靖軍民府。

	府（領州六，縣二。）	南寧縣（味縣）	霑益州（交水）
初置		附郭。	
春秋戰國			
秦			
漢	寧郡，治味。後分置興古郡，治律高。	味縣地，屬益州郡。	牂牁郡地。蜀漢時，屬興古郡。
晋			永嘉五年，置西平郡于此，治盤江縣。
南北朝	爨，而曲靖爲西爨地。		
隋			
唐	爲郎州。天寶九載，没于蠻。大歷，南詔置石城郡。	初，于此置南寧州。	貞觀中，爲盤州地。天寶没于蠻。後爲磨彌部所據。
五代			
宋		段氏時，有烏蠻莫彌部據此。	
金			
元	元八年，改爲中路，又改曲靖路總管府，又升宣撫司。	置千户所，屬莫彌部萬户。至元十三年，升爲南寧州。二十二年，改爲縣。	初屬磨彌萬户府。至元十三年，改置霑益州。
明		因之。洪武末，省越州，分其州石堡山之地入焉。	因之。

陸郎	宛温
陸涼州	羅平州
牂牁郡平夷縣地。蜀漢，屬興古郡。	牂牁郡宛温縣地。蜀漢，爲興古郡地。
分置平夷郡。	因之。
屬盤州。天寶末，沒于蠻。南詔時，號落温部。	沒于蠻，爲塔敝納夷甸，尋爲羅雄部。○相傳槃瓠後裔有罗雄者居此，故名。
初，內附，置落温千户所，屬落蒙萬户。至元中，改置陸涼州，領河納、芳華二縣。	初，置普摩千户所。至元十三年，置羅雄州。
并河納、芳華二縣入焉。	因之。萬歷十四年，更名曰羅平。

	迪泉	鳳梧
	馬龍州	尋甸府
初置		
春秋戰國		
秦		
漢	益州郡地。蜀漢屬興古郡。	初，爲滇國地。後僰剌蠻居此，號仲劄温原部。後又爲烏蠻名新丁者所奪，遂號新丁部。
晉	亦屬興古郡。	
南北朝	梁末，廢。	
隋		
唐	初，爲南寧府。後爲麻州地。天寶末，没于蠻，爲撒匿部。尋爲纳垢部。	蒙氏，爲尋甸部。
五代		
宋		段氏，爲仁德部。
金		
元	初，置纳垢千户所。至元十三年，改爲馬龍州。	初，置仁德萬户府。至元十二年，改爲仁德府，領爲美、歸厚二縣。
明	因之。	初，改爲尋甸軍民府，省爲美、歸厚二縣入焉。

平蠻	霑益	石羊
平彝縣	宣威州 雍正五年，割霑益州置。	白監井
在霑益州南一百二十里。		至省六百二十里，本白羊井。
縣屬牂牁郡。	牂牁郡。後漢，屬興古郡。	
永嘉五年，分置平夷郡。咸安元年，改曰平蠻郡。	因之。	
天寶末，没于蠻。	屬盤州，後入于蠻。	蒙氏時，有女牧羊于此，有一羝舐土，驅之不去，掘之得鹵泉。
	置霑益州。	
洪武二十三年，建平彝衛。宏治七年，築城。	設烏撒衛後所。後改爲霑益州。	

	武定州（羅婺）	元謀縣（環州）	禄勸縣（石舊）
初置	古滇國地。	蠻名華竹，一名環州。	
春秋戰國			
秦			
漢	屬益州郡。蜀漢，屬建寧郡。	益州郡地。	益州郡地。
晋	屬晋寧郡。		
南北朝			
隋	爲昆州郡。		
唐	屬姚州，後爲蒙氏所據。	爲姚州地，蠻名環州，又名華竹。	羁縻宋州地，蠻名洪農禄券甸，襍蠻所居。
五代			
宋	大理段氏，使烏蠻阿歷治此。其後裔孙法瓦浸盛，并纳洟泥、共籠等地，以其遠祖罗婺爲部名。		
金			
元	初，内附，置羅婺萬户府。至元中，并仁德、于失二部入羅婺，更置北路總管府。尋改武定路，治南甸縣。	至元中，置元謀縣。	至元中，置禄勸州，屬武定府。
明	改武定軍民府。	因之。	因之。

巨津	麗睒
麗江府　國朝新改。	麗江縣　國朝新改。
	附郭。古筰[1]國地，名三睒蠻云樣渠頭。
爲越嶲、益州二郡地。東漢，兼屬永昌郡。	爲定筰縣地，屬越嶲郡。
屬嶲州。	
因之。後沒于蠻，爲越析詔。貞元以後，屬于南詔。南詔置麗水節度。	改定筰曰昆明，屬萬州。天寶後，爲越析麼些詔所據。後并于南詔。
麼些蠻據此，大理不能有。	濮落蠻居之。後復爲麼些蠻所據。
憲宗四年，擊隆之置茶罕章管民官。至元八年，改爲宣慰司。十三年，改置麗江路軍民府。	初，置三睒管民官。至元，改爲通安州。
洪武十五年，改麗江府，又改軍民府。	因之。

[1] 筰（zuó），古代西南少數民族。

	顺州	羅兽
	鶴慶州	劍川州
初置	梁州徼外地。《通攷》：鶴慶四十八村，烏蠻、玀玀、西海子尤爲獷猂①。	古蠻夷地。
春秋戰國		
秦		
漢	東漢，爲永昌郡。	益州郡地。
晋		
南北朝		
隋		
唐	爲越析詔地，地名鶴川，又名樣共川。天寶間，屬于南詔。太和中，蒙氏勸豐祐于樣共川置謀統郡。後爲鄭買所奪。	爲義督羅魯城，一名劍川。後爲南詔所并，置劍川節度。
五代	後唐據，于楊千置。後晉，歸于段思平。	
宋	段氏因之。	大理段氏，改爲義督瞼。
金		
元	初，置鶴州。尋改置二千户，仍稱謀统，屬大理萬户。至元，升爲鶴慶路軍民府。	初，置義督千户。至元中，改剑川縣，屬鶴慶路。
明	洪武，復改爲府。	升爲州。

①獷(guang)猂，粗獷兇悍。

玉臺	平甸
元江州 領縣一。	新平縣
西南夷极邊之境，蠻名惠龍甸，又名威遠部〇玉臺，山名，即羅槃山。	
蒙氏，以屬银生節度。徙白蠻蘇、张、周、段等十姓戍之。又開威遠等处，置威遠睒。後和泥侵據其地。	嶍峨部地。
儂智高之党竄于此，和泥開羅槃甸居之。後爲步麽、徒蠻、阿僰諸部所有。	
惠宗時，内附。至元中，置元江萬户府。後于威遠置元江路，領步日、馬籠等部，屬臨安廣西元江等处軍慰司。	初，爲嶍峨千户地。至元，设平甸鄉，仍隸嶍峨縣。
洪武，改元江府。永樂初，改元江軍民府。	爲丁苴白蠻夷所據。萬歷十九年，夷酋普應春叛，討平之，置新平縣。

	産里	玉屏
	普洱府 雍正七年，分車里宣慰所轄，置普洱府。	寧洱縣
初置	古産里也，又名車里。《呂覽》曰：産里以象齒、短狗①獻周公，作指南車，導之歸，故曰車里。	附郭。本他郎甸地。
春秋戰國		
秦		
漢	自漢至五代及唐宋以来，不通中國。	
晋		
南北朝		
隋		
唐		
五代		
宋		以前不通中國。
金		
元	本威遠睒、他即甸等處地，爲倭泥諸蠻雜居，不通中國。元憲宗時，内附。至元間，以馬龍等甸管民官，并于他郎甸，屬元江路。	初，内附。爲撒里路軍民總管地。
明	洪武十四年，開鎮土酋那直，率衆来歸，置車里宣慰司，屬元江府。後爲那昆所據。	爲車里宣慰司地。

①狗：同『狥』，與『狗』通。

蒙舍	峡口
蒙化廳	永昌府
梁州荒裔。	《禹貢》：梁州西南徼外地，古哀牢國，九隆氏居之。
益州郡。東漢，屬永昌郡地。	武帝，于此置不韋縣，屬益州郡。後漢，置瀾滄郡，尋改永昌郡。
	成帝時，省。
	蕭齊，復置永昌郡。
	廢，爲益州總管府。
屬姚州都督府，號陽瓜州。蒙氏細奴羅等城居之，號蒙舍詔，即南詔也。後徙居太和城，以蒙舍爲舊都。	屬姚州都督府。後爲蒙氏所據，稱永昌府，爲六節度之一，徙西爨蠻居之。
段氏爲開南縣。	大理，段氏因之。
初，爲蒙舍千户所。至元，爲蒙化府，又升爲路，又降爲州，隸大理路。	初，立千户，隸大理萬户府。至元十一年，立永昌州，又爲府。又置金齒等處宣撫司于此。
初，因之。正统間，升爲蒙化府。	洪武，仍置爲府。又立金齒衛。尋省府，以金齒衛升爲軍民指揮使司。嘉靖九年，改爲永昌軍民府。

	不韋 保山縣	勝鄉 永平縣
初置	附郭。取大保山爲名。	
春秋戰國		
秦		
漢	不韋縣地，屬益州郡。後漢，爲永昌郡。	益州郡地。東漢，永昌郡之博南縣地。
晋	省。	省。
南北朝	齊，復设永安縣，爲永昌郡治，不韋屬焉。梁以後，廢。	蕭齊，復置。梁以後廢。
隋		
唐		蒙氏，改爲勝鄉郡。
五代		
宋		大理，因之。
金		
元	爲永昌府治。	初，廢郡置永平千户所。後復爲永平縣，屬永昌府。
明	爲永昌、金齒二千户所，屬金齒衛。正德十四年，改爲新安千户所。嘉靖五年，始改置今縣。	因之。

騰衝	北勝
騰越州	永北廳
	古蠻夷地。以永寧北勝，名之也。
益州郡。後漢，永昌郡西境，越睒地，有僰、驃、峨昌三種蠻居之。	益州郡地。後漢，爲永昌郡地。
屬寧州。	以後，爲施蠻所據。
爲羈縻州地。貞元中，南詔異牟尋逐諸蠻，置軟化府。後白蠻徙居之，改騰衝府。	貞元中，南詔異牟，尋始開其地，名北方睒。徙洱河、白蠻及羅落、麽些諸蠻以實其地，號成偈睒，又改名善巨郡。
大理段氏，因之。	大理段氏，以高大惠治此郡，改爲成紀鎮。
憲宗，府酋高救內附。至元，改騰越州，尋省。	憲宗，內附。至元中，置施州，尋改北勝州。後升爲府，屬麗江路軍民宣撫司。
嘉靖，復置及今屬。	改爲州，屬鶴慶軍民府。後屬瀾滄衛。

	開化府 國朝康熙六年，以教化、王賢、安南三長官司地置府。	文山縣 國朝雍正八年，裁通判、经歷二缺，改縣。
	句町	波些
初置	古句町國地。	附郭。以波些山而名。
春秋戰國		
秦		
漢	句町縣地。蜀漢以後，俱屬興古郡。	
晋		
南北朝	梁，没于爨。	
隋		
唐	爲牁州地。蒙氏，置通海郡于此。	
五代		
宋	段氏，爲秀山郡地。	
金		
元	蒙古置臨安路，皆治焉。	
明	初，移臨安府于建水州，因改置今府。	

閟畔①	堂琅	银生
東川府 領縣一。	會泽縣	鎮沅州 領縣一。
《禹貢》：梁州南裔，歷代蠻夷所據。		古西南極邊地，濮、落雜蠻所居。
置堂琅縣，屬犍爲郡。蜀漢，分犍爲地，立朱提郡，縣屬朱提。		益州郡徼外地。
宋因之。後入于蠻。		
屬于南詔。		南詔，爲银生府之地。其後，金齒白夷侵奪其地。
段氏時，置東川郡大都督。後爲烏蠻閟畔據之，號閟畔部。		大理段氏，莫能服。
置萬户府，改閟畔軍民總管。尋爲東川府，隸烏撒烏蒙宣慰司。		初，内附，屬威遠州。後置案板寨，屬元江路。
洪武十四年，仍爲東川府，隸雲南布政使司。十六年，又改爲軍民府，隸四川布政司。		洪武末，改置鎮沅州。永昌，又升爲府。

①閟(bì)畔，在今雲南會澤縣境。

	猛摩	寶地	朴窩
	恩樂縣 雍正五年改	昭通府 領州一縣二。	恩安縣
初置	本馬籠、他郎甸猛摩地。	《禹貢》：梁州荒裔。	
春秋戰國		周，爲寶地甸。	
秦			
漢	濮落蠻地。	爲牂牁郡。	屬牂牁郡。
晉			
南北朝			
隋			
唐	南詔，屬银生府地，曰猛摩，蠻名者島。	爲烏蒙部蠻所據。	爲烏撒蠻地。
五代			
宋	段氏，隸之。後爲阿僰諸部蠻所奪。		仍舊。
金			
元	爲龍①他郎二甸地，隸元江路。	初，內附。至元，置烏撒路。	屬烏撒路。
明	洪武末，內附。永樂元年，置者樂甸長官司。	改爲烏蒙府。	屬烏蒙府。

①原文漏字錯字，應爲『馬籠』。

米貼	芒部
永善縣	鎮雄州
舊爲米貼寨，土酋世據其地。	歷代爲蠻夷所居。《志》云：故名屈流大雄甸。其後烏蠻之裔阿统與其子芒布居此，因名芒布部。
	牂牁郡地。
	爲烏蒙所據。
	蠻名芒布部。熙寧以後，爲羈縻蠻地。尋置西南番部都大巡检使于此。
屬烏撒路。	置芒布路，隷烏撒烏蒙宣慰司。
屬烏蒙府。	初改爲芒部府，屬雲南布政司。洪武十六年，升爲芒部軍民府。嘉靖三年，改爲鎮雄軍民府。

贵州省

贵陽府爲省會，在　京師西南七千六百四十里。東西距二千九百里，南北距七百七十里。東界湖南辰州，西界雲南曲靖，北界四川重慶，南界廣西。東南界廣西西隆，西南界雲南曲靖，東北界湖南辰州，西北界雲南東川。領府十三，州十四，縣三十四。

地界川湖，盤繞蠻夷。東連五谿，西距盤江，南接西粤，北屏川南。《禹貢》：荆梁二州荒裔。自春秋以来，皆爲蠻夷地。其在天文，或曰參井之分野也。漢時亦爲牂牁南境。三國時，相傳武侯封牂牁蠻酋濟火爲羅甸王國于此。唐時，羅甸之盧鹿部鬼主居之○注：後謁爲羅羅宋時，爲羅施鬼國地○注：或云即殷周之鬼方元，置八番順元等處軍民宣慰使司都元帅府○注：八番：程番、韋番、方番。洪番、龍番、金石番、羅番、盧番也。元至元十六年，西南諸番者，凡三千四百八十七寨。隷四川行省。至元二十八年，改隷湖廣行省。明初以其地，分隷湖廣、四川、雲南三布政司。洪武十五年，設贵州等處承宣布政使司。

	黔陽	甕蓬
	貴陽府	貴筑縣 國朝改置貴竺。
初置	《禹貢》：荆、梁二州南裔，後爲西南夷地。	附郭。
春秋戰國		
秦		
漢	爲牂牁郡。武帝元鼎六年，開。	故苴蘭地。
晋		
南北朝	劉宋，因之。南齊，爲牂牁郡，治梁。以後入于蠻。	
隋	開皇初，置牂州。大業初，改爲牂牁郡。	置牂牁縣，爲牂牁郡治。
唐	初亦置牂州，隸黔州都督府。尋廢。	改建安縣，仍爲牂牁郡治。
五代	爲八番。	
宋	爲羈縻蠻地。開寳中，蛮酋普貴内附，置大萬谷樂①總管府。授之，嘉②移府于今治。	
金		
元	改置順元等。	置貴州長官司，屬順元路安撫司。
明	洪武初，改置貴州宣慰使司，隸四川布政司。永樂十一年，改隸貴州布政司。隆慶三年，析置貴陽府。	初，改爲貴竺長官司。萬歷磨貴竺長官司。置新貴縣。本朝又置貴竺縣，與新貴。同郭。又省新貴入貴竺。

①原文有誤，應爲『落』字。 ②原文缺字，應爲『嘉定』。

羅甸	苴蘭	敷勇
龍里縣 國朝改置縣。	貴定縣	修文縣
	故苴蘭縣地。	牂牁郡地。
爲羅甸蠻地。	爲來新地，改曰新添。	
初，置龍里州，尋省入平伐長官司。	至元中，置新添葛蠻安撫司。初置湖廣行省，後改今屬。	置落邦扎佐長官司。
萬歷，改置新貴縣，以平伐長官司地省入。	萬歷三十六年，割新貴縣及定番地置。	崇禎，改置敷勇衛，兼置修文守禦。

	乖西 開州	定遠 定番州
初置	府東北，本水西地。	古蠻夷地。
春秋戰國		
秦		
漢	牂牁郡地。	牂牁郡地。
晋		
南北朝		
隋		
唐		
五代		
宋		置羈縻南寧州。
金		
元	皇慶中，屬乖西軍民府地。	至元十六年，置程番武勝軍安撫司。
明	崇禎三年，開置開州，屬貴陽府。	初，改程番長官司，隸貴州衛。正統四年，屬貴州宣慰司。成化，置程番府。隆慶，移府治于省城。萬歷，置定番州于舊治。

古城	寧夷	平溪
廣顺州	思州府	玉屏縣
本水西地。	東界湖南沅州，西界鎮遠，北界湖北麻城，南界沅州。	東至湖廣沅州百六十里，西至①[1]
	春秋楚，爲黔中地。	
	屬黔中郡。	
	屬武陵郡西陽縣地。三國吳，分置黔陽縣。	武陵郡地。
	爲巴東郡務川縣地。	
爲牂牁羈縻州地。	爲思州地。後改州，爲寧夷部。	
	入于蠻。	
	政和八年，復置思州。宣和中，廢爲城。紹興中，復置。	
置金竹府，隸管番民總管。	爲思州安撫司地。	
萬歷三十九年，改置廣顺州。	洪武初，分置恩州宣慰司。永樂中，改爲思州府。	洪武二十二年，建平溪衛，隸湖廣都司。

①原文缺『清溪縣界三十裏』。據嘉慶重修《一統志》卷三百九十八補。

	清浪	黔州
	青溪縣	思南府
初置		《禹貢》：荆州荒裔。
春秋戰國		屬楚，爲黔中地。
秦		屬黔中郡。
漢	武陵郡地。	爲武陵郡酉陽縣地。三國吴以後，爲黔陽縣地。
晉		
南北朝		後周，屬清江郡。
隋		置務川縣，屬庸州。尋廢庸州，以縣屬巴東郡。
唐		置務州，治務川縣。貞觀間，改爲思州。天寶初，改寧夷郡。乾元初，復爲思州。
五代		入于蠻。
宋		爲羈縻州。政和間，始置思州。宣和中，廢。紹興初，復置。
金		
元		置思州軍民安撫司。至元間，隸湖廣行省。
明	洪武二十三年，置清浪衛，隸湖廣都司。	洪武，改思南宣慰使司，隸湖廣布政司。永樂十一年，改爲府，隸贵州布政司。

思王

安化縣

附郭。

爲武陵郡西陽縣地。

務川縣地，屬庸州。

置思州，治務川縣。後没于蠻。

大觀初，蕃部長田祐恭歸附，仍置思州。後廢置不一。

初，置新軍萬户府，尋改爲思州軍民安撫司，徙治龍泉坪。因置龍泉平①長官司，爲附郭。今石阡龍泉縣是。後毀于火，移治清江。至元十八年，仍还舊治。至正中，田氏族鎮遠州知州田茂安，始分據其地，以獻僞夏。始设思南道都元帅府，復徙今治。

初，改爲宣慰司，治鎮遠州。二十二年，還治水德江，即在今府治內。永樂十一年，始爲府治。萬歷二十八年，復分置安化縣于郭內。

①原文有誤，應爲『坪』。

	都濡 婺川縣	思邛 印江縣
初置		
春秋戰國		
秦		
漢	武陵郡酉陽縣地。	武陵郡酉陽縣地。
晉	自晉至陳，爲黔陽縣地。	晉至陳，爲黔陽縣地。
南北朝		
隋	開皇末，置務川縣，屬庸州。大業初，屬巴東郡。	爲務川縣地。
唐	武德四年，置務州治此。貞觀，爲思州治，後廢。	開元四年，開生獠地，置思邛縣，屬思州。後廢。
五代		廢。
宋	政和八年，仍置務川縣，爲思州治。宣和四年，廢爲務川堡。紹興初，復縣，思州治焉。	政和八年，置邛水縣，屬思州。宣和中，廢爲堡。紹興中，復置縣。
金		
元	婺川縣，屬思州軍民安撫司。	置思邛江等處長官司。後譌邛爲印。
明	初，屬思南宣慰司。永樂，改今屬。	初，因之，授土酋张氏世守。宏治十八年，長官张鶴齡罪廢，改置今縣。

①原文誤，『宏治』應爲『弘治』。

奬州	邛水
鎮遠府	鎮遠縣
《禹貢》：荆州。	附郭。苗疆。
武陵郡西境地。	
为思州地，尋没于蠻。	
初，爲羈縻州。政和中，復置思州。	
初，置鎮遠沿邊溪洞招討使。尋改爲鎮遠府，屬思州軍民安撫司。	置鎮安縣，尋改安夷縣。後又改金容金達及楊溪公俄等處兩蠻夷軍民長官。
洪武五年，改爲鎮遠州，隸湖廣行省。永樂仍于州置鎮遠府，隸貴州布政司。正統，省州入府。	改爲長官司及今屬，尋改爲縣。

	偏橋 施秉縣	郎溪 天柱縣
初置	苗疆。	苗疆。
春秋戰國		
秦		
漢		爲鐔成縣地。
晋		
南北朝		宋,爲舞陽縣地。
隋		爲龍標縣地。
唐		貞觀八年,置朗溪縣,屬巫州,今湖廣沅州也。
五代		
宋		爲會同縣地。
金		
元	置施秉、前江等處蠻夷軍民長官司,屬思州宣撫司。	爲朗溪洞洞人犵獠據此。
明	洪武,置施秉蠻夷長官司,授土酋楊氏。正統十年,改爲縣。	置朗溪蠻夷長官司,屬思南宣慰司。

夷州	都上	
石阡府	龍泉縣	銅仁府
《禹貢》：荊州荒裔。歷代爲蠻地。		《禹貢》：荊州南裔。後爲溪蠻地境，有銅仁大、小二江。
牂牁郡地。		
分置夜郎郡。		
劉宋，因之。		
屬明陽郡。		
爲思州地。《通志》：唐武德四年，置夷州，即今府治。		屬銅州。
入于蠻。		仍没于蠻。
爲羈縻地。大觀三年，內附，建爲承州。宣和間，廢。		爲思黔二州地。
置石阡等處軍民長官司，屬思州安撫司。	初，置大保龍泉長官司，思州安撫司治此。	屬思州軍民安撫司。
初，隸思南宣慰司。永樂，置石阡府，以石阡江而名也。	仍爲長官司，屬思南宣撫司。萬曆二十七年，平播，改爲龍泉縣。	初，隸思州宣慰司。永樂，置銅仁府。

	常豐	誠州
	銅仁縣	黎平府
初置	附郭，苗疆。	《禹貢》：荊州荒裔。
春秋戰國		
秦		
漢		爲武陵郡南境地。
晉		
南北朝		
隋		
唐		爲播、敘二州地。
五代		
宋		初，楊氏居之，號十峒首領。太平興國八年，楊通賓始入貢，命爲誠州刺史。
金		
元	置銅仁大、小等江蠻夷軍民長官司。	置上黎平長官司，隸新添葛蠻安撫司。
明	洪武，置銅仁長官司，授土酋李氏。永樂，建府治焉。萬曆，以土司李氏不職，改置今縣。	永樂中，置黎平、新化二府，隸貴州。宣德十年，以新化省入黎平。萬曆二十九年，隸湖廣。尋還貴州。

五開	銅鼓	格州
開泰縣	錦屏縣	永從縣
在府治東北。	府北百二十里。	
	武陵郡地。	
		爲溪洞福禄州。
	爲銅鼓團。	改福禄永從軍民長官司。
爲上黎平長官司。		因之。
洪武十八年，建五開衛，隸湖廣都司。	洪武二十年，建銅鼓衛，尋廢。永樂三年，復建，隸湖廣都司。	改蠻夷長官司。正統七年，改永從縣。

	普里 安順府	習安 普定縣	安莊 鎮寧州
初置	古荒服地。	在府治西。	古蠻夷地。
春秋戰國			
秦			
漢	牂牁郡地。	牂牁郡地。	爲牂牁郡地。
晉	爲興古郡。		
南北朝	梁以後，入于蠻。		
隋			
唐	爲羅甸國地。		爲羅甸國地。
五代			
宋	俱爲羈縻蠻地。《志》云：宋爲普里部。		《通志》云：宋爲普東①部。
金			
元	置習安州，屬普定路。至元中，改爲羅甸宣慰司。大德七年，改普定路，屬曲靖宣慰司。	置縣，隸普定路。	于羅黎砦，置和宏州，尋改镇寧州。
明	洪武，改安順州，屬普定府。十八年，府廢，屬普定衛。正統三年，改隸貴州，升爲安順軍民府。	初，省入安順州。	洪武，屬普定府。正統三年，改隸貴州。

①原文有誤，應爲『普裏部』。

查城	威清
永寧州	清鎮縣
古荒服地。	本貴州宣慰司地。
牂牁郡地。	牂牁郡地。
牂牁地。	爲羈縻地。
置永寧州，屬普定路。大德間，改屬湖廣行省。至正中，爲廣西泗州城所并。	爲貴州宣慰司地。
洪武，屬普定軍民府。後廢府，屬四川普定衛軍指揮使司。正統三年，改隸貴州。	洪武二十一年，置威清站，隸貴州衛。二十三年，置爲威清衛。

	平壩	于矢	安隆
	安平縣	興義府 國朝新改。	永豐州 國朝分置。
初置	古西南夷地。	《禹貢》：梁州南境。	本與廣西泗城州西隆縣，俱安隆此地。
春秋戰國			
秦		以前爲夜郎地。	
漢	牂牁郡地。	牂牁郡地。蜀漢，爲興古郡地。	交阯郡地。
晉			
南北朝			
隋		屬牂州。	
唐	爲羅甸國地。	爲東爨烏蠻居之，號于矢部[1]。	以後，皆爲蠻峒地。
五代			
宋	爲羅甸國地。	寶祐中，附于蒙古。蒙古置于矢部萬户府，隸雲南布政司。	
金			
元	爲金筑府地。	至元，改置普安路，隸雲南行省。	置安隆砦，屬廣西泗城州。
明	洪武二十三年，置平壩衛。	永樂，改隸貴州布政司。	永樂元年，置安隆長官司。

①原文有誤，應爲「於矢部」。

宛温		盤水
普安廳	興義縣	普安縣 本朝順治，改爲縣。
古夜郎地。		在普安州東盤江上。
爲黔中郡。		
隸牂牁郡。蜀漢，爲興古郡地。		牂牁郡地。
屬牂州。		
武德中，置西平州。貞觀中，改爲盤州，隸戎州都督府。蒙氏時，爲南詔東鄙，東爨烏蠻居之，號于矢部。其後，爨酋阿宗號齊彌部。尋後，于矢部。		《唐志》：盤州，領三縣，即此。天寶以後，廢。
憲宗，附。內附，置于矢萬户府。至元間，改置普安路，隸雲南行省。		爲普安路。
洪武，改普安軍民府，隸雲南布政司。後改普安軍民指揮使，隸雲南都司。永樂元年，改普安安撫司，授土酋慈長。十三年，慈長謀不軌，改爲州，隸貴州布政使司。		置新城、新興二土户所。

	附唐	都雲
	安南縣 國朝康熙二十六年改。	**都匀府**
初置	在普安州南百里，地名黄草壩。	古西南夷地，蠻名都雲。
春秋戰國		
秦		
漢	牂牁郡地。三國漢，屬興古郡。	開西南夷，以爲牂牁郡地。
晉	因之。	以後因之。
南北朝		
隋		置牂州，尋，復改爲郡。
唐	置附唐縣，屬羈縻盤州。	屬黔州地。
五代		晉天福五年，有都匀酋長尹懷昌，帥其屬十二部，附于馬氏。
宋		爲羈縻合江、陳蒙二州。
金		
元	爲普安路，隸雲南行省。	置都雲軍民府。
明	洪武，置尾灑[1]驛，又改置安南衛。	洪武，置都雲安撫司，隸四川布政司。又改置都匀衛軍民指揮使司，改雲爲匀。永樂，改屬貴州都司。宏治，改爲都匀府。

①尾灑(sa)，明代驛站名，在貴州安南縣西北。

合江	麻峽
都勻縣	麻哈州
附郭。本合江州地。	占蠻夷地。
牂牁郡地。	牂牁郡地。
置羈縻蠻州地。	
因之。尋改爲合江州長官司。	置狫猪[1]砦長官司，屬新添葛蠻安撫司。
初，廢，改爲都雲衛。	洪武五年，改置麻哈長官司，授土酋宋氏。後改爲同知，隸平越衛。宏治八年，升爲州。

①狫猪（gē lǎo）：即仡佬，我國西南地區少數民族名。

	獨山州（紫泉）	清平縣（爐山）
初置	古蠻夷地。	昔爲蠻夷地。城內又置清平衛，歷代未列郡邑。
春秋戰國		
秦		
漢	牂牁郡地。	故苴蘭縣地。
晋		
南北朝		
隋		
唐		
五代		
宋		
金		
元	置獨山州軍民長官司，屬新添葛蠻安撫司。	爲麻峽縣地。
明	洪武十二年，改爲九名九姓獨山州長官司，以境內有九姓苗，隸都雲衛。宏治，升爲州。	洪武十四年，開置清平堡。二十二年，升爲清平長官司，屬平越衛。宏治，改司爲縣，屬都匀府。

捧裁	平月
荔波縣 國朝改今屬。	平越府
本蠻地。	古蠻夷地。
	爲苴蘭地。
牂牁郡地。	牂牁郡治。後漢，因之。
	屬牂牁郡。
	劉宋，因之。齊，爲南牂牁郡治。
	初，爲牂州地。大業初，仍改州爲牂牁。
	以爲羈縻州。後入于蠻。
置羈縻荔波州。	嘉泰初，土官宋永高克復麥新地，亦內附，號黎峩黑等砦。
初，因之。屬廣西南丹安撫司。大德初①，	置平越等處蠻夷長官司。按《元志》：有平伐月石等處長官司，屬播州軍民安撫司，疑即此地。
初，復置荔波縣，屬廣西慶遠府。	洪武十四年，置平越衛軍民指揮使司，屬四川布政司。尋改貴州都司。二十年，分清平、平定二長官司。後屬都雲府。萬曆，升爲平越府，與衛同城。

①原文缺『廢』。

	黎峩	草塘
	平越縣	甕安縣
初置	附府。	
春秋戰國		
秦		
漢	故苴蘭縣地。	
晉	以後，爲苴蘭縣地。	
南北朝		
隋		
唐		播州地。
五代		
宋	爲羈縻蠻地。後內附，爲黎峩黑砦地。	紹興中，開設瓮水砦，爲黃平府地。土酋猶氏世守。
金		
元	置平越蠻夷軍民長官司，屬管番軍民總管府。	
明	洪武十八年，置平越衛，屬貴州都司。	洪武十七年，猶恭以地歸附，授瓮水安撫司，屬播州宣慰司。萬曆二十七年，播酋楊應龍作亂，事平，改置今縣。萬曆，并草塘安撫司入焉。

義泉	費州
湄潭縣	餘慶縣
本播州之苦竹坝、三里、七牌地。	
	羈縻州地。
	初，爲白泥長官司。末，爲餘慶州，屬播州軍民安撫司。
萬曆二十七年，以湄潭川當川貴之險，更始置縣于此。	洪武，改長官司，隸播州宣慰司。土官毛民，世守其地。萬曆，改置今縣。

	狼洞	大方
	黃平州	大定府 國朝新置。領縣三。
初置	古蠻夷地。	本水西大方地，最險固。
春秋戰國		
秦		
漢	牂牁蠻地。	牂牁郡。
晋		
南北朝		宋、齊因之。
隋		開皇初，置牂州。後仍爲牂牁郡。
唐	牂牁蠻地。	初，亦置牂州，尋廢。
五代		
宋	爲黃平府，號狼洞。	開寶間，置大萬谷落總管府。
金		
元	仍爲黃平府，屬播州軍民安撫司。	置順元路宣慰使司，隸四川行省。尋，置順元宣慰司都元帥府，隸雲南。
明	洪武八年，改黃平安撫司，仍屬播州宣慰司。萬曆，改爲州。	洪武四年，罷爲宣撫司，隸四川。永樂間，改隸貴州布政司。

比喇	水西
平遠州	黔西州
	本水西地，有大方、火、織金、火灼諸城堡，安氏據居之。
牂牁郡地。三國漢，封蠻酋羅甸國王。	牂牁郡地。三國漢，爲羅甸國地。
	開成初，內附。又封羅甸王。
	開寶八年，析置大萬谷落總管府。
置順元路宣慰司，屬四川行省。尋，置順元宣慰司都元帥，屬雲南。	初，隸四川。又改隸湖廣。後置順元宣慰司都元帥，隸雲南。
屬貴州布政司。	永樂，改隸貴州布政司。

	烏撒	烏蒙
	威寧州 雍正七年，降爲州。	**畢節縣** 國朝康熙三十六年，改爲縣。
初置	古巴凡兀姑之地，世爲烏蠻所居。	古蠻夷地。
春秋戰國		
秦		
漢	蠻名巴的甸。	置鷩①縣，屬牂牁郡。後漢因之。
晉		永嘉中，改屬平夷郡。
南北朝		
隋		
唐	烏蠻之裔烏些居此，有其地。	爲羅甸國地。
五代		
宋	烏些之後，日析怒又并東西芒布沙晟二部，號烏撒部。	仍爲羅甸國地。
金		
元	烏撒軍民府地，隸四川布政司。	爲順元等路宣慰司地。
明	初，來附，改爲烏撒府地，隸四川布政司。又置烏撒衛，屬雲南都司。永樂，改隸貴州都司。	初，爲貴州宣慰司地。洪武十五年，傅友德平烏撒諸蠻，置烏蒙衛于烏蒙境內。十六年，徙于畢節驛，名畢節衛，隸貴州都司。

①鷩：讀bì。古縣名，在今中國貴州省遵義市西。

播州	恭水
遵義府	遵義縣
梁州之地。	附郭。
爲夜郎、且蘭二縣地。	
牂牁郡地。	牂牁，故且蘭縣地。後漢因之。
	置萬壽縣，爲牂牁郡治。
	宋、齊仍舊。
俱因之。	置牂牁縣，州郡皆治此。
貞觀初，分牂牁郡北界，置郎州，領恭水等六州縣。後改郎州爲播州，治遵義縣。又改爲播州郡。唐末没于夷。	貞觀九年，改置恭水縣爲郎州治，又改播州亦治此。又改曰羅蒙縣，又改曰遵義縣。
置播州及遵義軍。宣和中，廢州爲播川縣，隸南平軍。又改軍爲寨，爲珍州，置播州宣撫司。	大觀中，始建播川縣，爲州治。宣和三年，州縣俱廢，以播州城隸南平軍。尋置遵義砦，又升爲遵義軍。
改爲播州沿邊安撫司。	初，廢，入播州。
萬曆中，改爲遵義府。	洪武九年，改置播州長官司于郭内。萬曆二十七年，播酋平，城爲墟。旋于白田垻置遵義縣，爲府治。

	珍州	樂源
	桐梓縣	真安州
初置		
春秋戰國		
秦		
漢	夜郎縣地，屬牂牁郡。後漢，因之。	牂牁郡地。
晉	仍屬牂牁郡。永嘉五年，寧州刺史王遜分置夜郎郡，治夜郎縣。	
南北朝	宋、齊因之。	宋以後，因之。
隋	并入牂牁縣。	亦爲牂牁郡地。
唐	貞觀十六年，開山峒，復置夜郎縣，珍州治焉。元和初，州廢，縣屬溱州。唐末，没于夷。	貞觀十六年，置珍州。元和初，廢，入溱州。
五代		
宋	大觀二年，復置夜郎縣，屬溱州。宣和三年，廢。	大觀二年，復置珍州。
金		
元		爲珍州、思寧等處長官司。明玉珍竊據，改珍爲真。
明	初，置桐梓驛於此。萬曆二十七年，平楊應龍，置爲縣。	洪武十七年，改曰真州長官司。萬曆，改置真安州。

洋川	符縣
綏陽縣	仁懷縣
牂牁郡地。	犍爲郡府縣地。
招慰徼外夷置縣，屬明陽郡，蓋羈縻夷郡也。	爲瀘州地。
武德三年，復置，屬夷州。貞觀十一年，改屬夷州。尋，爲州治。天寶初，曰義泉郡。乾元初，復曰夷州。	芙蓉縣地，屬播州。
爲羈縻蠻地。大觀三年，酋長獻其地，改置承州，仍治綏陽縣。宣和三年，州廢，縣屬珍州。咸淳末，廢，入珍州。	
	大觀中，爲琅川縣地。尋廢爲琅川城，屬南平軍。端平中，復屬播州①。
	廢。
初，因之。萬曆二十七年，復置今縣。	萬曆二十七年，改置今縣。

①原文誤排，錯行爲『金』應爲『宋』。

阿爾古廳

○注：本金川土司地，在四川省治西一千二百一十里。東西距二百六十里，南北距三百里。東至小金川土司界一百一十里，西至綽斯甲布土司界一百五十里，南至布拉克底土司界二百一十里，北至丹壩土司界九十里。东南至小金川土司界一百八十里，東北至卓克采土司界一百八十里，西南至革布什咱土司界一百五十里，西北至綽斯甲布土司界一百八十里。由廳治至京師五千七百里。

分野天文井鬼分野，鶉首之次。建置沿革：《禹貢》：梁州之域。本氐羌部落，明代，有哈伊拉木者○注：哈伊拉木，舊作哈衣麻衣。今改正。得封演化禪師，世有其地。本朝康熙六十一年，土舍莎羅奔向化歸誠。雍正元年，授為安撫司。八年，頒給印信、號紙。乾隆七年，其子郎卡承襲，自稱金川，陵轢①種類，侵軼邊徼。後奉詔聲討，勢窮力蹙，於十四年春，乞降請命，赦而弗誅。迨②其子索諾木，性尤凶暴，侵殺革布什咱各土司。於是命將行師，掃其巢穴。四十一年春，索諾木兄弟四人，及其母阿蒼姑阿青均獻俘授首。乃於其地，設阿爾古廳，直隸四川省。

形勢：金川，巢穴有二。一在勒烏圍，一在噶拉衣○注：俗稱刮耳崖。相距約一百二十里。瀘河自西北來，從從噶克土司境流入，穿徑其中。沿河崇山峭聳，鳥道紆迴，碉樓石卡，夾峙其間。自噶拉衣至喀爾薩爾，約四十餘里。中有功噶爾拉、木果木、昔嶺、色爾力諸山，俱崱屴③巑岏④，峯如刀槊，三時飛雪，迄夏不銷，雲霧晦暝，氣候惡劣。至昔嶺向西盡處，即噶拉衣巢穴。碉高寨厚，環以平房，背負崇山，左右皆係石崖。前臨大河，近巢穴十餘里，道尤險仄。其自勒烏圍至丹壩約五十餘里，中有穆爾津岡、革什戎岡、日旁諸山。近巢數里，皆土產夾石，臨河陡立。其巢穴堅固寬厚，與噶拉衣等，亦環以居民。中有美臥溝，直逼小金川之底。本達布朗郭宗，爲番衆出没之所。

①陵轢：讀 lì；侵犯，欺壓。　②迨：讀 dài。到，及。　③崱 zè 屴 lì：高峻的樣子。　④巑 cuán 岏 wán：峻峭的樣子。

阿爾古廳表

	兩漢	三國	晉	宋齊梁	魏周	隋	唐	五代	宋	元	明
阿爾古廳	西南蠻南。						吐番地。				金川寺演化禪師，世有其地。

外藩蒙古統部　○注：東接盛京黑龍江，西接伊犂東路，南至長城，北踰絶漠，袤延萬餘里。

古雍、冀、幽、并、營五州北境。周時，獫狁①山戎居之。秦漢，北邊外匈奴盡有其地。漢末，烏桓、鮮卑雜處其間。元魏時，蠕蠕及庫莫奚爲大。隋唐，屬突厥。後入於回紇、延陀。遼金以來，建置都邑城郭，與内地不異。元之先曰：蒙古，居西北極邊。奄有天下，遂成一統。明初，阿裕實哩達喇遯②歸朔漠，復其故號。遺種繁衍，諸部時擁衆侵邊，迄明世北陲不靖。

本朝龍興，蒙古科爾沁部率先歸附。及既滅察哈爾，諸部相繼來降。于是正其疆界，悉遵約束。所有征伐，并帥師以從。及定鼎後，錫以爵禄，奉正朔，歲朝貢，以時奔走，率職隸版圖者，部落科爾沁等二十五，共分爲旗五十一。

①獫狁：讀 xiǎn yǔn。古代北方的一個少數民族名。　②遯 dùn：『遁』的本字，逃避。

科爾沁五等十一旗
古雍、冀、幽、并、營五州地。
秦漢，爲北邊外地。漢末，匈奴及烏桓、鮮卑居之。
後魏，爲蠕蠕及庫莫奚地。
突厥地。
初爲突厥地。後入于延陀、回紇。
遼上京道、中京道、西京道及諸州地。
上京路、北京路、西京路及諸州地。
上都路、及諸路地。
邊外烏梁海，舊作兀良哈。今三衛及元裔諸都地。

科爾沁

○注：六旗，在喜峯口東北八百七十里，至京師一千二百八十里。其貢道由山海關。

本朝初，以壤地相接，結爲婚姻。其後爲察哈爾所侵，台吉奧巴遂率其兄弟諸蒙古來降。太祖高皇帝賜以土謝圖汗之號，世襲。分六旗，其建置沿革詳于表。

	科爾沁
初置	
春秋戰國	
秦	
漢	秦漢，遼東郡北境。後漢，爲扶餘、鮮卑地。
晉	
南北朝	北魏，爲契丹靺鞨[1]地。
隋	
唐	
五代	
宋遼	上京東境及東京北境。
金	分屬上京、北京及咸平路。
元	開元，路北境。
明	初，置福餘外衛以。元後，烏梁海酋领爲都指揮。後自立國號，曰科爾沁。烏梁海舊作兀良哈。今改正。

①靺鞨，mò hé 古代居住在東北的少數民族。

右翼旗	右翼前旗
駐巴烟和郡，在喜峯口東北一千二百里，本鞥鞨地。	駐席喇布爾哈蘇，在喜峯口東北一千三百五十里，本鞥鞨地。
本朝崇德元年，敍功封土謝圖汗奧巴之子巴達禮，爲和碩土謝圖親王，世襲，掌右翼旗札薩克事。	本朝天聰十年，封奧巴弟布達齊，爲多羅扎薩克圖郡王，世襲，掌右翼前旗。
遼爲黃龍府北境。	
屬上京路。	置肇州，隸會寧府。海陵時改屬濟州。承安三年，升爲節鎮軍，名武興，領始興一縣。
廢。	爲遼王納顏分地。
入于科爾沁。	入于科爾沁

	右翼後旗 駐恩馬，圖坡，在喜峯口東北一千四百五十里，本鞢鞨地。
初置	本朝天命間，奥巴之兄土梅來朝，賜號達爾漢。崇德元年，封其子拉馬什希爲鎮國公，世襲，掌右翼後旗。
春秋戰國	
秦	
漢	
晋	
南北朝	
隋	
唐	
五代	
宋遼	遼置州，軍，統豐一縣。
金	衍安廣，州宜廢。
元	皇統年，州分地。
明	三爲納顔入于科爾沁。

左翼旗

駐伊克唐噶里克坡，在喜峯口東北一千六十五里，本契丹地。

本朝天命初，貝勒莽古思札爾固齊來朝，結爲姻婭①。崇德元年，敘功，封其孫滿朱習禮爲多羅巴圖魯郡王。順治十六年，晉封爲和碩達爾漢親王，世襲，掌左翼旗扎薩克事。

遼，置信州彰聖軍，領武昌、定武二縣，屬東京。

省定武，入武昌，以州屬上京。

廢。

入于科爾沁。

①姻婭：yà，女婿的父親稱『姻』。兩婿之間相互稱『婭』。

	左翼前旗 駐伊克岳里泊，在喜峯口東北八百七十里，本契丹地。	左翼後旗 駐雙和爾山，在喜峯口東北一千四十里，本契丹地。
初置	本朝崇德元年，封扎爾固齊之弟洪果爾爲多羅冰圖郡王。世襲，掌左翼前旗。	本朝順治七年，封明幹達爾漢巴圖魯之孫彰吉倫，爲多羅郡王，世襲，掌左翼後旗。
春秋戰國		
秦		
漢		
晋		
南北朝		
隋		
唐		
五代		
宋遼	遼，置長春州。	遼，置鳳州。
金	降爲縣，隸泰州。	廢。
元	廢。	
明	入于科爾沁。	入于科爾沁。

郭爾羅斯　○注：二旗，屬科爾沁左翼，在喜峯口東北一千四百八十七里，至京師一千八百九十七里。其貢道由山海關。

本朝天聰七年，台吉古木及布木巴隨土謝圖汗奥巴來降。順治五年，封古木之弟桑阿爾寨爲輔國公，世襲，掌前旗。封布木巴爲鎮國公，世襲，掌後旗。

郭爾羅斯	前旗　駐古爾板揷①漢，在喜峯口東北一千四百八十七里。
北魏，爲契丹地。	
遼，泰州昌德軍，屬上京。	
泰州昌德軍。大定間，廢。承安二年，移州於長春縣，以故地爲金安縣，隸之。	
爲遼王分封地。	
爲科爾沁所據。後分與其弟，是爲郭爾羅斯。	

①揷：chā，古同插。

後旗

駐榛子嶺，在喜峯口東北一千五百七十里。

杜爾伯特　○注：[2]旗，屬科爾沁右翼，駐多克多爾坡。在喜峯口東北一千六百四十里，至京師二千五十里。其貢道由山海關。

本朝天聰年間，台吉阿都齊隨土謝圖汗奧巴來降。順治間，封其子塞冷爲固山貝子，世襲，掌旗。

	杜爾伯特
初置	
春秋戰國	
秦	
漢	
晉	
南北朝	北魏，爲契丹地。
隋	
唐	
五代	
宋遼	遼，長春州北境。
金	泰州北邊地。
元	爲遼王分地。
明	爲科爾沁所據。後分與其弟，是爲杜爾伯特。

①原文缺字，應爲『一旗』。

札賴特　○注：一旗，屬科爾沁右翼，駐上百新插漢坡。在喜峯口東北一千六百里，至京師二千一十里，其貢道由山海關。

本朝天命年間，台吉和碩齊隨土謝圖汗奥巴來降，封爲固山貝子。雍正十年，以功晉封貝勒，世襲，掌旗。

札賴特
北魏，爲契丹地。
遼，長春州北境。
泰州北邊地。
爲遼王分地。
爲科爾沁所據，後分與其弟，是爲札賴特。

土默特

○注：二旗。在喜峯口東北五百九十里，至京師一千里，其貢道由喜峯口。

本朝天聰三年，其台吉鄂木布、塔布囊善巴來降。崇德元年，以善巴從征有功，賜號多羅達爾漢。初封鎮國公。康熙元年，晉封爲多羅達爾漢貝勒，世襲，主左翼。鄂木布初封鎮國公。康熙元年，晉封爲固山貝子，世襲，主右翼。

	土默特
初置	本古孤竹國。
春秋戰國	
秦	
漢	置柳城縣，屬遼西郡，爲西部都尉治。
晉	咸康中，燕慕容皝①改爲龍城縣。遂建都，號和龍宮。
南北朝	北魏，爲營州治。
隋	復置柳城縣，爲遼西郡治。
唐	爲營州都督府治，後爲奚所據。
五代	
宋遼	遼，平奚，置興中府，治興中縣，隸中京道。
金	爲興中府。
元	降爲興中州，屬大寧路。
明	初以內附部長爲三衛指揮使。自錦義，歷廣寧，至遼河，曰泰寧衛。後爲蒙古土默特所據。

①皝：huǎng。慕容皝，東晉初年鮮卑族的首領，建立前燕國。

右翼	左翼
駐旱龍潭山，在喜峯口東北八百二十里。	駐大華山，在喜峯口東北五百九十里。

札魯特　○注：二旗，在喜峯口東北一千一百里，至京師一千五百十里，其貢道由喜峯口。

本朝天聰二年，其汗内齊率貝勒色本、馬尼畢部來歸。于是封内齊爲多羅貝勒，主左翼。封色本爲多羅達爾漢貝勒，主右翼。

	札魯特	左翼	右翼
初置		駐齊齊靈花拖羅海山北，在喜峯口東北一千一百里。	駐兔爾山南，在喜峯口東北一千二百里。
春秋戰國			
秦			
漢	遼東郡北境。		
晉			
南北朝			
隋			
唐	屬營州都督府，後入于奚。		
五代			
宋遼	遼，爲上京道地。		
金	屬北京路。		
元	屬上都路。		
明	爲蒙古札魯特所據，後屬於喀爾喀。		

阿嚕科爾沁　○注：一旗，駐渾圖山東。在古北口東北一千一百里，至　京師一千三百四十里，其貢道由喜峯口。

本朝天聰六年，部長達賴爲察哈爾所侵，率其子穆章來降。順治五年，封穆章爲固山貝子。後晉封多羅貝勒，世襲，掌旗。

敖漢　○注：一旗，駐古爾板圖爾噶山。在喜峯口東北六百里，至　京師一千一十里，其貢道由喜峯口。

本朝天聰元年，其貝勒塞臣卓禮克圖，舉部來降。崇德元年，封其子班第爲多羅郡王，世襲掌旗。

阿嚕科爾沁	敖漢
	本古鮮卑地。
	屬營州都督府。後入于奚。
遼上京臨潢府地。	遼，爲興中府北境。
大定府北境。	大定府。
遼王分封地。	遼王分封地。
初於烏梁海地置衛，爲外藩。後自號阿嚕科爾沁。	爲蒙古喀爾喀所據。後分與其弟，號曰敖漢，役屬于察哈爾。

奈曼　○注：一旗，駐章武臺。在喜峯口東北七百里，至京師一千一百一十里，其貢道由喜峯口。

本朝天聰元年，其酋衮楚克巴魯圖，爲察哈爾所侵，來降。崇德元年，敘功，封爲多羅達爾漢郡王。

喀爾喀左翼　○注：一旗，駐插漢河朔墩。在喜峯口東北八百四十里，至京師一千二百十里。其貢道由喜峯口。

本朝康熙三年，封爲多羅貝勒，世襲，主左翼。

	初置	春秋戰國	秦	漢	晋	南北朝	隋	唐	五代	宋遼	金	元	明
奈曼				本古鮮卑地。				屬營州都督府。後入于奚。		遼，爲興中府北境。			爲蒙古喀爾喀所據。後分與其親弟，號曰奈曼。
喀爾喀左翼				本古鮮卑地。				屬營州都督府，後入于奚。		遼上京道南境。	屬北京路。		爲喀爾喀所據，役屬于西路札薩克圖汗。

喀喇沁　〇注：本二旗，新添一旗。在喜峯口東北三百五十里，至　京師七百六十里，其貢道由喜峯口。

本朝天聰年間，其部長蘇布地，率昆弟塞冷等來降。崇德元年，封蘇布地之子古魯思起布爲貝子，賜號多羅杜稜，主右翼。順治五年，封塞冷爲鎮國公，主左翼，并世襲。

喀喇沁

本春秋時，山戎地。

爲遼西郡境。後漢，爲鮮卑地。

慕容氏地。

爲庫莫奚所據。

爲饒樂都督府。大宗①初，奚內附，置府，隸營州。後分爲東、西奚，尋并于契丹。

遼，爲中京大定府。統和二十五年，以故奚王牙帳建府，領大定、長安、富庶、勸農、文定、升平、歸化、神水、金源九縣。

爲中京大定府。貞元初，更爲北京，置留守司，領大定、長興、富庶、松山、神山、惠和、金源、和衆、武平、靜封、三韓十一縣，廣寧、興中、臨潢三府，利、義、錦、瑞、懿、大、建、全、慶、興、泰十一州。

爲大寧路。初爲北京路總管府。至元七年，改路。二十二年，改武平路。後復名大寧，隸遼陽行省。

洪武中，置大寧都指揮使司，領大寧中、左、右及會州、木榆、新城等二十餘衛。二十一年，改北平行都指揮使司。永樂初，以地賜三衛，酋長朵顏最强。後爲察哈爾所滅，以地予於其塔布囊，是爲喀喇沁。

①原文誤，應爲『大中』唐宣宗年號。

	右翼	左翼	增設一旗
初置	駐西白河北，在喜峯口北三百九十里。	駐牛心山，在喜峯口東北三百五十里。	在左右翼二旗界内。康熙五十九年，授葛勒爾之姪喀寧阿，爲一等他布囊[1]，世襲掌旗事。
春秋戰國			
秦			
漢			
晋			
南北朝			
隋			
唐			
五代			
宋遼			
金			
元			
明			

①原文誤，應爲「塔布囊」，即清代蒙古子弟封爵名號。參閲《中國歷代官制詞典》946頁。

翁牛特　○注：二旗，在古北口東北五百二十里，至　京師七百六十里，其貢道由喜峯口。

本朝天聰七年，其濟農索音偕貝勒東率部落來歸。崇德元年，敘功，封索音爲多羅杜稜郡王，主右翼。封東爲多羅達爾漢戴青貝勒，主左翼。

翁牛特	右翼
	駐英席爾哈七特呼郎，在古北口東北五百二十里。
饒樂都督府地。	
遼，置饒州匡義軍節度，屬上京道。	
北京路地。	
上都路地。	
初，以烏梁海置衛，爲外藩。後自稱翁牛特，服屬于阿嚕科爾沁。	

	左翼
初置	駐札喇峯西，在古北口東北六百八十里。

阿霸哈納爾　○注：二旗，在張家口東北六百四十里，至京師一千五十里。其貢道右翼由張家口，左翼由獨石口。

本朝崇德年間，台吉塞冷、董夷思拉布來降。康熙四年，封董夷思拉布爲固山貝子，主左翼。康熙六年，封塞冷爲多羅貝勒，主右翼。

	阿霸哈納爾
初置	
春秋戰國	
秦	
漢	上谷郡北境。
晋	拓跋氏地。
南北朝	
隋	爲突厥所據。
唐	
五代	
宋遼	遼，上京道西境。
金	北京路西北境。
元	屬上都路。
明	蒙古所據，是爲阿霸哈納爾，役屬于喀爾喀車臣汗。

右翼	左翼
駐永安山，在張家口東北六百四十里。	駐烏爾呼拖羅海山，在獨石口東北五百八十二里。

阿霸垓　○注：二旗，在張家口東北五百九十里，至京師一千里，其貢道右翼由張家口，左翼由獨石口。

本朝天聰九年，察哈爾已滅，并率所屬來降。崇德六年，封多爾濟爲多羅卓禮克圖郡王，主右翼。順治八年，封都思噶爾爲多羅郡王，主左翼。

	阿霸垓	右翼	左翼
初置		駐科布爾泉，在张家口東北五百九十里。	駐巴颜額龍，在獨石口北五百五十里。
春秋戰國			
秦			
漢	上谷郡北境。		
晋	拓跋氏地。		
南北朝			
隋	爲突厥所據。		
唐			
五代			
宋遼	遼，上京道西境。		
金	屬北京路。		
元	屬上都路。		
明	蒙古所據，是爲阿霸垓。初役屬于察哈爾，後依喀爾喀。		

烏朱穆秦　○注：二旗，在古北口東北九百二十三里，至京師一千一百六十三里，其貢道由獨石口。

本朝天聰八年，察哈爾既滅，遂相率來降。崇德六年，封多爾濟爲和碩車臣親王，主右翼。順治三年，封塞楞爲多羅額爾得尼貝勒，主左翼。

烏朱穆秦	右翼
	駐巴克蘇爾哈台山，在古北口東北九百二十三里。
遼上京道北境。	
屬北京路。	
屬上都路。	
蒙古所據，是爲烏朱穆秦，察哈爾之族也。後依喀爾喀。	

蒿齊忒 ○注：二旗，在獨石口東北六百八十五里，至京師一千一百八十五里。其貢道由獨石口。

本朝天聰八年，察哈爾既滅，乃相率來降。順治七年，封博羅特爲多羅額爾得尼郡王，主左翼。順治十年，封噶爾瑪爲多羅郡王，主右翼。

	左翼	蒿齊忒
初置	駐魁蘇拖羅海，在古北口東北一千一百六十里。	
春秋戰國		
秦		
漢		
晉		
南北朝		
隋		
唐		
五代		
宋遼		遼，上京道西境。
金		屬北京路。
元		屬上都路。
明		蒙古所據，是爲蒿齊忒，察哈爾之族也。後依喀爾喀。

右翼	左翼
駐特古力克呼都克井，在獨石口東北六百九十里。	駐烏默黑泉，在獨石口東北六百八十五里。

巴林　○注：二旗，同界。右翼駐托鉢山，在古北口東北七百二十里。左翼駐阿乂圖拖羅海，又東北六十里。至京師九百六十里，其貢道由獨石口。

本朝天命十一年，以喀爾喀五部落叛盟，私與明和，劫我使臣。太祖高皇帝親統大軍征之，戮巴林貝勒葉黑少子囊奴克，盡收其畜産。天聰二年，察哈爾林丹汗復舉兵破之。貝勒塞特哩偕台吉滿朱習禮，遂舉部來歸。順治五年，封塞特哩之子塞布勝，爲輔國公。七年，晉封爲多羅郡王，主右翼。封滿朱習禮爲固山貝子，主左翼。

	巴林	克西克騰
初置		
春秋戰國		
秦		
漢		
晋		
南北朝		
隋		
唐		
五代		
宋遼	遼，上京臨潢府地。	遼，上京道地。
金	大定後，以臨潢府并屬北京路。	屬北京路。
元	嘗遷廣寧，治此。	屬上都路及應昌路地。
明	初，爲烏梁海北境。後爲巴林所據，役屬於察哈爾，與喀爾喀爲兄弟行。	爲蒙古所據。

克西克騰　〇注：一旗，駐吉拉巴斯峯，在古北口东北五百七十里，至京師八百十里。其貢道由獨石口。

本朝天聰八年，太宗文皇帝親征察哈爾，林丹汗走死。于是，克西克騰索諾木戴青來歸。授爲掌旗一等台吉，世襲。

蘇尼特　◎注：二旗，在張家口北五百五十里，至京師九百六十里。其貢道由張家口。

本朝天聰九年，既滅察哈爾，其濟農叟塞、貝勒滕吉思來朝。崇德七年，封叟塞爲多羅杜稜郡王，主右翼。順治五年，封滕吉思弟滕吉泰爲多羅郡王，主左翼。

蘇尼特	右翼	左翼
	駐薩敏西勒山，在張家口北五百五十里。	駐俄林圖察拍台岡，在張家口北五百七十里。
上谷及代郡北境。後漢，烏桓鮮卑居之。		
拓跋氏地。		
爲突厥所據。		
初爲突厥所據		
遼置撫州。		
因之，屬西京路。		
爲興和路地。		
爲蒙古蘇尼特所據，察哈爾汗之族也。		

喀爾喀右翼 ○注：一旗，駐他魯渾河，在張家口西北七百一十里。至京師一千一百三十里。其貢道由張家口。

本朝順治十年，封爲和碩達爾漢親王。康熙四十七年，降封其孫詹達固密爲多羅達爾漢貝勒，主右翼。

四子部落 ○注：在張家口西北五百五十里，至京師九百六十里。其貢道由張家口。

本朝天聰八年，貝勒鄂音布來朝。順治六年，敘功，封爲多羅達爾漢郡王。

	喀爾喀右翼	四子部落
初置		
春秋戰國		
秦		
漢	定襄、雲中二郡北境。	雁門及拓跋氏定襄郡地。北境。
晉		
南北朝		
隋		
唐	爲振武軍地。	爲振武軍地。
五代		
宋遼	遼，豐州地，屬西京道。	遼，豐州地，屬西京道。
金	豐州地，屬西京路。	屬西京路。
元	屬大同路。	屬大同路。
明	爲喀爾喀所據，役屬於土謝圖汗。	爲阿祿喀爾喀所據，後分與諸子，號曰對因駒子，是爲四子部落。

毛明安　○注：一旗，駐車突泉。在張家口西北八百里，至京師一千二百四十里。其貢道由張家口。

本朝天聰八年，舉部來降。康熙三年，授僧格爲一等台吉，掌旗。

毛明安				五原郡地。		後魏，懷朔鎮地。	置勝州。大業時，改爲榆林郡。	初爲東勝州。天寶時，改爲榆林郡。後又改爲勝州。		遼爲東勝州地，屬西京道。	因之。	屬大同路。	初設衛戍守。後爲蒙古毛明安所據。

烏喇忒　○注：前中後三旗，俱駐谷家，古名哈達馬爾。在歸化城西三百六十里，至京師一千五百二十里。其貢道由殺虎口。

本朝天聰七年，其台吉鄂板達爾漢來朝，并率圖巴額爾赫、塞冷伊爾登二旗歸附。并封爵世襲，分掌前旗、中旗、後旗。

烏喇忒			五原郡，置九原郡。後廢。	元朔二年復置。後漢因之。三國郡廢。		後魏，置懷朔鎮。		景龍二年，張仁愿於河外築三受降城，此爲中受降地。		遼，雲內州，屬西京道。	屬西京路。	屬大同路。	初廢，爲斡喇所據。斡喇，舊作瓦喇，今改正。

鄂爾多斯　○注：舊六旗，今七旗。在歸化城西二百八十五里，至京師一千一百里。其貢道由殺虎口。

本朝天聰九年，滅察哈爾林丹汗，鄂爾多斯額林臣來歸。仍賜濟農之號，令招集諸部落。順治六年，封郡王等爵有差，并掌分地，爲六旗。雍正九年，封定咱拉錫爲掌旗一等台吉，增設一旗，爲七旗。

	鄂爾多斯
初置	
春秋戰國	
秦	
漢	朔元郡，本秦新泰中地。初，爲匈奴所有。元朔二年，置郡，屬并州。後漢末，廢。
晋	永嘉後，爲前後趙、前後秦地。義熙中，赫連勃勃據此。
南北朝	後魏，爲統萬鎮地。後爲夏州北境。
隋	初，以其地東置勝州，西置豐州。大業初，改勝州爲榆林郡，豐州爲五原郡。後廢。
唐	貞觀中，復置勝、豐二州。天寶元年，改勝州爲榆林郡，豐州爲九原郡。乾元初，復故名，其南境又有宥州，俱屬關內道。
五代	爲李夏所有。
宋遼	宋，爲李夏所有。
金	爲李夏所有。
元	滅夏，立西夏、中興等路。後廢。其地東屬東勝、雲內二州，及延安、寧夏等路。
明	初，爲東勝等州城，并立屯戍。天順間，爲蒙古所據。後屬於察哈爾，是爲鄂爾多斯。

左翼前旗 駐套内東南扎拉谷，在湖灘河朔西一百四十五里。	**左翼中旗** 駐套内南、近東敖西喜峯，在扎拉谷西一百六十五里。
本朝順治初，其台吉從額林臣來歸。封爵，世掌左翼前旗。	本朝天聰九年，其濟農額林臣來歸。順治六年，封爲多羅郡王，世掌左翼中旗。

	左翼後旗	右翼前旗
	駐套內東北巴爾哈孫湖，在黃河帽帶津西一百四十里。	駐套內巴合池，在敖西喜峯西九十里。
初置	本朝順治初，其台吉從額林臣來歸。封爵，世掌左翼後旗。	本朝順治初，其台吉從額林臣來歸。封爵，世掌右翼前旗。
春秋戰國		
秦		
漢		
晋		
南北朝		
隋		
唐		
五代		
宋遼		
金		
元		
明		

右翼中旗	右翼後旗
駐套內亟西近南西喇布里都池，在鄂爾吉虎泊西南二百六十里。	駐套內西北鄂爾吉虎泊，在巴爾哈孫西一百七十里。
本朝順治初，其台吉從額林臣本歸。封爵，世掌右翼中旗。	本朝順治初，其台吉從額林臣來歸。封爵，世掌右翼後旗。

歸化城土默特　○注：二旗，旗在殺虎口北二百里，至京師一千一百六十里。其貢道由殺虎口。

本朝天聰六年，太宗文皇帝親征察哈爾，駐蹕①歸化城，土默特部落悉降。九年，大軍滅察哈爾，命貝勒岳②駐守歸化城。崇德元年，其酋古祿格毛國来朝，命偕俄爾布返，并還其世所守順義王印，编爲二旗。以古祿格爲左翼都統，杭高爲右翼都統。設佐領、協領等員，并駐城中。康熙三十五年，聖祖仁皇帝，自白塔駐蹕　於此，其官制并同内地。

	歸化城土默特
初置	
春秋戰國	
秦	
漢	定襄、雲中二郡地。後漢，屬雲中郡。
晋	
南北朝	雲州。後魏初，建都于此，號盛樂城。後置州，領盛樂、雲中等郡。
隋	定襄郡。
唐	單于大都護府。
五代	後唐時，入遼。
宋遼	豐州天德軍，屬西京道。
金	豐州天德軍，屬西京路。
元	豐州天德軍，屬大同路。
明	宣德初，築玉林、雲州等城，設兵戍守。後爲蒙古所據。嘉靖間，諳達居此，是爲西土默特。隆慶間，封爲順義王，名其城曰歸化。

①駐蹕 bì，同蹕。帝王出行中途停留暫住。　②原文漏字，應爲岳託，清太祖努爾哈赤之孫。

養息牧牧廠　○注：在盛京錦州府廣寧縣北二百一十里，至京師一千二百五十里。

本朝置養息牧牧廠。乾隆十九年，議準養息牧騸①馬二羣。分在大凌河煽馬廠内，課馬六羣，改爲四羣，亦移大凌河放牧。

養息牧牧廠
本朝於沿邊口外，置設牧場，有總管等官管轄，曰養息牧牧廠，曰御馬廠，曰禮部牧廠，曰太僕寺左翼牧廠，曰太僕寺右翼牧廠，曰鑲黄等旗牧廠，曰正黄等旗牧廠。

① 騸 shàn 馬，即閹割後的馬。

察哈爾 ○注：八旗。明時，曰插漢。本元裔小王子後。嘉靖間，布希駐牧察哈爾之地，因以名部。後徙帳於遼東邊外，四傳至林丹汗，侵暴諸部。

本朝天聰六年太宗文皇帝統大軍親征，林丹走死，其子孔果爾額哲來降。即其部編旗，駐義州。康熙十四年，布爾呢兄弟叛，討誅之。遷部衆駐牧宣化、大同邊城外，有前鋒，佐領等官管領。因從征噶爾丹有功，聖祖仁皇帝詔贈給其護軍餉，復以來降之喀爾喀厄魯特部落編爲佐領，隸焉。其鑲黄、正黄、正紅、鑲紅四旗駐張家口外，正白、鑲白、正藍三旗駐獨石口外，鑲藍一旗駐殺虎口外。

	鑲黄旗察哈爾
初置	駐蘇門峯，在張家口北三百四十里。由張家口至京師七百五十里。
春秋戰國	
秦	
漢	上谷郡北境。
晋	
南北朝	
隋	
唐	
五代	
宋遼	
金	
元	
明	萬全右衛邊外。

正黃旗察哈爾	正紅旗察哈爾
駐木孫忒克山，在張家口西北三百二十里。由張家口至京師七百三十里。	駐古爾板拖羅海山，在張家口外西北三百七十里。由張家口至京師八百里。
置且如縣，屬代郡。後漢，省。	雁門郡北境。
後魏，置柔元鎮。	
爲撫州威寧縣地。	
爲天成衛邊外。	大同府邊外。

	鑲紅察哈爾旗	正白察哈爾旗
初置	駐布林泉，在張家口西北四百二十里。由張家口至京師八百三十里。	駐布爾噶台，在獨石口西北二百九十里。由獨石口至京師八百二十里。
春秋戰國		
秦		
漢	雁門郡北境。	上谷郡北境。
晋		
南北朝		
隋		
唐		
五代		
宋遼		
金		
元		
明	大同府邊外。	龍門衛邊外。

鑲白察哈爾	正藍察哈爾
駐布雅阿海蘇默，在獨石口北二百四十五里。由獨石口至京師七百七十里。	駐札哈蘇台泊，在獨石口東北三百六十里。由獨石口至京師八百九十里。
上谷郡北境。	
	桓州地。
	開平府地，屬上都路。
初，爲開平衛西北邊。	初，爲開平衛北境。

	鑲藍旗察哈爾
初置	駐阿巴漢喀喇山，在殺虎口東北九十里。由殺虎口至京師一千里。
春秋戰國	
秦	雁門郡沃陽縣地。
漢	
晉	後魏，梁城郡參合縣地。
南北朝	
隋	
唐	
五代	
宋遼	
金	
元	
明	大同府衛北邊外。

喀爾喀　○注：四部七十四旗。

本朝天聰七年，瑪哈薩嘛諦車臣汗，遣使來聘。崇德三年，三汗并遣使來朝，定貢物。後因其國西接厄魯特，每與搆兵。康熙十六年，詔諭兩國和好，時厄魯特噶爾丹方雄驁①西北，喀爾喀之左右二翼内自相殘。二十八年，噶爾丹攻破喀爾喀。七部舉族奔潰，欵塞内附。三十年四月，聖祖仁皇帝親巡邊外，受其朝，大會於多倫諾爾。編審旗分，安輯其衆於喀倫邊内，惟留汗號其諸顔、濟農等，授王、貝勒、貝子、公、台吉等爵，世襲。令與四十九旗同列噶爾丹。既并其地，遂沿克魯倫河南牧，窺伺邊塞。三十五年，駕親征至克魯倫河。賊衆駭遁還，遇大兵擊之，盡殲其衆。明年，噶爾丹竄死，漠北悉平，喀爾喀諸部始歸故地。其從征有功者，晉封爵，爲旗五十有五。又有善巴，自爲一部，曰賽因諾顔部。雍正九年，固倫額駙策凌，以奮擊準噶爾功，詔授爲大札薩克，共四部，爲旗八十有四。

①驁 ào：馬不馴良，喻傲慢，不馴順。

喀爾喀

古漢北地。

爲匈奴所居。

爲匈奴所居。後漢，北匈奴地。

後魏，爲蠕蠕地。

北周及隋，爲突厥地。

初，爲突厥地，突厥滅薛延陀，據之。薛延陀滅回紇，據之。貞觀四年，内屬。以其地爲瀚海、燕然、金微、幽陵、龜林、盧山六都督府，又置臯蘭、高闕等七州，皆隸燕然都督府。其後，回紇全有古匈奴地。

五代至宋，回紇始衰，與室韋嫗厥律諸部散居其地，役屬於遼。

蒙古諸部地。

和寧路。

初，太祖建都和林。世祖于和林置都元帥府。大德十一年，立和林等處行中書省。皇慶元年，改嶺北等處行中書省，改和林路爲和寧路。

蒙古地。

土謝圖汗 轄旗十九。	和碩親王一
後路 ○注：旗二十，駐牧土喇河南北。	
駐土喇河。土謝圖汗察渾多爾濟爲噶爾丹所破，來降。康熙三十年，許仍舊號。	徹木楚克那木札勒，本喀爾喀台吉。康熙三十年，封爲輔國公。後晉封多羅貝勒。乾隆三年，追封爲郡王，世襲。

多羅郡王二	一旗。西遠錫理，本土謝圖汗之弟，率衆來降，封爲多羅貝勒。雍正元年，晉封爲多羅郡王，世襲。 一旗。固魯西喜，本喀爾喀札薩克默爾根濟農。康熙三十年，封爲多羅郡王，世襲。
固山貝子二	一旗。噶爾丹多爾濟，本土謝圖汗長子。隨父來降，封爲多羅郡王。乾隆二十二年，降爲貝子，以其兄根札卜多爾濟襲。 一旗。理塔爾，本札薩克一等台吉。乾隆十九年，封爲輔國公。二十一年，封爲固山貝子，仍賞給郡王銜。
輔國公六	一旗。車凌巴爾，本喀爾喀台吉。康熙五十年，封爲輔國公，世襲。 一旗。巴朗，本喀爾喀台吉。康熙三十年，封爲札薩克一等台吉。乾隆三年，晉封輔國公，世襲。 一旗。巴海，本喀爾喀台吉。雍正十年，以軍功封爲輔國公，世襲。 一旗。班朱爾多爾濟，本喀爾喀台吉。康熙三十年，封爲札薩克一等台吉。乾隆二十年，封輔國公，世襲。 一旗。徹達克多爾濟，係親王丹晉多爾濟之子，封一等台吉。乾隆四年，賞給公銜。十八年，封爲輔國公，世襲。 一旗。撤木丕勒多爾濟，康熙六十年，授札薩克一等台吉。乾隆二十一年，賞給公銜，二十四年，封輔國公，世襲。

札薩克一等台吉八		一旗。開木楚克。康熙三十六年，授札薩克一等台吉，世襲。 一旗。成衮札卜，本喀爾喀台吉。康熙五十八年，授札薩克一等台吉，世襲。 一旗。遜都布，本喀爾喀協理台吉。雍正十年，以推河擊敗準噶爾功，封爲札薩克一等台吉。乾隆二十一年，賞給公銜，尋削。 一旗。青多爾濟，本札薩克一等台吉，世襲。 一旗。撒凌，本札薩克一等台吉，世襲。 一旗。撒琳札卜。康熙三十三年，授札薩克一等台吉，世襲。 一旗。彭蘇克阿拉布坦，本喀爾喀協理台吉。雍正八年，特授爲札薩克一等台吉，世襲。 一旗。錫卜退哈坦巴圖魯，本喀爾喀台吉。率所部來降，封爲輔國公。康熙間，以軍功封固山貝子。雍正元年，以軍功晉封貝勒，又封多羅郡王。尋以罪削。 一旗。三濟札布，本喀爾喀一等台吉，後賞公銜。
		東路　○注：旗二十一。
車臣汗 轄旗二十		駐克魯倫。翁都爾多博，本故車臣汗阿拉布坦之子烏摩克伊。康熙二十七年，率其部十萬衆来降，仍其故號。

和碩親王一	多羅郡王一	多羅貝勒一	固山貝子二
駐金車根布拉克納木札勒，本喀爾喀濟農，勸其姪車臣汗來歸。康熙三十年，封爲多羅郡王，後緣事革爵。以胞弟多爾濟札勒襲。乾隆二十年，晉封親王，世襲。	駐郭特爾阿魯沙巴爾彭蘇克，本喀爾喀濟農。康熙三十年，封爲固山貝子。後以軍功晉封多羅郡王，世襲。	駐克魯倫。車布登，本喀爾喀台吉。康熙三十年，封爲多羅貝勒，世襲。	駐車格爾查碧達克親布達札卜，本喀爾喀濟農。康熙三十年，封爲貝子。五十年，晉封貝勒。後降，封其子爲輔國公。後又封爲貝子。 一駐揷漢布拉克達，本喀爾喀濟農。康熙三十年，封爲固山貝子。

鎮國公一	輔國公二	札薩克一
駐哈爾。車卜登，本喀爾喀台吉。康熙三十年，封爲鎮國公，世襲。	一駐達爾漢徹根策凌旺布，本喀爾喀台吉。雍正二年，封爲輔國公，世襲。 一駐舊蘇津賽堪車布登，本喀爾喀濟農。康熙三十年，封爲固山貝子。後其子降襲輔國公。	一駐巴顏猛克圖協克爾倫郭忒爾車凌多岳，本喀爾喀協理、二等台吉。乾隆十九年，晉封輔國公。二十二年，授札薩克一等台吉，世襲。 一駐揷漢布爾噶蘇台車齡達錫，本喀爾喀札薩克一等台吉。康熙三十年，封爲輔國公。後降，襲札薩克一等台吉。 一駐白爾格庫爾濟圖陶賴，本喀爾喀台吉。康熙五十年，封爲札薩克一等台吉，世襲。 一駐烏爾圖多爾懷達西，本喀爾喀二等台吉。康熙五十年，授爲札薩克。雍正三年，晉封其子爲札薩克一等台吉，世襲。後又賞給公銜。 一駐哲格爾得吹札木蘇，本喀爾喀副台吉。康熙四十年，封爲札薩克一等台吉，世襲。

等台吉十二	札薩克圖汗 轄旗十八
一駐呼魯蘇台厄爾得尼，本喀爾喀副台吉。康熙四十年，封爲札薩克一等台吉，世襲。 一駐額爾得墨根敦，本喀爾喀副台吉。康熙四十年，封爲札薩克一等台吉，世襲。 一駐喀喇莽奈古魯札布，本喀爾喀台吉。康熙三十年，封爲札薩克一等台吉，世襲。 一駐克里野哈魯蘇台旺札爾札卜，本喀爾喀二等台吉。乾隆十四年，封爲札薩克一等台吉，世襲。 一駐喀喇莽奈沙克都爾札卜，本喀爾喀札薩克一等台吉。雍正元年，封爲輔國公。後以罪降爲札薩克一等台吉，世襲。 一駐騰噶里克拜他拉克吹音珠爾，本喀爾喀副台吉。康熙五十二年，封爲札薩克一等台吉，世襲。 一駐巴顔西喇布爾圖衮楚克，本固山貝子安納達之長子。康熙三十六年，授爲札薩克一等台吉，世襲。	西路　○注：旗十九。 駐杭愛山陽。札薩克圖汗，本元裔，兵敗爲噶爾丹所殺。康熙三十年，其弟策旺札卜來朝，初封爲和碩親王，後仍許其襲札薩克圖汗之號。

郡王銜多羅貝勒一	護國公二
額嶙沁，本二等台吉。乾隆八年，授公銜。十三年，授札薩克。十六年，授多羅貝勒。二十年，賞給郡王銜，世襲。	一旗。卓特霸，駐杭愛山陽，本喀爾喀札薩克。康熙三十年，封爲多羅貝勒。雍正十二年，降封其孫爲護國公，世襲。 一旗。喇卜垣，本閑散台吉，雍正六年，授札薩克。乾隆二十一年，賞給公銜。後以戰功，襲封護國公。

輔國公六

一駐杭愛山陽，索諾木伊斯札卜，本喀爾喀札薩克台吉。康熙三十七年，封爲輔國公，世襲。
一駐杭愛山陽，沙克札，本喀爾喀台吉。雍正二年，封爲札薩克輔國公，世襲。
一旗，機貝。康熙間，授固山貝子。後襲封其子，爲輔國公。
一旗齊巴克札卜，本喀爾喀台吉。乾隆二十二年，封爲輔國公，世襲。
一旗徹勒克，本一等台吉。雍正二年，封爲輔國公，世襲。
一旗衮古，本喀爾喀札薩克一等台吉。康熙五十年，封爲輔國公，世襲。
通穆克，本喀爾喀札薩克一等台吉。雍正三年，封爲輔國公，世襲。

一等台吉九

一駐杭愛山陽。額爾得尼衮布，本喀爾喀札薩克一等台吉，世襲。
一駐杭愛山陽。車臣烏爾占，本喀爾喀台吉。康熙三十年，封爲札薩克一等台吉，世襲。
一駐杭愛山陽。哈瑪爾岱青，本喀爾喀台吉。康熙三十年，封爲札薩克一等台吉，世襲。
一駐杭愛山陰。伊達木札卜，本喀爾喀台吉。雍正四年，封爲札薩克一等台吉，世襲。
一駐杭愛山陰。那瑪林藏布，本喀爾喀台吉。康熙四十八年，授札薩克一等台吉，世襲。
一旗，諾爾布，本二等台吉。乾隆二十一年授札薩克一等台吉，世襲。
一旗，普爾普徹凌，本一等台吉。乾隆二十一年，授札薩克，世襲。
一旗，達錫彭楚克，本和托輝特之台吉。乾隆二十一年，授札薩克，世襲。
一旗，嘎爾丹達爾札，本輝特之台吉。乾隆二十年，授一等台吉，世襲。
又格色克，係札薩克圖汗之子。康熙二十年，封輔國公，後賞給公銜三等台吉，世襲。

賽因諾顏部 ○注：旗二十四。

和碩超勇親王 轄旗二十三。	駐牧地。初，信順厄爾克戴青諾顏善巴，自爲一部落，及固倫額駙策凌。康熙三十一年，率衆來投，封爲郡主儀賓。雍正元年，以征準噶爾丹有功，封爲多羅郡王。九年，授札薩克和碩親王。十年，賜號超勇，封固倫額駙。
和碩親王一	駐牧地善巴。本喀爾喀戴青諾顏。康熙三十年，封爲多羅郡王。以征噶爾丹有功，晉封和碩親王。後賞給賽因諾顏名號。

多羅郡王二	一駐牧地。托多厄爾得尼，本喀爾喀台吉。康熙三十年，封札薩克護國公。乾隆間，其子以戰功封爲多羅郡王，世襲。 一旗。徹卜登札卜，本台吉。雍正十年，封爲輔國公。乾隆十七年，授札薩克。十九年，賞給貝子銜。二十年，封爲多羅貝勒。二十一年，封郡王。二十三年，賞給親王銜。
多羅貝勒一	一駐牧地。衮布，本喀爾喀札薩克。康熙三十年，封爲多羅郡王。四十七年，降封其子，爲多羅貝勒。 一駐牧地。阿努禮，本喀爾喀札薩克台吉。康熙五十年，封爲輔國公。雍正九年，敘功晉封固山貝子。後封其子爲多羅貝勒。
護國公一	駐牧地。阿哩雅，本喀爾喀台吉。康熙三十一年，封爲札薩克一等台吉。雍正十年，其子征準噶爾有功，晉封輔國公。乾隆二年，晉封護國公，世襲。

輔國公五	公銜札薩克一等台吉一
一駐牧地。阿裕錫，本喀爾喀札薩克一等台吉。康熙三十年，封爲輔國公，世襲。 一駐牧地。吉爾錫第，本喀爾喀台吉。康熙二十八年，封爲札薩克一等台吉。後征準噶爾有功。雍正十年，晉封輔國公，世襲。 一駐牧地。那爾布札卜，本喀爾喀札薩克一等台吉。因征準噶爾有功，乾隆元年，晉封輔國公，世襲。 一駐牧地。徹凌達什，本喀爾喀札薩克一等台吉。後封爲輔國公，世襲。 一駐牧地。旺舒克，本喀爾喀札薩克。康熙三十年，封爲輔國公，世襲。	齊旺多爾濟，本一等台吉。乾隆十九年，賞給公銜。二十二年，改爲貝子銜，授爲札薩克。三十八年，革貝子銜，以其子襲公銜札薩克一等台吉。

札薩克一等台吉九

一駐牧地。沙禄伊爾都齊，本喀爾喀台吉。康熙三十年，封爲一等台吉，世襲。

一駐牧地。丹津厄爾得尼。康熙三十年，封爲札薩克一等台吉，世襲。

一駐牧地。多爾濟，本喀爾喀台吉。噶爾丹亂時，逃至青海，後請還故土。康熙五十一年，特授爲札薩克一等台吉，世襲。

一駐牧地。伊達木，本喀爾喀台吉。康熙三十五年，封爲札薩克一等台吉，世襲。

一駐牧地。積納彌達。康熙四十八年，封爲札薩克一等台吉，世襲。

一駐牧地。蘇達尼，本副台吉。康熙三十六年，封爲札薩克一等台吉，世襲。

一駐牧地。那木札爾，本喀爾喀四等台吉。康熙三十五年，封爲札薩克一等台吉，世襲。

一駐牧地。那拉克沙特，本喀爾喀舊札薩克。康熙三十一年，封其子爲札薩克一等台吉，世襲。

一旗，額默根，本喀爾喀台吉。乾隆四年，授札薩克一等台吉，世襲。

	青海
初置	本《禹貢》西戎地。夏、殷、周，皆屬西羌。
春秋戰國	
秦	
漢	爲張掖、武威、金城、隴西四郡之西塞外，及蜀郡之北徼外，屬先零、燒當諸羌地。王莽，始置西海郡。後漢及魏，皆諸羌所居。
晉	爲諸羌所居。東晉以後，又爲吐谷渾所據。
南北朝	
隋	大業五年，平吐谷渾，置西海、河源等郡。隋末，吐谷渾復據其地。
唐	初，擊破之。龍朔三年，吐蕃滅吐谷渾，盡有其地。
五代	
宋遼	宋，亦爲吐蕃地。
金	
元	爲貴德州及吐蕃朵甘斯等處，屬吐蕃等處宣慰司。
明	爲西番地。正德四年，始爲蒙古部酋所據，名爲海寇。

本朝初，有厄魯特顧實汗者，自西北侵有其地，遣使修貢。詔封遵文行義敏慧顧實汗。後自分其地，爲左右二境，部落散處其間，謂之西海諸台吉，爲回厄魯特之一。康熙三十六年，既平噶爾丹，台吉札什巴圖爾等咸來朝内附，封爵世襲。雍正元年，札什巴圖爾之子羅卜藏丹津，誘衆犯邊。

世宗憲皇帝，命官兵進勦①。旬月間，殲除逆黨，平定其地。惟不從逆者，仍其封爵。定爲三年一貢，分爲三班，九年一周。置互市于西寧日月山。開拓新邊，增设安西鎮于布隆吉，開地千餘里，餘衆畏服，朝貢惟謹。三年初，編青海各部落，旗分佐领，爲旗二十有九。其貢道由西寧。乾隆間，定爲郡王三、貝勒二、貝子二、辅國公四、台吉十八。

郡王三	一旗，戴青和碩齊揷漢丹津，本青海厄魯特台吉。康熙四十年來歸，封多羅貝勒。五十七年，晉封多羅郡王。雍正元年，以西藏軍功，晉封和碩親王。 一旗，伊齊巴圖爾衮布，本青海厄魯特台吉。康熙四十三年，封爲多羅貝勒。雍正元年，以西藏軍功，晉封多羅郡王。 一旗，達賴戴青策旺阿拉布坦，本青海厄魯特台吉。康熙四十二年，封爲多羅郡王。
貝勒二	一旗，達顔，本青海厄魯特台吉。康熙五十五年，封爲多羅貝勒。 一旗，車臣色卜特札爾，本青海遊牧之綽羅斯台吉，率所部來附。于康熙四十二年，封多羅貝勒。雍正二年，以軍功封爲郡王。

貝子二	索諾木達西，本青海厄魯特台吉。發羅卜藏丹津謀反，爲所擒，乘間奔回，忠誠可嘉。雍正元年，特封爲固山貝子。 一旗，車伶屯多布，本青海台吉，以軍功封爲多羅貝勒。後降封貝子。 一旗，阿喇布坦，本青海游牧之綽羅斯台吉。康熙五十五年，授一等台吉。雍正三年，以軍功封輔國公。十九年，晉封固山貝子。
輔國公四	一旗，索諾喇錫，本青海厄魯特台吉。康熙五十年歸順，封爲輔國公。 一旗，車伶，本青海厄魯特台吉。康熙五十年歸順，封爲輔國公。 一旗，拱額，本青海游牧之可特台吉。雍正三年，授一等台吉。後以軍功，晉封輔國公。 一旗，噶爾丹達西，本青海厄魯特台吉。康熙五十年歸順，封爲輔國公。
一等台吉	一旗，拉札卜，本封輔國公，以逃亡罪革爵。雍正九年，授其子爲一等台吉，掌旗。 一旗，羅卜藏達爾札，本青海大台吉，封固山貝子。雍正三年，授其子爲一等台吉，掌旗。 一旗，伊西多爾札布，本青海厄魯特台吉。雍正三年，授一等台吉，掌旗。 一旗，色特爾布木，本青海游牧之土爾扈特台吉、诺尔布弟诺尔车叛，不從，授一等台吉，掌旗。 一旗，厄爾得尼濟農丹鍾，本青海游牧之土爾扈特台吉。雍正三年，授一等台吉，掌旗。 一旗，索諾木達爾濟，本青海游牧之土爾扈特台吉。雍正三年，授一等台吉，掌旗。

吉
十
八

一旗，札布，本青海厄魯特台吉。雍正三年，授一等台吉，掌旗。
一旗，揷漢拉布坦，本青海游牧之土爾扈特台吉。雍正三年，授一等台吉，掌旗。
一旗，阿拉布坦，本青海厄魯特台吉。雍正三年，授一等台吉，掌旗。
一旗，哈爾噶斯，本青海厄魯特台吉。雍正三年，授一等台吉，掌旗。
一旗，車伶那木札爾，本青海厄魯特台吉。雍正一①年，初編青海各部落旗，分佐領。于同列三十三台吉，共編一佐領，于青海台吉，分出之回特台吉，亦共編一佐領。以二佐領爲公中札薩克，授車伶那木札爾。爲一等台吉，掌旗。
一旗，色布勝博碩克圖，本青海厄魯特台吉。雍正三年，授一等台吉，掌旗。
一旗，達馬林色布騰，本青海厄魯特台吉。雍正三年，授一等台吉，掌旗。
一旗，根敦，本青海游牧之喀爾喀台吉。雍正三年，初編青海各部落旗，分佐領，以喀爾喀台吉，及羅卜藏舊所屬部落，合爲一佐領。授根敦爲一等台吉，掌旗。
一旗，阿喇卜坦札木蘇，本青海厄魯特台吉。康熙五十九年歸順，封輔國公。雍正三年，授掌旗。之嗣，從子達錫納木札勒襲。後以札勒之子隆本襲一等台吉。
一旗，那木札爾額爾得尼，本青海厄魯特台吉。康熙三十七年歸順，封爲多羅貝勒。雍正三年，其子以罪削爵。後封輔國公。乾隆七年，降一等，以其子襲一等台吉。
一旗，徹凌多爾濟，本青海厄魯特台吉，係已故郡王額爾得尼克托鼐之第四子。乾隆十一年，授一等台吉。
一旗，巴勒濟特，本青海厄魯特台吉，係貝子羅卜藏色卜騰之胞弟。因羅卜藏色卜騰不能

西套厄魯特　〇注：三旗。駐賀蘭山陰及龍首山，北至　京師五千里。

①原文誤，應爲『雍正三年』。

	西套厄魯特
初置	
春秋戰國	
秦	
漢	河套以西，爲漢北地郡西境及武威、張掖二郡北境地。
晉	爲前涼張軌、後涼呂光、北涼沮渠蒙遜所有。
南北朝	
隋	
唐	屬河西節度使。廣德初，陷于西蕃。
五代	
宋遼	宋景德中，陷于西夏。
金	
元	屬甘肅行中書省。
明	爲邊外地。

本朝初，蒙古厄魯特部落，駐牧套西，謂之套彝。其部長鄂齊爾圖汗阿巴賴諾顏，隨顧實汗内附，朝貢奉約束。後噶爾丹强盛，并滅套西。鄂齊爾圖汗之孫濟農巴圖爾額爾克，及阿拉卜灘逃竄近邊。康熙二十五年，上書求給牧地。

詔于寧夏、甘州邊外，畫界給之。三十六年，奏願以所部編爲佐領，同四十九旗，賜封爵世襲。爲旗三。

一旗	一旗	一旗
駐牧博羅冲克之地。巴圖爾額爾克，本厄魯特濟農。康熙三十六年，優封爲多羅貝勒。雍正元年，其子額附阿有功，晉封多羅郡王。尋坐事，降爲多羅貝勒。後以軍功，晉封和碩親王。	阿拉布灘，本厄魯特台吉。全率所部來歸，優封爲多羅郡王，世襲。	丹懷蘭，本厄魯特台吉，來降，封輔國公。雍正元年，晉封其子爲固山貝子，世襲。

西藏　○注：在四川雲南徼外，東西六千四百餘里，南北六千五百馀里，其貢道由西寧，以達于京師。

西藏

有僧號達賴喇嘛，居拉薩之布達拉廟，號爲前藏。有班禪喇嘛，居日喀則城之札什倫布廟，號爲後藏。

古西南徼外，諸羌戎地。

兩漢及魏晉，種落無聞。自吐蕃始祖鶻提鵓窣野，本發羌屬居。析支水西，并諸羌，據其地。

後周至隋，猶未通中國。

貞觀八年，吐蕃弄贊始遣使來朝。十五年，妻以宗女文成公主。後滅吐谷渾，盡臣羊同、黨項諸羌，幅員萬餘里。

宋時，亦號吐蕃，朝貢不絕。

憲宗，始于河洲置吐蕃宣慰司都元帥府。又于四川徼外，置碉門、魚通、黎雅、長河、西寧等處宣慰司。世祖時，復置烏斯藏，郡縣其地。

洪武六年，以攝帝師納木嘉勒藏博爲熾盛佛寶國師，給玉印，置烏斯藏、朵甘二指揮司。永樂中，復封番僧爲大寶法王。宣德、成化間，又累加封號。

本朝崇德七年，即遣使歸誠。至順治九年，來朝。

聖祖章皇帝賜以金册、金印，授爲西天大善自在佛，領天下釋教普通瓦赤喇怛喇達賴喇嘛。其後遣使貢獻不絶。康熙三十二年，封第巴爲土伯特國王，賜金印。時達賴喇嘛示寂，第巴匿不以聞，潛與額魯特噶爾丹相爲表裏。及召喇嘛班禪庫圖克圖來京，第巴又阻之不至。四十四年，達賴汗拉藏誅第巴以聞。

聖祖嘉之，賜金印，封爲輔教恭順汗，遣侍郎赫壽等安撫其地。又允拉藏所請，封阿王伊西爲達賴喇嘛。其後，準噶爾策妄阿喇蒲坦，興師侵藏，害拉藏汗，焚毁寺廟，迫逐僧衆。時達賴喇嘛移住西寧塔兒寺。五十三年，遣大兵進藏，討平之。復護送喇嘛歸布達拉廟，掌興法教，番衆皆嚮風附化。康熙六十年，世宗憲皇帝嗣位，撤回官兵，以貝子康濟鼐總理其地，仍特簡大臣駐藏管轄。雍正五年，西藏噶隆阿爾布巴等叛，殺康濟鼐。後藏辦理噶隆事務之札薩克台吉頗羅鼐走避以聞，遣兵進勦。明年，頗羅鼐率衆部落入藏，阿爾布巴等伏誅，安輯如故，封頗羅鼐爲固山貝子。九年，晉封多羅貝勒，辦理衛藏噶隆事務。乾隆四年，晉封多羅郡王，給印轄衛藏等處。十二年，以其次子珠爾默特納穆札爾襲封。十五年，以罪誅。現設輔國公四員，一等台吉二員。四十四年，班禪額爾德尼來朝，欽賜玉寶、玉册及珠幣等物，示寂于京邸。并賜金塔，護送回藏。其地有四，曰衛、曰藏、曰喀木、曰阿里，共轄城六十餘。一切賦税，俱獻之達賴喇嘛等。其進貢二年一次，貢道由西寧入。其互市在四川西徼打箭爐之地。

衛	藏	喀木	阿里
在四川打箭爐西北三千餘里，即烏斯藏也。	在衛西南五百餘里。	住衛東南八百三十二里，近雲南麗江府之北。	此西藏之西邊鄙也

西域新疆統部

○注：東至喀爾喀瀚海及甘肅省界，西至薩瑪爾罕及葱嶺界，南至拉藏界，北至俄羅斯及左右哈薩克界。廣輪二萬餘里。北爲舊準噶爾部，南爲回部。統轄天山南北事務將軍駐劄伊犂，至京師一萬八百二十里。

古爲雍州外地。前漢武帝時，始通西域。自天山以南，爲城郭三十六國地。東接玉門陽關，西至葱嶺，南北有大山河流，其中設都護治所於烏壘城，統轄諸國。自天山以北，東境爲匈奴右屯地。西境爲烏孫國地，未嘗服屬于漢。後漢時，山北仍爲烏孫國及匈奴地。山南分爲五十餘國，旋絶旋通，設都護及長史治所以統之。三國及晉，北爲烏孫及鮮卑西部地，南仍爲于闐、龜兹諸國地。北魏時，北爲蠕蠕、烏孫、悦般、高車諸國地。後周，爲突厥鐵勒地。其南則鄯善盛大，服屬諸國焉。隋爲突厥、鐵勒、西突厥地，南仍爲于闐、龜兹諸國地。唐，爲突厥、沙陀、回鶻、西突厥諸部，設各都督府，置北庭大都護府于西州後庭縣，以統之。其南諸國，置安西大都護府于龜兹部，并統諸都督府。復以于闐、疏勒、碎葉、焉耆列爲四鎮。中葉以後，爲吐蕃所有。五代時，盡入于吐蕃、回鶻。宋時，爲烏孫、回鶻、于闐、龜兹諸國，盡入于遼。元，爲阿爾穆爾及回鶻五城地，諸王海都行營統軍之所。山南爲巴什伯里諸國地，置宣慰司元帥府以統之。明，山北爲衛拉特。元臣脱懽之後，四衛拉特世居之。山南爲巴什伯里葉爾羌、土爾蕃諸國。回部派噶木巴爾諸族之後裔，世居之。

本朝龍興，元代後裔之分處東北者，并久隸版章，世爲臣僕。惟準噶爾、厄魯特四部，稱四衛拉特者，曰綽羅斯部、曰都爾伯特部、曰和碩特部、曰土爾扈特部。其後，土爾扈特部，竄歸俄羅斯。因以都爾伯特之輝部别爲一部，仍稱四衛拉特焉。四部盤踞西北，至噶爾丹而稍强，吞噬鄰屬，闌入北塞。

聖祖仁皇帝，三臨朔漠，剪滅諸部，北土奠平。其姪策妄阿拉布坦，收其遺孽，遁保伊犁。傳子噶爾丹策凌，恃其險遠，部落漸衆，興師侵服山南之回部。執其酋長，收其租賦。傳子策妄多爾濟那木札爾，肆行殘暴。喇嘛達爾札執而篡之，策妄之。再從姪孫達雅齊又篡奪其位，而兇殘益甚，衆部落皆不堪命。乾隆十八年冬，都爾伯特台吉、策凌等率數萬人來歸。十九年秋，輝特台吉阿睦爾撒納和碩特台吉班珠爾等，又率衆來歸，羣臣請興師問罪。二十年二月，皇上特命兩將軍率師啟行，衆鄂拓克迎降恐後。五月，至伊犁，達瓦齊潰走。回人阿奇木霍集斯伯克執以獻，準噶爾平。六月，阿睦爾撒納，覬爲總台吉不遂，煽其衆以叛。將軍策楞以兵勦之，阿逆奔哈薩克準部，諸台吉相繼作亂。二十二年，將軍兆惠、副將軍富德分路進討，哈薩克歸順。阿逆奔俄羅斯，旋伏冥誅。俄羅斯驛致其屍以獻，伊犁復定。初，回西波羅泥都、霍集占久，爲準噶爾所執。

大兵平伊犁，釋其縛。遣波羅泥都歸葉爾羌城，統其舊屬。遣霍集佔居伊犁，撫領回衆。未幾，背恩從逆，竄歸舊穴，煽動回衆作亂。乾隆二十三年，兵進，討克庫車、沙雅爾、阿克蘇、烏什諸城。二十四年，收和闐、喀什噶爾、葉爾羌諸城。二酋遁入拔達克山境。拔達克山歸順，函首以獻。回部平，設總統伊犁等將軍，參贊大臣、辦事大臣、同知總管等員，以經理之。以準部之烏魯木齊建爲迪化州，分屬甘肅省。其準、回二部之恭诚投順者，封爵世襲有差，并設有分理回務諸札薩克、伯克以統理其衆，分境鈐轄，盡如内地焉。初，土爾扈特部與策妄不睦，竄歸俄羅斯。乾隆三十六年，其汗渥巴錫、台吉策伯克多爾濟等，向風慕化，率其衆三萬餘户，越萬有餘里來歸。

皇上覃恩賜爵，授以廩餼①，給以牧地。其部衆則量地分編，俾居于伊犂、塔爾巴噶台諸境。于是，元裔四衛拉特之衆，盡入版圖。朝貢賦税，各率厥職。其藩屬之投誠歸順者，有左右哈薩克、東西布魯特、霍罕、安集延、瑪爾噶朗、那木干、塔什罕、拔達克山、博洛爾、布哈爾、愛烏罕、痕都斯坦、巴勒提諸部。自西域底定，并歲時朝貢，唯謹○注：諸部並見新疆藩部。

①廩餼 lǐn xì，指由公家供給的糧食之類的生活物資。

伊犂

○注：在迪化州西一千九百三十里，至京師一萬八百二十里。

	伊犂
初置	
春秋戰國	
秦	
漢	烏孫國地。
晉	烏孫國地。
南北朝	北魏，爲悦般國、高車國地。周，爲突厥地。
隋	爲西突厥及石國地。
唐	回鶻、西突厥地。突騎施索葛莫賀部入唐，爲嗢①鹿都督府。突厥鼠尼施處半部入唐，爲膺娑都督府。東境爲回鶻契苾②羽地，入唐爲榆溪州。突
五代	
宋遼	宋爲烏孫國地，屬於遼。
金	
元	爲阿爾穆爾諸王海都行營處。
明	爲衛拉特地。

①嗢 wà 鹿在，今新疆維吾爾自治區伊寧市。　②契苾：bì，古族名。

騎施阿利施部入唐，爲絜山都督府突騎施烏質勒部。大歷後，葛邏祿盛居之。西突厥及笯①赤建國、石國地。

本朝舊爲準噶爾庭。乾隆二十年，

大兵進討準噶爾，諸鄂托克爭先迎降。五月，抵伊犂。厥酋達雅齊率萬餘人渡河遁，追及之。回人霍集斯伯克擒之以獻，伊犂平。六月，阿睦爾撒納叛，將軍策楞以兵追至塔勒奇嶺，阿睦爾撒納奔哈薩克。十一月，準部台吉呢瑪哈薩克沙喇與巴雅爾莽噶里克特等搆亂，將軍兆惠東援，屢殲賊衆。二十二年，以富德副北營軍，分南北路進討。時阿睦爾撒納自哈薩克歸，富德追之。哈薩克降，阿睦爾撒納奔俄羅斯。餘黨以次擒滅，伊犂復定。二十九年，于伊犂河北建惠遠城。三十年，建惠寧城。先是二十七年，于伊犂河北二十里築寧遠城。城東岡上恭勒

①笯 nú 赤建國，古代西域國名。

製《平定準噶爾勒銘伊犂碑》文，後《勒銘伊犂碑》文各一篇。四體字書，刻石于其上。

屬境

巴顏台○注：在伊犂北。烏哈爾里克○注：在伊犂北有城。塔勒奇○注：在伊犂北有小城。沙布爾托海○注：在伊犂西南一百四十里。博羅塔拉○注：在伊犂東北三百里。幹珠罕○注：在博羅塔拉西南。阿里瑪圖○注：在伊犂北一百里。烏爾圖古爾畢○注：在伊犂東北一百四十里。博羅布爾噶蘇○注：在伊犂東北二百里。都爾伯勒津○注：在伊犂東一百二十里。空格斯○注：在伊犂東南四百四十里。哈什○注：在空格斯北。納拉特○注：在哈什南。裕勒都斯○注：在空格斯東南。哈布齊垓○注：在裕勒都斯東一百八十里。登努勒台○注：在哈布齊垓東。和爾郭斯○注：在伊犂西一百三十里。哈討○注：在伊犂北。庫爾圖○注：在伊犂河南。古爾班阿里瑪圖○注：在庫爾圖東。塔拉噶爾○注：在阿里瑪圖東。春濟○注：在伊犂西南三百里。庫納薩爾○注：在伊犂西南二百里。阿爾沙圖○注：在圖斯庫勒東南岸。薩勒奇圖○注：在吹河南岸。英額爾○注：在圖斯庫勒西南二百餘里。塔拉斯○注：在伊犂西。

庫爾喀喇烏蘇路

○注：在伊犂城東。

庫爾喀喇烏蘇路
烏孫國地。
北魏，爲高車國地。周，爲突厥地。
爲西突厥鐵勒地。
初，爲西突厥攝舍提暾①部。入唐，爲雙河都督府。
爲回鶻地。
爲衛拉特地。

①暾 tūn，太陽初升的樣子。

本朝初，爲布爾古特台吉呢瑪游牧處。呢瑪内附，授職從征。後附阿睦爾撒納。乾隆二十二年，將軍成衮扎布等擒誅之。其西地爲晶河，舊爲布爾古特台吉渾齊游牧處，渾齊從賊。乾隆二十三年，將軍兆惠擒之，其地并入版圖。

屬境 庫爾喀喇烏蘇○注：有遂成堡。奎屯○注：在庫爾喀喇烏蘇東五十里。布勒哈齊○注：在庫爾喀喇烏蘇西六十五里。鄂壘札拉圖○注：在布勒哈齊西二百二十里。晶河○注：在烏里雅蘇圖西三十二里。

塔爾巴噶台路 ○注：在伊犁城東北。

	塔爾
初置	
春秋戰國	
秦	
漢	匈奴右地。呼揭、車犂、烏積、門振、
晉	
南北朝	北魏，爲高車國地。周，爲突
隋	爲突厥地。
唐	葛邏[1]禄部，有三族入唐，爲陰山
五代	
宋遼	
金	
元	爲回鶻五城地。
明	衛拉特地。

①邏 luó，同邏。邊緣。

巴噶台路

到支五單于迭居於此。漢，仍爲匈奴右地。三國，鮮卑右部。

厥地。

都督府、大漠都督府、元地都督府。

本朝初，爲準噶爾伊克明阿特部遊牧之地，巴雅爾之昂吉。乾隆二十年，大兵進討準噶爾，巴雅爾以其屬降。及阿睦爾撒納叛，旋附爲逆。二十二年五月，大兵擒誅之。塔爾巴噶台左右諸境，俱入版圖。三十二年，建綏靖城，其西北爲巴雅爾地，舊爲伊克明阿特部，車凌班珠爾之昂吉。乾隆二十八年，建肇豐城，其東南爲額爾齊斯地，爲都爾伯特部游牧之所。乾隆十八年，台吉策凌伍巴什、策凌孟克等率所屬内附，編設旗分，優錫親王等爵，俾長故地，都爾伯特爲四衛拉特之一。厥後，綽羅斯和碩特輝特多，以肆惡淪亡，惟都爾伯特部終守臣節，至今勿替云。

屬境 奇爾噶遜齊布哈達遜○注：在塔爾巴噶台東南。額爾齊斯○注：在塔爾巴噶台東南。青吉勒○注：在額爾齊斯西南。哲克得里克○注：在塔爾巴噶台西南。納林和博克○注：在哲克得里克西北。格爾鄂爾格克特和博克、烘郭爾鄂籠○注：皆在納林和博克東。納木○注：在哲克得里克西。伊奇爾○注：在泥楚滚布古圖西。察拉垓○注：在布爾噶蘇台西。齊爾○注：在綽爾東北。愛呼斯○注：在塔爾巴噶台西。烏蘭呼濟爾○注：在雅爾東南。

	哈密
初置	
春秋戰國	
秦	
漢	爲伊吾盧地，爲匈奴呼衍王庭。東漢始
晉	
南北朝	北魏，屬蠕蠕。太和十年，伊吾戎主高羔
隋	因之，後附于突厥。
唐	突厥頡利亡，伊吾長内附，以其地置西
五代	爲胡盧磧小月支遺種仲雲所居。
宋遼	宋，爲伊州。後入于回鶻。
金	
元	爲威武王分鎮之所。尋改爲肅王。
明	永樂中，其族來朝貢，封爲忠順王，賜金印。

哈密 ○注：在安西州城西北八百七十里，至京師七千一百八十里。

取伊吾盧地，以通西域。置宜禾都尉，爲屯田兵鎮之所。後復爲匈奴所得。順帝間，復開設屯田，置伊吾司馬一人。三國，屬鮮卑西部。
子以城內附。周爲伊吾地。
伊州。天寶初，曰伊吾郡。乾元二年，爲伊州伊吾郡。
四年，立哈密衛。爲西域要道，迎護朝使，統領諸番。成化八年，遷居故地。後旋叛旋復。

本朝康熙三十五年，哈密回人頭目遣使奉表，貢駝馬刀。三十六年，回酋額貝都勒拉擒噶勒丹子色布騰巴勒珠爾來獻，其地始內屬，授爲札薩克之一等部長，其所屬編審旗分，視各蒙古。雍正五年，封其孫阿敏爲鎮國公。七年，晉封固山貝子，子玉素富襲封。乾隆二十四年，從征山南回部，駐守烏什，辦事勤奮，晉封多羅郡王。子伊斯阿克降襲多羅貝勒，加郡王品級。于其地，設通判巡檢等員。由鎮西府，以隸于甘肅省。

屬境 多都摩垓○注：在哈密城東二百十里。德多摩垓○注：在哈密城東二百八十里。蘇木哈喇垓○注：在哈密城西六十里。阿斯塔納○注：在哈密城西八十里。托郭棲○注：在哈密城西一百二十里。拉布楚喀○注：在哈密城西一百四十里。哈喇都伯○注：在哈密城西一百六十里。察□托羅海○注：在哈密城西二百一十里。格子煙墩○注：在哈密城東南二百一十五里。圖阿瞞○注：在哈密城東南四百里。賽巴什○注：在哈密城東北二十里。塔勒納沁○注：在哈密城東北二百二十里。

闢展①

○注：在鎮西府城西六百里，至京師八千一百一十里。

	闢
初置	
春秋戰國	
秦	
漢	爲狐胡國地。後漢，亦
晋	爲高昌郡地。
南北朝	北魏，爲高昌郡地。
隋	爲高昌國地。
唐	爲柳中縣地，屬西州交
五代	
宋遼	宋，爲高昌郡。後屬於遼。
金	
元	爲魯克察克地。舊音魯
明	柳城。

①闢 pì，開拓，開墾

古塵①，今改正。

河郡。

周，爲高昌國地。

爲狐胡國地。三國，爲車師國地。

展

本朝乾隆二十一年，將軍和起，追擒叛賊巴雅爾至此，公額敏和卓以兵來會。莽噶里克呢瑪兵叛，尋即擒誅，闢展復定。設兵駐防，爲回部東境門户。全屬城堡甚衆，闢展尤爲重地云。

屬境　塔呼○注：在闢展城東二百八十里。納呼○注：在闢展城東二百一十里。齊克塔木○注：在闢展城東七十里。特庫斯○注：在闢展城東二十里。哈喇和卓○注：在闢展城西二百六十里。玉門口○注：在闢展城西三百七十里。勒木丕○注：在闢展城西南二百八十五里。土爾番○注：在闢展城西三百二十三里。招哈和屯○注：在闢展城西三百五十里。雅木什○注：在闢展城西三百七十里。安濟彦○注：在闢展城西三百七十五里。布干○注：在闢展城西八十三里。托克三○注：在闢展城西四百一十三里。伊拉里克○注：在闢展城西四百五十三里。洪○注：在闢展城南二十里有城。楚輝○注：在闢展城西南二十里。色爾啟布○注：在闢展城西南六十里。魯克察克○注：在闢展城西南二百一十里。連木齊木○注：在闢展城西四百十三里。雅圖庫○注：在闢展城西南七十里。罕都○注：在闢展城西北一百里。蘇巴什○注：在闢展城西北一百五里。森尼木○注：在闢展城西北一百三十五里。汗和羅○注：在闢展城西北一百五十里。穆圖拉克○注：在闢展城西北一百九十五里。布拉里克○注：在闢展城西北二百五里。

①塵 chén，飛飆的塵土。

	哈喇	魯克察克 舊魯克沁，今改正。
初置		
春秋戰國		
秦		
漢	車師國地。	柳中，戊己校尉所居，屬車師前國。
晉	車師國前王地。	柳中，長史所居。
南北朝		關展屬內諸城，歷代所屬與關展同者，皆不復注，後倣①此。
隋		
唐	前庭縣，隸西州都督府。	
五代		
宋遼		
金		
元	哈喇和卓，舊音哈喇火者，今改正。	
明	哈喇和卓，舊音火州，今改正。	

①倣 fǎng，同仿。

和卓	招哈和屯	勒木丕	連木齊
	車師前國，治交河縣。		高車後城長國。
	車師前王國，戊己校尉居之。		
	北魏，屬高昌郡。車師國。周，爲高昌郡。		
	高昌國。	蒲昌縣。以高昌地置，隸西州交河郡。	天山縣。以高昌地置。
	宋，爲高昌國。		
	交河縣，以高昌地置。		
	土爾番。		

	木（舊音勵木津，今改正。）	雅圖庫	蘇巴什	
初置				
春秋戰國				
秦				
漢		車師都尉國。	郁立師國地。	
晉			郁立國。	
南北朝				
隋				
唐				
五代				
宋遼				
金				
元				
明				

僧尼木 舊音僧吉木，今改正。				卑陸前國。		北魏，卑陸國。							
汗和羅				卑陸後國。後漢，東且彌國。三國，西且彌國。	東且彌國。	北魏，且彌國。周，且彌國。							
布拉克里				劫國。	東且彌國。								

哈喇沙爾

○注：在闢展城西一千六百里，至京師九千一百里。

	哈喇沙爾 舊音哈拉沙拉。
初置	
春秋戰國	
秦	
漢	焉耆國地。後漢，焉耆國地。三國，焉耆國地。
晉	焉耆國地。
南北朝	北魏，焉耆國地。周，焉耆國地。
隋	焉耆國地。
唐	焉耆國地。貞觀中，置焉耆都督府。開元中，以焉耆領四鎮。
五代	
宋遼	宋，西州回鶻地。
金	
元	巴什伯里，舊音別失入①里，今改正。
明	巴什估里，舊音亦力把里，今改正。

本朝乾隆二十四年，西域平，入版圖。有舊城二，皆廢圮，移建新城於哈喇沙爾。

屬境 特伯勒古○注：在哈喇沙爾城東八十里。楚輝○注：在哈爾沙爾城東一百二十五里。烏沙克塔勒○注：在哈喇沙爾城東二百十五里。碩爾楚克○注：在哈喇沙爾城東北四十里。察罕通格○注：在哈喇沙爾城東北一百九十里。博爾海○注：在哈喇沙爾城西南六十里。哈喇噶阿璊○注：在哈喇沙爾城西南九十里。庫隴勒○注：在哈喇沙爾城西南一百八十里。車爾楚○注：在哈喇沙爾城西南三百五十里。策特爾○注：在哈喇沙爾城西南四百九十里。英噶薩爾○注：在哈喇沙爾城西南五百六十里。玉古爾○注：在哈喇沙爾城西南六百八十里。

①原文誤，應爲「八」字。

庫車

○注：兼轄沙雅爾，在哈喇沙爾西八百里，至京師一萬八十里。

庫車
爲龜茲國。後漢建武中，莎車攻滅其地。後復立。永元中，內屬。
太康中，爲焉耆所并。後復立。
初，入貢。貞觀二十一年，徙安西都護府，于其都統碎葉、于闐、疏勒，號四鎮。高宗時，以其地爲龜茲都護府。後復置安西都護府。
宋，爲龜茲國，或稱西州龜茲。
爲巴什伯地。
爲巴什伯地。

本朝乾隆二十三年，大兵追討逆回霍集占，至此敗之。霍集占以殘兵入庫車城，七日，復西遁。

舊伯克阿集等，以城降。其南爲沙雅爾城，初，霍集占自伊犂歸時，褫①其。舊有伯克烏哈墨策，以逆黨阿布爾什木爲伯克。二十三年，我兵攻庫車，賊自沙雅爾來援者，爲我兵擊敗。阿布爾什木逃奔阿克蘇，烏哈墨策以城内附。

屬境 托和鼐○注：在庫車城東六十里。阿巴特○注：在庫車城東二百里。哈喇阿薩爾○注：在庫車城南四十里廬舍比密，為大邨落。常格○注：在庫車城南七十里。特勒伯○注：在庫車城東南一百里。奇里什○注：在庫車北六十里。羸○注：在庫車城西南七十里。庫克體賽○注：在庫車城西南二十五里。特集克○注：在庫車城西南一百里。托伊博羅多○注：在沙雅爾城東一百二十里。塔木根庫勒○注：在沙雅爾城西一百四十里地，多沙漬。塔里木○注：在沙雅爾城南，地可耕植。喀伊木阿塔○注：在沙雅爾城東南四十里，臨大河。查盤○注：在沙雅爾城西南四十里。葉勒阿里克○注：在沙雅爾城西南七十里。布古斯孔郭爾郭○注：在沙雅爾城西南三百二十里，當大河羣源合流之地。漢姑墨國境。庫克布葉○注：在沙雅爾城西北四十里。哈爾噶齊○注：在沙雅爾城西北五十里。

初置	春秋戰國	秦	漢	晋	南北朝	隋	唐	五代	宋遼	金	元	明

①褫：chǐ。剥奪。

賽喇木

○注：兼轄拜。在庫車城西南二百十里，至京師一萬二百九十里。拜至京師一萬三百八十里。

賽喇木
爲龜茲國地。東漢至隋不改。
爲龜茲國賽喇木，爲俱毘羅城，拜爲阿悉言城。
爲龜茲國地。
巴什伯里地。
巴什伯里地。

本朝乾隆二十三年，大兵圍庫車，其伯克阿瓜斯傾心向化，以城內附。

屬境 赫色勒○注：在賽喇木城東二十五里。濟爾噶朗、他爾阿里克、托克三、布隆○注：皆在賽喇木西，自十五里至五十里。拉布帕爾○注：在賽喇木城北十五里。雅哈阿里克、明哲克得、堪齊塔木○注：皆在賽喇木西北十五里。吹置、阿持巴什、色勒特哈特、奎格巴克○注：皆在拜城東三十里。沙哈爾○注：在拜城西二里。拜圖勒台○注：在拜城□里。庫什塔木○注：在拜城□里。塔克齊○注：在拜城北二十五里。拜爾圖喇、伊密什、喀資干、鄂爾塔克齊○注：皆在拜城東北，二十里至四十里。英額亮格圖○注：在拜城西南三十五里。

烏什

○注：在阿克蘇西二百里，至京師一萬九百九十里。

	烏什
初置	
春秋戰國	
秦	
漢	爲尉頭國。三國，屬龜茲國。
晋	
南北朝	北魏，屬龜茲國。
隋	爲疏勒國地，
唐	爲尉頭州。亦名鬱頭州，
五代	
宋遼	宋，爲疏勒國地。
金	
元	巴什伯里地。
明	巴什伯里地。

本朝乾隆二十三年，將軍兆惠等，兵至阿克蘇。舊伯克霍集斯及其長子烏什城奇木、伯克漢咱帊爾等詣軍門投誠，遂以城内附。三十年，伯克賴黑木圖拉等復煽亂。伊犂將軍明瑞等，討平之。逆黨伏誅，徙其餘衆，移駐阿克蘇大臣於此。

屬境　哈喇和卓○注：在烏什城東七十里。闢展○注：在烏什城東一百一十里。雅爾○注：在烏什城東一百五十里。洋赫○注：在烏什城東一百七十里，又南三十里。必特克里克○注：在烏什城北。古古爾魯克○注：在烏什城北。森尼木、魯克察克○注：[1]在烏什城東南八十里。托克三○注：在烏什城東南一百四十五里。布干○注：在烏什城東北一百六十里。罕都、連木齊木、雅木什、英額阿里克○注：皆在烏什城東北。巴什雅克瑪○注：在烏什城西南九十里。古木克齊克、色帕爾拜○注：[2]在烏什城西南一百四十里。沙圖○注：在烏什城西北。呼蘭齊克、齊都伯、素衮、巴爾昌○注：皆在烏什屬之色帕爾拜西南行，山徑崎嶇，由呼蘭齊克至巴爾昌三百二十里。

喀什噶爾　○注：在烏什西南九百三十五里，至京師一萬一千九百二十五里。

①②原文漏一「皆」字。

時代	喀什噶爾
初置	
春秋戰國	
秦	
漢	爲疏勒國。所屬之英噶薩爾爲依耐國，阿喇楚勒爲無雷國。後漢永平中，爲龜茲所滅。漢仍立之。三國至隋，皆爲疏勒國。
晉	
南北朝	
隋	
唐	貞觀中，置都督府。後没于吐蕃。長壽二年，復置都督府。
五代	
宋遼	宋，爲疏勒國。
金	
元	爲喀什噶爾地。
明	爲喀什噶爾地。

本朝初，爲回酋大和卓木波羅泥都所居。乾隆二十三年，霍集占棄庫車而西，將軍兆惠率師追之。至葉爾羌，波羅泥都自喀什噶爾，以衆與霍集占負嵎固拒累月。霍集占西遁，波羅泥都盡驅其男婦出，脅之偕行。衆不從，乃盡略牲畜，踰山而西。其舊伯什克人民脱歸者，迎謁軍門，以城内附。于是，喀什噶爾所屬諸境，咸隸版籍。

屬境　霍爾干○注：在喀什噶爾城東十里，居木什特門西河之間。伯什克勒木○注：在喀什噶爾城三十五里。伊克斯哈拉○注：在喀什噶爾城東八十里。牌租阿巴特○注：在喀什噶爾城東二百里。提斯衮○注：在喀什噶爾城南六十里。岳普爾和○注：在喀什噶爾城南八十里。英噶薩爾○注：在喀什噶爾城南二百里。阿爾巴特○注：在喀什噶爾城東南四十里。赫色勒布伊○注：在喀什噶爾城東南一百五十里。汗阿里克○注：在喀什噶爾城東南一百四十里。托璞魯克○注：在喀什噶爾城東南二百七十里。阿喇古○注：在喀什噶爾城東北一百四十里。玉斯屯阿喇圖什○注：在喀什噶爾城西南八十里。哈喇刻爾○注：在喀什噶爾城西南三十里。塞爾們○注：在喀什噶爾城西南五里。托克庫爾薩克○注：在喀什噶爾城西南四十里。鄂坡勒○注：在喀什噶爾城東南一百二十里。阿斯屯阿喇圖什○注：在喀什噶爾城西北六十里。鄂什○注：在喀什噶爾西境外，距城五百里。阿喇楚勒○注：在喀什噶爾西境外，距城八百里。

葉爾羌　○注：在喀什噶爾南五百里，至京師一萬二千三百八十五里。

時代	葉爾羌
初置	
春秋戰國	
秦	
漢	爲莎車國所屬諸境。裕勒阿里克、庫克雅爾爲西夜國地。皮什南爲皮山國。塞爾勒克爲蒲犂國。後漢，并入于闐。後復立。三國，屬疏勒。
晋	
南北朝	北魏，爲渠莎國。
隋	屬于闐。
唐	爲斫句迦種，并入于闐。
五代	
宋遼	宋，爲于闐地。
金	
元	
明	爲葉爾羌地。

本朝康熙二一一年①，其地回酋阿布都里什特，爲噶準爾所執。三十五年，大兵破噶準爾，阿布都里什特來朝，護送歸國。後爲噶準爾所阻，不獲内附。乾隆二十年，始内屬。二十三年，將軍兆惠追討霍集占至葉爾羌，其兄波羅泥都自喀什噶爾來援，奮擊敗之，賊入城閉守。兆惠分兵，斷喀

①原書此處數字錯誤，應爲『二十一』。

什噶爾援兵來路。徙營，從城東轉攻南城。師濟哈喇烏蘇賊來益衆，築壘以守。二十四年，副將軍富德等以新調兵至，與賊鏖戰，累敗其衆。會參贊大臣阿里衮解馬至，分翼斫陣，戮賊千餘人。餘衆負傷敗竄，乃振旅以還阿克蘇。時諸路兵甲并集，軍威大振，將軍兆惠等分路追討。二酋度我兵再至，必成擒滅，乃棄城踰山遁。于是葉爾羌以全城降，恭勒

《御製平定回部勒銘葉爾羌碑文》于城中。

屬境　伯什哈特○注：在葉爾羌城東五十里。拜林○注：在葉爾羌城東一百里。沙圖○注：在葉爾羌城東二百二十里。囤滿○注：在葉爾羌城東三百八十里。木濟○注：在葉爾羌城東四百六十里。章固雅○注：在葉爾羌城東三百九十里。薩納珠○注：在葉爾羌城東四百里。衮得里克○注：在葉爾羌城東四百八十里。都窪①○注：在葉爾羌城東五百里。皮雅勒阿勒璜○注：在葉爾羌城東一百十里。阿喇勒○注：在葉爾羌城西二十里。喀瑪喇克○注：在葉爾羌城西二十里。哈喇古哲什○注：在葉爾羌城西二百里。喇巴特齊○注：在葉爾羌城西七十里。和什阿喇布○注：在葉爾羌城西二百里。色勒克○注：在葉爾羌城西七百里。塞爾勒克○注：在葱嶺中有小城，葉爾羌河北源經流其地。喀爾楚○注：在葱嶺中，距葉爾羌城五百餘里。鄂瑞楚魯克○注：在葉爾羌城南四十里。雅哈阿克里○注：在葉爾羌城南四十里。坡斯哈木○注：在葉爾羌城南七十里。舒貼○注：在葉爾羌城南二百里。呼木什哈特○注：在葉爾羌城南二百里。伯什阿里克○注：在葉爾羌城南三百里。托古斯特○注：在葉爾羌城南三百五十里。哈爾噶里克○注：在葉爾羌城南二百二十里。貝拉○注：在葉爾羌城南二百二十里。楚魯克在○注：葉爾羌城南二百九十里。密什雅爾○注：在葉爾羌城北五十里。塔噶爾齊○注：在葉爾羌城北二十里。汗阿里克○注：在葉爾羌北四十里。庫勒塔里木○注：在葉爾羌城北三百里。

①窪 wā，同洼。低凹。

皮什南○注：在葉爾羌城東南三百十里。阿布普爾○注：在葉爾羌城東北三十里。阿克阿里克○注：在葉爾羌城東北六百餘里。裕勒阿里克○注：在葉爾羌城西南三百里。庫克雅爾○注：在葉爾羌城西南三百里。塔克庫伊○注：在葉爾羌城西南三百里。英額齊盤○注：在葉爾羌城西北四十里。

	察罕通格
初置	
春秋戰國	
秦	
漢	危須國。列代所屬，與哈喇沙爾同者，不復載，後倣此。後漢因之。三國因之。
晉	
南北朝	
隋	
唐	
五代	
宋遼	
金	
元	
明	

哈喇噶阿瑞	策特爾	額爾
尉犂國，山國。後漢、三國皆因之。	烏壘城都守，改治所。後漢，亦爲烏壘城。	渠犂國，捷枝國。
	烏壘州。	渠犂都督府。

	勾河北岸	玉古爾	拜	阿克蘇
初置				
春秋戰國				
秦				
漢		輪臺，又曰侖頭。	龜兹國地。	温宿國，後并入姑墨。三國，亦爲温宿國。
晋				
南北朝				北魏，温宿國。
隋				龜兹國。
唐		輪臺縣。	龜兹國地，阿悉言城。	温府州，又名温宿州。
五代				
宋遼				
金				
元				巴什伯里地。
明				巴什伯里地。

雅哈里阿克西南境	英噶薩爾
姑墨國。三國，因之。	依耐國。後漢，莎車國。三國，依耐國。
北魏，姑墨國。	北魏，依勒國。
唐，置和墨州。亟墨。入	朱俱波國。
	宋，疏勒國。
巴什伯里地。	巴什伯里地。
巴什伯里地。	喀什噶爾。

	（舊音英阿雜爾，今改正。）	阿喇楚勒（舊音阿爾楚爾，今改正。）	葉什勒庫勒
初置			
春秋戰國			
秦			
漢		無雷國。	難兜國。
晉			
南北朝		北魏，鉢和國①。	北魏，波知國，賒彌國。
隋			
唐		瑪盤陀地。	喝盤陀地。
五代			
宋遼			
金			
元			
明			

①鉢：鉢bō和國，南北朝時西域國名，在今阿富汗東北。

舊音伊西洱庫爾，今改正。	庫克雅爾	皮什南	塞爾勒克
	西夜國。後漢，子合國。	皮山國。後漢，因之。三國，皮穴國。	蒲犂國。後漢，德若國。三國，蒲犂國。
		北魏，于闐國地。周，因之。	北魏，渴槃陀地。
		因之。	
		因之。	渴槃陀地。
			宋，于闐國地。
			葉爾羌。

時代	喀爾楚
初置	
春秋戰國	
秦	
漢	後漢，德若國。三國，億若國。
晉	
南北朝	
隋	
唐	
五代	
宋遼	
金	
元	
明	

和闐　○注：在葉爾羌東南七百九十里，距京師一萬二千一百五里。

時代	和闐
初置	
春秋戰國	
秦	
漢	于闐國。後漢至隋，俱因之。
晉	
南北朝	
隋	
唐	于闐國。貞觀中，以其地爲毗沙都督府。
五代	于闐國。
宋遼	宋，于闐國。
金	
元	
明	于闐國。

本朝初，諸城向受回酋約束。乾隆二十三年，駐劄阿克蘇尚書舒赫德，遣使往撫六城。伯克擊逐逆黨，傾心迎降。其後回酋霍集占、波羅呢都以和闐僻遠，遣其黨率衆來攻。會將軍兆惠、富德等，遣兵赴援，乘大霧，薄[1]賊營，擊走之。和闐復定，所統諸境咸入版圖。

①薄，迫近、接近。

屬境　額里齊○注：即和闐城。齊爾拉○注：在和闐城東二百三十里。塔克○注：在和闐城東四百十里。克勒底雅○注：在和闐城東四百三十里。蘇格特○注：在和闐城東五百十里。巴爾呼都克○注：在和闐城東七百十里。阿底爾干○注：在和闐城東一千二百十里。博爾烏匝克、吉爾布斯喀藏○注：皆在和闐城西。托蘇拉固葉、哈朗歸塔克○注：皆在和闐城南。瑪呼雅爾、烏哈什、巴爾漠期伊克○注：皆在和闐城北。勒沁托海○注：在和闐城東北一百六十里。素勒坦雅伊拉克○注：在和闐城東北一百九十里。額克里雅爾○注：在和闐城東北二百六十里。喀提里什○注：在和闐城東北三百三十里。塔喀克、瑪爾占鄂勒底、古拉木雅伊底、巴什布克色木、鄂托喇布克色木愛雅克布克色木、伯德里克鄂托克、伯什阿喇勒、齊克齊鄂托克、波斯湯托郭喇兒○注：皆在和闐城東北三百五十里至九百四十里，部落相望，皆東依和闐大河以居。玉隴哈什○注：在和闐城東南三十里。哈喇哈什○注：在和闐城西北六十里。博羅齊○注：在和闐城西北七十里。窪勒○注：在和闐城西北一百二十里。

	皮什雅	克勒底雅以東	蘇
初置			
春秋戰國			
秦			
漢		扜彌①國。後漢，拘彌國。三國，扜彌國。	渠勒國地。
晋			
南北朝			
隋			
唐	玉州。	紺州②。	銀州，亦曰盧州。
五代			
宋遼			
金			
元			
明			

①扜 yū 彌 mí 國 guó，古代西域國名，在今新疆于田古拘彌城遺址一帶。②紺 gàn 州：古地名。

格特	巴爾呼都克
後漢、三國，皆因之。	戎盧國。後漢、三國，皆因之。
又曰湄州。	

左哈薩克

○注：在準噶爾部之西北，其貢道由伊犁，以達于京師。

左哈薩
爲康居國，冬治東越①慝②地，到卑闐城。後漢，爲康
北魏，爲康國、堅昆國及者舌國東境地。
爲康國。
爲黠戛斯地。自後無聞。今爲哈薩克部。

①原文有誤，應爲『樂』。　②慝 tè，陰氣，災害。

克
居國及粟弋國地。

初，哈薩克汗阿布貴，乘準噶爾部達瓦齊之亂，數侵擾準部。乾隆二十四年以後，屢遣使朝貢。并賜冠服，宴賚①如例。

右哈薩克 ○注：在準噶爾部之西北，其貢道由伊犁，以達于京師。

	右哈薩克
初置	
春秋戰國	
秦	
漢	爲康居五小王地。三國魏，爲康居地。
晋	爲康居地。
南北朝	後魏，爲者舌國。
隋	隋唐，爲石國，或曰拓支，曰拓折，曰赭時②，即石國也。自後無聞。今爲右哈薩克。
唐	
五代	
宋遼	
金	
元	
明	

①賚lài：賞賜，給予。 ②赭時，隋唐時中亞細亞的昭武九姓之一，石國的異稱。

其部落，曰烏魯克王茲汗、曰阿比里斯。其巴圖魯有三：曰吐里拜，曰輝格爾德，曰薩薩克拜。而吐里拜實專國政。乾隆二十三年以後，屢遣使入朝。恩賜宴賚如例

東布魯特　○注：在準噶爾部西南，回部東北，其貢道由回部以達于京師。

東布魯特	
	爲烏孫西鄙，本塞王故國地。大月氏破走塞王，而居之。烏孫昆莫又破走大月氏，嗣居其地。
	北魏，爲波路國。
	爲布露，一名勃律，有大小兩部。舊居南山之南，後徙此地。自後無聞。

東布魯特部落有五，最著者三，曰薩雅克鄂拓克，曰薩拉巴哈什鄂拓克，曰塔拉都鄂拓克，各有頭目。其長瑪木克呼里，則兼轄諸部。舊游牧地，在格根喀爾奇拉特木爾圖，爲準噶爾所侵，而遷以避之，寓居安集延境。乾隆二十三年，東布魯特全部，皆内屬。

西布魯特　○注：在回部喀什噶爾之西北，其貢道由回部，以達于京師。

	西布魯特
初置	
春秋戰國	
秦	
漢	休循、捐毒二國地。三國，爲休修及捐毒地，服屬疏勒。
晋	
南北朝	北魏，爲者至拔國。
隋	
唐	爲烏飛州，有都督府，隸安西都護府。又嬀塞都督府，以漢休循、捐毒地置。自後無聞。
五代	
宋遼	
金	
元	
明	

西布魯特部落，凡十有五，其最著者四：曰額德格訥鄂拓克，曰蒙科爾多爾鄂拓克，曰齊里克鄂拓克，曰巴斯子鄂拓克。諸鄂拓克久思内附，以準噶爾阻，未得自通。乾隆二十四年，將軍兆惠既定喀什噶爾，追擒餘孽。道經諸部，并遮道籲①請内附，及遣使往撫。諸部頭目阿濟比等，率其衆二十萬人，皆來投誠。二十五年以來，屢遣使朝貢，并賜敕宴賚如例。

霍罕　○注：在回部喀什噶爾西北八百八十里，其貢道由回部，以達于京師。

霍罕
爲大宛國地。三國，因之。
因之。
北魏，爲洛那國地。
爲鏺汗國②地。
爲拔汗那國。天寶初，改國號，曰寧遠。

①籲：見吁。

②鏺pō汗國，漢時爲大宛國。

霍罕部之東曰瑪爾濟朗，又東爲安集延，東北爲那木干，皆有城郭。四城地當平陸，居葱嶺之西北。皆有伯克，而霍罕城伯克額爾得尼實爲之長，諸城之衆，皆聽命焉。乾隆三十五年，額爾得尼率姪納祿博圖等位，并遣使朝貢如初。

安集延　○注：在回部喀什噶爾西北五百里，其貢道由回部，以達于京師。

	安集延
初置	
春秋戰國	
秦	
漢	爲大宛國地，與霍罕部略同。
晋	
南北朝	
隋	
唐	
五代	
宋遼	
金	
元	
明	

乾隆二十四年，將軍兆惠檄諭，令協擒逆回霍集占，其伯克奉命。以逆回未至彼境，即專使籲請入覲。二十五年，伯克托克托瑪哈墨第等來朝貢，賜宴賞賚如例。

瑪爾噶朗　○注：在安集延西一百八十里。

與霍罕部略同。乾隆二十四年，侍衛達克塔納往撫諭，其伯克伊拉斯呼里拜率其屬投誠内附。

那木干　○注：在瑪爾噶朗城西北八十里。

與霍罕部略同，其地東北與布魯特雜處，東境踰河，即爲塔什罕地。乾隆二十四年，與霍罕、安集延，同時輸誠内附。

塔什罕 ○注：在回部喀什噶之北一千三百里，其貢道由回部，以達于京師。

	初置	春秋戰國	秦	漢	晉	南北朝	隋	唐	五代	宋遼	金	元	明
塔什罕				爲康居、大宛接界之地。		北魏，爲九姓昭武所居。	爲安國、石國地。	爲安國、石國地。					爲塔什罕地。

居平原，有城郭。向有三和卓，分轄回衆，曰噶爾多薩木，曰沙達，曰吐爾占。乾隆二十三年，遣使奉表求内屬，歲來朝貢，宴賚如例。

拔達克山 ○注：在回部喀什噶爾、葉爾羌之西南，國居葱嶺中，其貢道由回部，以達于京師。

	初置	春秋戰國	秦	漢	晉	南北朝	隋	唐	五代	宋遼	金	元	明
拔				爲烏秅國。		北魏，爲權於摩		爲渴槃陀地，開				爲拔達克山。	爲拔達克山。

達克山

國及阿鈎羌國。

元中，于其地置葱嶺守府。

拔達克山，有城郭，負山陸，其汗曰素爾坦沙。乾隆二十四年，逆回波羅呢都、霍集占，自葉什勒庫敗後，奔拔達克山。副將軍富德率兵追之，并使往諭素爾坦沙，以二酋負恩悖逆狀，令擒獻。因率其部落十萬户，及其鄰博洛爾部三萬户，俱内附。

博洛爾

爲烏秅國①地。

北魏，爲阿鈎羌國地。

博洛爾　○注：在葉爾羌西南，拔達克山之東。其貢道由回部，以達于京師。

①烏秅 chá 國，西域國名。在新疆塔什庫爾干塔吉克自治縣東南。一説在葉城縣西南。

	初置	春秋戰國	秦	漢	晉	南北朝	隋	唐	五代	宋遼	金	元	明
爾													

乾隆二十四年，其酋沙瑚沙默特，輸誠向化，與拔達克山同時内附。

布哈爾　○注：在拔達克山西二千餘里，其貢道由回部，以達於京師。

	初置	春秋戰國	秦	漢	晉	南北朝	隋	唐	五代	宋遼	金	元	明
布哈爾				爲難兜國。自後無聞。									

乾隆二十五年，回部底平，遣使頒敕諭。二十九年，其部長阿布勒噶爾，遣使諾羅斯伯克、達雅爾伯克，因拔達克山素爾坦沙籲請，以其屬内附。

愛烏罕　○注：在拔達克山布哈爾之西南。其貢道由回部，以達于京師。

愛烏罕	
	爲大月氏國。後漢，爲大月氏貴霜王國。
	北魏，爲嚈噠①國。
	爲挹怛國。
	爲大月氏地。

愛烏罕，在葱嶺西，部落最大。乾隆二十七年，具②汗愛哈默特沙，知西域底平，聞風慕化，遣使密爾漢等，重譯③來朝，貢宴賚如例。

①原文誤，應爲『嚈 yàn 噠』，古國名。建都拔底延城，在今阿富汗北部。《魏書》有『嚈噠傳』。②原文誤，應爲『其』字號　③重譯，輾轉翻譯，亦指譯使。

圖書在版編目(CIP)數據

歷代一統表 / (清) 段長基著；王彩琴，晁會元，扈耕田整理. -- 北京：文物出版社，2021.1
ISBN 978-7-5010-6973-6

Ⅰ. ①歷… Ⅱ. ①段… ②王… ③晁… ④扈… Ⅲ. ①地理沿革－中國 Ⅳ. ①K901.9

中國版本圖書館 CIP 數據核字(2020)第 269797 號

歷代一統表之二歷代沿革表
清·段長基　著

主　　編：王彩琴
副 主 編：晁會元　扈耕田
點　　校：晁會元　喬真真　劉百靈　姚　英
責任編輯：李縉雲　劉永海
責任印製：陳　傑
出版發行：文物出版社有限公司
地　　址：北京市東城區東直門内北小街 2 號樓
郵　　編：100007
網　　址：www.wenwu.com
郵　　箱：web@wenwu.com
印　　刷：曲阜孔家印務有限公司
經　　銷：新華書店
開　　本：16
印　　張：217.5
版　　次：2021 年 9 月第 1 版
印　　次：2021 年 9 月第 1 次印刷
書　　號：ISBN 978-7-5010-6973-6
定　　價：2900.00 圓